홍인식 목사가 쉽게 쓴
해방신학 이야기

신앙과지성사

홍인식 목사가 쉽게 쓴
해방신학 이야기

지은이 / 홍인식
펴낸이 / 최병천

펴낸날 / 2016년 9월 1일(초판1쇄)
　　　　2017년 9월 1일(초판3쇄)

편집주간 / 홍승표
디자인 / 강면실 윤진선　교정 / 김영옥　영업 / 김만선

펴낸곳 / 신앙과지성사/ 출판등록 제9-136(88. 1. 13)
주소 / 서울시 서대문구 연희로 177 옥산빌딩 2층
전화 / 335-6579 · 323-9867 · 323-9866(F)
E-mail / miral87@hanmail.net　홈페이지 / http://www.miral.biz

ISBN 978-89-6907-134-7 03230

값 17,000원

책머리에

해방신학!

참 끈질긴 인연이었습니다. 1982년경 파라과이 아순시온의 한 가톨릭 책방(살레시오 성당의 서점)에서 발견한 구스따보 구띠에레스(Gustavo Gutierrez)의 『해방신학』이 전 생애를 통해 나와 함께 할 줄을 그때는 정말 몰랐습니다. 나는 파라과이에서 고등학교와 대학을 마치고 서울의 장로회신학대학원에서 공부를 하고 대한예수교장로회(통합) 목사가 되었습니다. 서울 영락교회의 후원으로 파라과이와 아르헨티나의 선교사로 파송 받은 나는 아르헨티나에서 나의 평생의 스승이신 해방신학자 호세 미게스 보니노 박사를 만났고 또 나의 신학의 영원한 고향(Alma Mater)인 아르헨티나 연합신학대학교(ISEDET)에서 학위를 마치게 되었습니다.

해방신학! 그것은 나의 삶을 송두리째 바꾸어 놓았습니다. 늘 성공 지향적으로 "고지론"에 젖어 있던 나의 삶의 방향을 "저 낮은 곳을 향하여"로 바꾸어 놓은 것입니다. 해방신학은 나의 삶에서 하나님이 베풀어주신 가장 귀하고 소중한 선물이 되었습니다. 해방신학은 진정한 목회자로 살아가는 것이 무엇인가를 깨닫게 해주었고, 하나님의 말씀인 성경을 가난한 사람의 입장에서 해석함으로써 새로운 진리의 세계에 눈뜨게 해 주었습니다.

그러나 그 당시에는 해방신학이 나의 목회자로서의 삶을 얼마나 힘들게 만들지 전혀 알 수 없었습니다. 해방신학은 여러 가지 면에서 나의 이마에 주홍글씨를 새겨 넣었습니다. 나에게는 늘 해방신학자라는 꼬리표가 따라다녔고, 그것은 나의 삶을 평탄케 하지 못하는 이유가 되었습니다. 나는 늘 위험하고 과격한 인물로 인식되었고 어떤 경우에는 이유 없는 미움을 받기도 했습니다. 참 힘들었습니다. 그러나 나는 결코 해방신학을 공부한 것에 대해 후회하지 않았습니다. 나는 해방신학을 통해 하나님을 만났고, 예수 그리스도를 삶 속에서 사는 방법을 깨달았고, 또 성령의 인도를 받아 해방의 삶을 누리는 것의 기쁨을 맛보았기 때문입니다.

나는 결코 해방신학이 완전한 신학이라고 생각하지 않습니다. 그러나 해방신학은 언제나 삶의 현장, 특히 가난한 사람들의 삶의 자리에서 하나님 말씀의 실천 원리요, 바르고 건강한 교회에 대해 생각하는 신학이라고 확신하고 있습니다. 해방신학은 가난한 사람의 자리에서부터 출발하여 늘 자신의 모습을 성찰함으로써 신학의 해방을 시도합니다. 신학의 해방 없이 진정한 의미의 해방신학은 없습니다. 그런 의미에서 해방신학은 결코 완전하지 않습니다. 해방신학은 지금도 자신의 현재 모습을 성찰하면서 신학의 해방을 실천해 나가고 있습니다. 그렇기에 해방신학은 늘 새로운 모습으로 우리에게 다가오고 있습니다. 그것이 오늘도 해방신학이 여전히 유효한 신학이 되게 하고 있습니다.

해방신학을 만나고 그 안에서 살아온 지 30년이 넘어가고 있는 올해, 나는 내 생애 처음으로 해방신학에 대한 이야기를 책으로 출판합니다. 해방신학을 삶의 이야기와 더불어 쉽게 풀어 냄으로써 한국의 많은 그리스도인들이 해방신학을 쉽게 이해하고 해방신학 안에서 오늘 위기에 처해 있는 한국 교회의 회복을 위한 신학적 단초를 발견할 수 있기를 기도합니다. 해방신학에 깃든 하나님과의 깊은 만남의 영성과 성서 속에서 샘솟는 역동적인 증거들을 통해 우리를 억압하는 모든 죄악으로부터의 해방을 모색하는 예수 그리스도의 메시지가 오늘의 우리를 진정한 복음과 하나님 나라로 인도할 수 있길 기도합니다.

　본 책을 저술하기 시작했을 때 나는 멕시코 장로교신학대학에서 조직신학과 선교신학을 가르치고 있었습니다. 그러나 순천중앙교회의 부름을 받고 현재는 순천에서 담임목사로 목회를 하고 있습니다. 해방신학에 대한 일반적인 편견에서 자유롭지 않은 전통적이고 보수적인 교회에서 목회를 하고 있습니다. 앞으로 나의 과제는 신학을 어떻게 목회 현장에서 아름답게 구현해 낼 수 있는가입니다. 신학이 없는 목회는 방향타 없이 항해하는 배와 같고 목회가 없는 신학은 공허한 외침에 그치기 쉽습니다. 이제 나는 현장의 목회자로서 신학이 있는 목회와 목회가 있는 신학을 추구하면서 우리의 영원한 해방자 예수가 원하는 교회의 모습을 만들어가고자 최선을 다할 것입니다.

　마지막으로 해방신학 이야기를 책으로 엮어 내면서 1993년 아르헨티나 부에노스아이레스에서 첫 목회를 시작한 소망교회의 고(故) 박만성 장로님께 이 책을 드립니다. 해방신학으로 인해 여러 어려움을 겪고 있던 젊은 시절의 나를 너그럽게 이해하고 적극적으로 후원해 주었던 박만성 장로님을 평생 잊을 수 없습니다. 그분의 도움이 없었다면 나는 첫 목회지에서 실패를 맛볼 수밖에 없었고 오늘의 나도 없었을 것입니다. 그리고 나보다 훨씬 앞서가시는 믿음의 벗들(성정모, 이근복, 안하원)이 추천의 글을 써주셔서 감사합니다. 또한 둔탁한 원고를 멋진 책으로 둔갑시켜준 신앙과지성사의 최병천 사장님과 직원들에게 고마움을 전합니다.

2016년 8월 순천에서

홍인식

차례

저자의 글 · 3

1부 : 해방신학, 누구를 위한 것인가?

01 해방신학과의 만남 ·· 14
   1. 라틴아메리카, 프란치스코 그리고 해방신학 · 14
   2. 해방신학과 나의 만남 · 20

02 나는 그런 천국에 가지 않겠다 ·· 23
   1. 가난의 현장에서 · 23
   2. 식민지의 억압 속에서 · 25

03 해방신학의 태동 ·· 35
   1. 붉은 색으로 물든 어머니의 가슴 · 35
   2. 해방신학의 태동과 세 가지 경험 · 39
   3. 해방신학, 삶의 현장에서 태어나다 · 43
   4. 제2차 바티칸 공의회 이후의 해방신학 · 48

04 해방신학의 대헌장 ·· 54
   1. 메델린 제2차 라틴아메리카 주교회의 · 54
   2. 해방신학자들의 출현 · 56

05 해방신학의 선구자들 — 59
1. 해방신학의 태동을 불러온 선구자들 · 59
2. 해방신학을 삶으로 살아낸 선구자들 · 72
3. 오늘의 해방신학자들 · 75

06 해방신학에 대한 오해 — 77
1. 해방신학은 공산주의다? · 78
2. 해방신학자들은 마르크스주의자들인가? · 89
3. 해방신학은 폭력적인가? · 93

2부 : 해방신학, 무엇을 말하는가?

07 해방신학과 교육 — 100
1. 파울로 프레이리는 누구인가? · 101
2. 프레이리와 그 시대 · 102
3. 프레이리의 교육에 대한 생각들 · 104
4. 억눌린 자의 교육학 · 105
5. 대화와 해방 교육 · 106

08 해방신학의 해석학 — 109
1. 가난한 사람의 눈으로 성서 읽기 · 109
2. 창조 이야기 · 120
3. 이집트 탈출 이야기 · 123

09 해방신학의 방법론 ——————————————— 125
1. 상황화 · 126
2. 프락시스(믿음과 행위) · 126
3. 현장 – 텍스트 – 현장 · 129
4. 해방적 해석학과 해방적 지식 · 131
5. 성서 해석과 삶의 현장의 변화 · 132

10 생명의 하나님 ——————————————— 134
1. 룩소르의 신전 · 134
2. 어떤 신을 믿고 있는가? · 136
3. 생명의 하나님 · 139
4. 무신론을 넘어서 · 152

11 해방자 예수 ——————————————— 153
1. 신앙의 중심, 예수 그리스도 · 153
2. 해방자 예수 · 154
3. 새로운 시각의 그리스도론 · 155
4. 혼 소브리노의 그리스도론 · 157
5. 해방신학의 그리스도 · 159
6. 예수 따르기와 해방신학 · 160
7. 하나님 나라와 해방 · 162
8. 한국 교회와 해방자 예수 · 164

12 해방의 성령 ——————————————— 174
1. 성령과 은사운동 · 174
2. 해방신학의 성령론과 감성 중심의 교회 · 180

3. 영적 전쟁과 한국 교회 · 182
   4. 해방을 향한 영성 · 184
   5. 이웃을 향한 영성 · 186
   6. 본질 회복을 향한 영성 · 190
   7. 실천을 위한 꿈의 영성 · 192
   8. 직관의 회복과 직관의 신학 · 194
   9. 해방신학의 삼위일체론 · 195

13 당신이 교회입니다 ·········· 198
   1. 믿을 수 없는 교회 · 198
   2. 해방신학과 교회 · 199
   3. 해방신학 교회론의 가능성과 비전 · 204

14 해방신학의 종말론 ·········· 209
   1. 종말을 기다린다는 것은? · 209
   2. 일반적인 특징 · 210
   3. 구띠에레스가 본 종말의 정치적 차원 · 214
   4. 레오나르도 보프의 종말론 이해 · 216
   5. 혼 소브리노의 종말론 이해 · 219
   6. 해방과 구원 · 221

15 해방하는 어머니의 사랑 ·········· 225
   1. 매듭 푸는 성모 마리아 · 225
   2. 라틴아메리카 가톨릭과 민중 종교성 · 227
   3. 민중 종교성과 성모 마리아 · 228
   4. 마리아 숭배에 대한 문화인류학적인 접근 · 231

5. 라틴아메리카 주교회의의 마리아론 · 233
6. 해방신학의 마리아 · 237

3부 : 해방신학, 어떻게 할 것인가?

16 해방신학하기 1 – 왜 해방신학인가? ·············· 242
1. 교회의 위기와 해방신학 · 242
2. 신학 뒤집기 · 244
3. 참혹한 현실 속에서 그리스도인으로 살아간다는 것 · 245
4. 해방신학의 출발점 – 자비, 분노 그리고 연대 · 247

17 해방신학하기 2 – 헌신과 참여 ·············· 250
1. 헌신의 다짐과 약속 · 250
2. 가난한 사람들과 헌신의 형태 · 253
3. 가난한 이들의 의자에 앉기 · 255

18 해방신학하기 3 – 보고 판단하고 행동하기 ·············· 257
1. 해방신학하기의 기초적 구조 · 257
2. 현장 안으로 들어가기 · 259
3. 추상적 언어에서 실제적 언어로 · 263

19 해방신학하기 4 – 성서와 가난한 사람들 ·············· 264
1. 가난한 사람들 – 파괴된 하나님의 형상 · 264
2. 가난한 사람들의 성서 읽기 · 266
3. 해방적 성서 읽기의 특징들 · 269

20 해방신학하기 5 – 실천적 접근 ──────────────── 271
  1. 신학의 창조적 작업에 대하여 · 271
  2. 해방신학의 실천적 접근방법 · 274
  3. 해방신학 방법론의 실제적인 적용의 예 · 277

21 가난한 사람의 눈으로 성서 읽기 ──────────── 279
  1. 성서의 민중적 해석 · 279
  2. 가난한 사람의 눈으로 성서 읽기의 간략한 역사 · 281
  3. 가난한 사람의 눈으로 성서 읽기의 실제 · 286
  4. 성서 읽기의 위험성에 대하여 · 290
  5. 성서 텍스트와 삶의 현장 · 291
  6. 성서 읽기의 방법론에 대하여 · 292
  7. 가난한 사람의 눈으로 성서 읽기의 공헌 · 293

22 솔렌티나메의 성서 읽기 ─────────────────── 296
  1. 전통적이고 권위주의적인 성서 해석을 넘어서 · 297
  2. 민중의 참여 · 298
  3. 주체로서 성서 읽기 · 300
  4. 솔렌티나메 복음의 실례들 · 302

닫는 글 : 지금도 해방신학은 유효하고 정당한가? · 307
  1. 해방신학은 아직도 유효한가? · 307
  2. 오늘의 상황 : 억압과 해방 · 308
  3. 라틴아메리카 해방신학의 현실 · 310
  4. 라틴아메리카에서 해방신학의 미래와 새로운 도전 · 314

5. 문화, 윤리 그리고 영성 측면에서의 도전과 과제 · 315
6. 기초공동체 측면에서의 도전과 과제 · 316
7. 신학적 측면에서의 도전과 과제 · 319
8. 해방신학, 진혼곡을 연주해야 할까? · 321
9. Show Must Go On! · 323

추천의 글 사람들의 삶에 맛을 더하는 신앙행위 / 성정모 · 326
　　　　　공감하며 섬기는 신학여정 / 이근복 · 331
　　　　　해방신학의 정신은 도도히 흐른다 / 안하원 · 335

참고문헌 · 339

찾아보기 · 341

1부
해방신학, 누구를 위한 것인가?

01
해방신학과의 만남

1. 라틴아메리카, 프란치스코 그리고 해방신학

　　2013년 8월 로마가톨릭 프란치스코 교종의 방한은 여러 면에서 큰 반향을 일으켰다. 그의 파격적인 행동들이 많은 사람들로 하여금 진실한 종교와 종교 지도자의 모습이 어떠해야 하는가에 대하여 생각하도록 만들었기 때문이다. 교종의 권위의식 없는 모습, 차에서 내려 길거리의 사람들과 거리낌 없이 만나고 웃고 함께 음식을 나누는 모습들은 이전의 교종들과는 확연히 달랐다.

　　어느 누구와도 격의 없는 대화를 나누는 모습 그리고 이

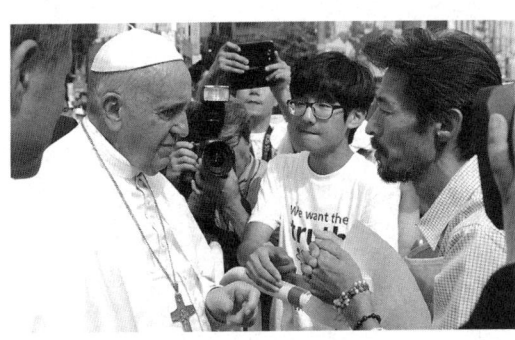

세월호 희생자 유가족을 찾아가 위로하는 프란치스코 교종(2014년)

전의 종교지도자들의 엄격하고 근엄한 모습과는 다른 마음씨 좋은 이웃집 할아버지 같은 친근한 인상을 보여준 그는 종교 자체에 대하여 신뢰를 잃고 식상한 현대인들에게 신선한 바람을 불러일으켰다. 그리고 사람들의 종교에 대한 불신을 조금이나마 회복시켜 나가고 있다. 그는 어떻게 이전의 지도자들과 그토록 다를 수 있었을까? 그리고 무엇이 그로 하여금 이러한 파격적인(?) 행동을 하도록 만들었을까? 나는 이 질문에 대해 두 가지 측면에서 대답을 찾아볼 수 있었다.

첫째는 그의 문화적 배경이다. 그는 라틴아메리카 사람이다. 특히 아르헨티나 사람이다. 아르헨티나를 비롯한 라틴아메리카 문화는 무엇보다도 친밀성과 단순성으로 특징지어진다. 다양하게 나타나는 라틴아메리카 문화의 특징을 한마디로 이야기하는 것은 불가능하다. 그럼에도 이 지역에서 오랜 세월 동안 브라질을 제외한 거의 모든 국가에서 사용되고 있는 언어인 스페인어를 통해 형성되어 이들에게 나타나는 몇 가지 특징들, 특히 남미의 문화 특징에 대해서는 어느 정도 말할 수 있다. 이러한 공통적인 문화를 세 가지 스페인어 단어를 사용하여 설명할 수 있다.

첫 번째 단어는 친구(amigo)다. 라틴아메리카 사람들에게 친구는 가장 중요한 단어다. 친구를 통해 모든 것이 이루어진다. 친구를 통해 일을 한다는 것이다. 그런 의미에서 이 지역에서는 "되는 일 없고 안 되는 일 없다."라는 말이 유행처럼 사용되기도 한다. 이 일은 안 되는 일은 친구를 통하여 해결할 수 있고 또 다 되었다고 생각되는 일도 친구 사이가 어그러지면 진행되지 않을 수도 있다는 의미로 받아들여진다. 라틴아메리카에서는 모든 인간 관계가 친구 관계로 변한다.

친구 사이에는 소박함이 첫째 조건이다. 권위의식을 보이지 않고 소박한 모습(옷차림을 비롯하여)을 보여야 한다. 이러한 친구 문화가 교종으로 하여금 다른 여느 유럽 출신 교종과는 전혀 다른 모습으로 대중을 대하게끔 만들었다고 볼 수 있다.

두 번째 단어는 축제(fiesta)다. 축제는 미국 혹은 유럽의 파티 문화와는 조금 그 성격을 달리한다. 무엇보다도 개방성에서 그 차이를 찾아볼 수 있다. 축제에서는 참여하는 사람들 사이에 존재하는 그 어떤 차이도 극복될 수 있다. 축제는 말 그대로 모든 사람들이 능동적으로 참여하는 열린 공간과 시간이다.

축제는 어떤 격식과 형식도 초월하는 한마당이다. 이는 라틴아메리카 사람들의 공동체 정신을 대변해 주는 독특한 문화다. 라틴아메리카 사람들은 축제에서 보여지는 자유함과 즉흥성 그리고 개방성을 통해 그들의 삶의 의미와 재미를 찾아간다. 이들에게 인생은 고달픈 것이 아니

브라질 리우데자네이루의 카니발 모습

라 재미있는 것이다. 프란치스코 교종의 파격적이고 어찌 보면 장난스럽기까지 한 여러 행동들은 이러한 라틴아메리카 사람들의 축제 문화에서 비롯된 것이다. 매우 자유롭고 즉흥적이며 개방적인 교종의 모습

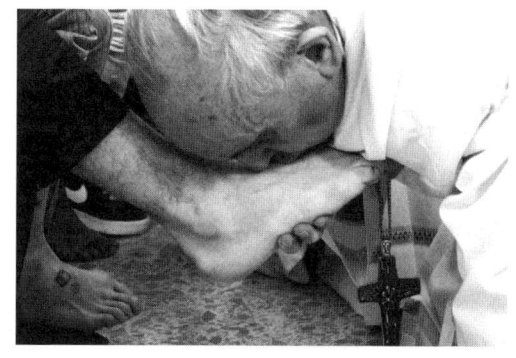

브라질 신자들의 발을 씻겨주고 입을 맞추는 프란치스코 교종

은 라틴아메리카 사람들의 독특한 축제 문화를 그대로 전해주고 있다.

프란치스코 교종이 즉위 이후 브라질을 방문했을 때, 그는 화려한 차가 아니라 낡은 차를 타고 상파울로 시내로 들어섰다. 길을 가던 중 갈증을 느낀 그는 차에서 내려 한 오순절 교회 안으로 들어갔고 교회 목사에게 물 한잔을 청했다. 당황한 목사는 교종을 보고 어찌할 바를 몰라 했다. 물을 마신 교종은 그에게 함께 기도하자고 요청하였고, 교종 일행은 오순절 교회 목사와 그 교회의 몇몇 교인들과 함께 손을 맞잡고 주기도문으로 기도를 드렸다.

너무나도 즉흥적이고 자유롭게 보이는 교종의 이 행동은 많은 사람들을 당황케 했다. 이뿐만이 아니다. 교종의 여러 즉흥적 행동은 전형적인 행동에 익숙해 있는 근엄한 종교지도자들을 당혹스럽게 한다. 그러나 축제라는 라틴아메리카의 문화를 이해한다면 교종의 행위는 자연스럽게 받아들여질 수 있을 것이다.

세 번째 단어는 내일(mañana)이다. 이 단어는 라틴아메리카 사람들의 삶을 이해하는 데 가장 기본적이고 핵심적인 단어다. 우리는 늘 오늘 일

을 내일로 미루지 말라는 것에 익숙해 있다. 그런데 이들은 그렇지 않다. 라틴아메리카 사람들에게 내일의 의미는 여유로 받아들여진다. "오늘 일을 다 끝내지 못했다고 해서 너무 걱정하지 마라. 내일이 있으니까."라는 것이다. 내일의 개념을 어떤 방식으로 이해하고 받아들이느냐가 오늘 우리의 삶의 모습을 결정짓는다. 그래서 이들은 급하지 않다. 그러기에 삶의 여유를 가질 수 있고 내일이 있기에 오늘의 삶에서 축제를 즐길 수 있으며 친구와 시간을 보내는 삶을 누릴 수 있는 것이다.

교종의 어찌 보면 파격적으로 보이는 행위는 이러한 라틴아메리카의 독특한 문화에서 비롯된 것으로 해석될 수 있다. 라틴아메리카 사람들에게는 교종의 이런 모습이 오히려 낯선 것이 아닌 익숙하고 자연스러운 모습으로 다가온다.

교종뿐만이 아니다. 이 책을 통해 필자가 이야기하고자 하는 라틴아메리카의 해방신학도 이러한 문화적 배경에서 이해하고 출발해야 한다. 해방신학은 딱딱한 이론적인 신학이 아니다. 친구, 축제 그리고 내일이라는 라틴아메리카의 문화에서 시작되었다. 그래서 해방신학자들은 매우 명랑하고 즐거운 사람들이다.

해방신학자들이 모인 학술 강연회에는 늘 유머와 농담으로 한바탕 웃음소리가 온 강연장을 가득 채우기도 한다. 내일이 있다는 희망적인 생각은 라틴아메리카 사람들이 가난한 현실 속에서도 즐겁게 살아가도록 만든다. 그리고 그것은 하나님 나라를 향한 지속적인 투쟁에 끝없는 생의 에너지를 공급하는 원천이기도 하다.

둘째는 신학적 배경이다. 비록 프란치스코 교종이 인정받는 해방신학자는 아닐지라도 그의 신학적 배경에 해방신학이 자리 잡고 있는 것은 의심의 여지가 없다. 다시 말하면 그의 파격적인 행동을 신학적 행위로 간주할 때 그것을 우리는 해방적 신학행위라고 부를 수 있다.

최근 한국에서 해방신학에 대한 관심이 높아지고 있음은 주목할 만한 현상이다. 그것을 단지 교종의 방한으로 인한 일시적인 신드롬으로만 해석할 수는 없을 것이다. 그것은 오히려 위기를 겪고 있는 한국 교회(가톨릭과 개신교를 망라하여)가 해방신학에서 나름대로 대안을 찾아보고자 하는 시도라고 볼 수 있다. 그런 의미에서 나는 본 저서를 통해서 해방신학에 대한 전반적인 소개를 하려고 한다.

해방신학에 대한 비판이 많이 존재하고 있는 오늘의 현실에서 해방신학을 변호하는 일은 결코 쉬운 일이 아니다. 해방신학에 대한 편견이 존재하는 한국적 현실에서는 더욱 더 그러하다. 그럼에도 해방신학이 오늘의 기독교에 미친 영향은 결코 작지 않다. 전 세계의 많은 기독교회와 교인들에게 영향을 주었고 또 현재도 그 영향력을 상실하지 않고 있는 해방신학에 대한 균형 잡힌 이해는 그런 의미에서 절실하다.

레네 빠딜랴(René Padilla, 라틴아메리카의 통전적 선교학의 대가)에게 데이튼 로버츠(Dayton Roberts)가 물었다. "만일 당신의 제자 중 한 사람이 해방신학과 관련된 신학교에서 공부하고자 한다면 당신은 어떤 조언을 할 것인가?" 빠딜랴는 이 질문에 "바울의 답변과 마찬가지로 '모든 것을 분간하고 좋은 것을 굳게 잡으십시오.'"(살전 5:21~23)라고 확신에 찬 답변을 하고 있다.

해방신학에 대한 오해를 극복하고 해방신

레네 빠딜랴

학이 이야기하고자 하는 것이 무엇인가를 알 수 있다면 좋은 것을 붙잡을 수 있을 것이라 확신한다. 해방신학에서 오늘 위기에 처한 한국 교회를 향한 하나님의 음성을 들을 수 있다면 얼마나 좋겠는가!

2. 해방신학과 나의 만남

필자를 잘 아는 어떤 분이 나에 대해 글을 쓴 적이 있다. 지면을 통해 필자를 소개하면서 칭찬을 해주셨다. 그런데 그 글에 이런 덧글이 달렸다. "인격적으로 훌륭한 사람입니다. 그런데 해방신학을 한 사람이라…."

한번은 한국의 대도시에 있는 어떤 교회의 담임목사 청빙에 응했다. 최종 후보가 되어 면담을 했다. 그들은 나에게 가진 자 그리고 높은 사람들을 위한 목회가 아니라 소외되고 가난하고 낮은 자리에 있는 교인들을 위한 목회를 해 달라고 주문했다. 그래서 그러겠다고 대답했다. 그리고 그다음 질문을 한다. "해방신학을 하셨네요?" 나는 답변했다. "네, 바로 해방신학이 저로 하여금 높은 곳이 아니라 낮은 자리를 향한 목회를 하도록 만들어 주었습니다." 그 면담 이후 나는 그 교회의 담임목사로 갈 수 없었다.

오늘 한국 교회에서 해방신학을 한다는 것은 어쩌면 넘지 못할 큰 벽을 마주하는 것과 같다. 해방신학에 대한 깊은 이해 없이 몇몇 단어만 듣고 틀에 박힌 편견으로 공정하고 균형있게 바라보지 못하고 있다. 해방신학을 조금만 이해하고 그 내용이 무엇인지 관심을 가져 보면 많은 오해가 풀리게 될 것이다. 또 오늘 위기에 직면한 한국 교회가 신학적, 목회적 대안을 마련하는 데 중요한 단초를 제공해 줄 수도 있을 것이다.

해방신학은 오늘 우리의 문제가 어디서부터 비롯되었는지를 성찰하게 해주는 중요한 신학적 도구가 될 것이다. 비판적 성찰과 반성을 통해 자기 스스로에 대한 해방이 이루어지지 않는다면 진정한 변화는 불가능하기 때문이다. 생각하고 성찰하는 교회와 교인의 존재가 우리를 많은 오류로부터 지켜 줄 것이다.

필자가 해방신학을 처음 접하게 된 것은 1982년 파라과이에서였다. 우연히 들른 서점에서 책 한 권이 눈에 들어왔다. 〈해방신학〉이라는 제목이었다. 당시 파라과이는 극심한 군사독재의 폭정하에서 민중이 숨소리조차 내지 못한 채 억압 받고 있었다.

그런 암울한 시절에 필자는 '벗어남'에 상당히 목말라 있었다. 해방, 얼마나 시원한 단어였던가! 주저 없이 책을 구입하고 단숨에 읽어 나갔다. 그 책이 바로 구스따보 구띠에레스(Gustavo Gutiérrez)의 『해방신학』이었다. 스페인어 원어의 제목은 〈해방신학 : 그 전망에 대하여〉였다.

필자는 구띠에레스의 저서를 통해 새로운 세계에 눈을 뜰 수 있었다. 그때의 기쁨과 희열은 지금도 잊을 수 없다. 그 후 나는 한국으로 유학을 와서 장신대 신학대학원을 졸업하고 목사가 되어 1991년 다시 파라과이로 돌아갔다. 파라과이에서 2년 정도를 선교사로 사역한 이후 나는 본격적으로 라틴아메리카 신학을 공부하기로 결심했다.

정보를 탐색해 본 결과 아르헨티나에 이세뎃(ISEDET)이라는 개신교 연합신학대학교

1987년에 번역 출간된 구티에레스의 「해방신학」(분도출판사)

호세 미게스 보니노

아르헨티나 해방신학의 산실인 아르헨티나 연합신학대학교(ISEDET)

가 있었고 거기에 후일 필자의 스승이 된 호세 미게스 보니노(José Míguez Bonino, 1924~2012) 박사가 교수로 재직하고 있었다. 나는 그 길로 아르헨티나로 날아가서 그의 집을 방문하고 가르침을 청하였고 그 후 아르헨티나로 거처를 옮겨 이세뎃에서 미게스 보니노 선생님의 지도로 해방신학을 공부하고 학위를 마칠 수 있었다.

이렇게 해서 1982년 우연히 시작되었던 해방신학과 나의 인연은 결실을 맺게 되었다. 해방신학과의 만남은 나의 삶을 변화시켰고 나로 하여금 진정한 믿음의 길이 무엇인가를 늘 추구하도록 해 주었다. 해방신학이 나의 삶에 있어서 주홍글씨로 남아 어려운 일과 오해를 겪기도 했지만 해방신학은 나의 삶에 전환점을 마련해 준 고마운 신학이다. 이제 독자들과 함께 해방신학을 향한 여행에 나서고자 한다. 지면을 통해 만나는 해방신학과의 여행이 우리 모두에게 즐거운 여정이 되기를 바란다.

02
나는 그런 천국에 가지 않겠다

1. 가난의 현장에서

해방신학의 가장 중요한 특징 중의 하나는 무엇보다도 우리 삶의 현장에서 발생하는 사건과의 깊은 연계성일 것이다. 모든 신학이 다 그렇겠지만 해방신학에서 삶의 현장 경험과의 연계는 필연적이다. 해방신학은 구체적 상황으로부터 탄생하기 때문이다. 삶의 현장과 그 역사적 경험, 특별히 가난한 삶의 변화를 위한 직접적인 참여와 실천은 해방신학의 가장 중요한 자료가 된다. 그러므로 해방신학에서는 반드시 현장의 경험과 그로부터 발생하는 질문들이 그 신학의 핵심과 근간이 된다.

1960년대 라틴아메리카는 극심한 이농현상을 경험하게 된다. 식민지로부터의 해방 이후 토지개혁이 전혀 이루어지지 않은 상황에서 지주들의 횡포와 착취 또 다른 한편으로 농업의 기계화와 기업화 현상은 수많은 농민들로 하여금 생존을 위해 도시로 이주하도록 만들었다.

이렇게 라틴아메리카는 1960년대를 거치면서 인구의 급격한 도시 집중 현상을 겪게 되고 농촌을 비롯해 도시까지 확장된 가난의 문제는 그 심각성을 더하게 된다. 그중에도 브라질의 리우데자네이루의 도시 빈민 집중지인 화벨라(Favella)는 도시빈민 문제의 상징적인 지역으로 알려져 있다.

급격하게 이루어지는 이농 현상은 대도시 내에 대규모의 빈민촌 형성을 야기했다. 이러한 상황에서 많은 가톨릭 신자와 개신교도들은 가난한 사람들을 위한 사역을 수행하게 된다. 이러한 빈민 사역의 현장은 그들에게 많은 질문들을 갖게 만들었다. 그리고 그들은 이러한 삶의 현장에서 발생하는 구체적 문제들에 대해 신학적인 성찰을 하게 된다.

이렇게 해방신학은 삶의 사건으로부터 시작되었다. 철학적이고 이론적인 성찰이 아니라 삶의 구체적인 문제를 가슴에 품고 실천하는 과정에서 시작된다. 해방신학은 역사의 현장과 그 삶에서 분리될 수 없다.

브라질 리우데자네이루의 빈민가

2. 식민지의 억압 속에서

일반적으로 많은 사람들은 해방신학 태동의 역사를 1968년 콜롬비아 메델린(Colombia, Medellin)에서 개최되었던 제2차 라틴아메리카 주교회의(CELAM II, II Conferencia General del Episcopado Latinoamericano)에서 발표된 문서와 1971년 구스따보 구띠에레스(Gustavo Gutiérrez)의 저서 『해방신학』의 발간으로부터 시작되었다고 여긴다.

『해방신학』의 초판본 표지
(1971년)

그러나 실질적으로 해방신학의 역사는 그보다 훨씬 이전부터 시작되었다. 나는 오늘의 해방신학 이야기를 해방신학의 태동을 전제로 한 두 가지 역사적 사건에 대하여 언급하려고 한다.

첫 번째는 1511년 12월 21일 도미니크 수도사 안토니오 몬테시노(Antonio Montesino) 신부의 강론이다. 안토니오 몬테시노 신부는 스페인 도미니크 수도회 소속 신부였다. 그는 도미니크 수도회의 첫 선교사로서 페드로 데 코르도바(Pedro de Cordoba), 베르나르도 데 산토도밍고(Bernardo de Santo Domin-

1968년 메델린 주교회의에서 최종문서에 조인하고 있는 라틴아메리카 주교들

02. 나는 그런 천국에 가지 않겠다 25

안토니오 몬테시노 신부의 외침은 라틴아메리카 해방신학의 정신적 뿌리가 되었다.

go), 도밍고 데 빌랴마조르(Domingo de Villamayor) 신부들과 함께 1510년 도미니카공화국에 도착한다.

그는 신대륙에서 선교사역을 시작하자마자 인디오들의 고통과 아픔에 민감한 모습을 보이면서 그들을 위한 선교사역을 펼치게 된다. 안토니오 신부를 비롯한 도미니크 수도회 소속 신부들은 신대륙에서 벌어지고 있는 인디오들에 대한 학살과 착취 현장을 목격하고 이들의 권리를 옹호하기 위한 사역을 펼쳐 나갔다.

1511년 12월 21일 대림절 넷째 주간의 강론을 하기 위해 안토니오 신부는 강단에 서게 된다. 그는 요한복음 1장 23절을 인용하면서 자신을 광야에서 외치는 목소리라고 규정하면서 강론을 시작한다. "대림절 강론"이라는 불리는 안토니오 신부의 강론은 사전에 준비되었고 신대륙에 와 있는 도미니크 수도회 소속 수도사들과 신부들이 동의하고, 서명하였다.

"나는 오늘 이 강단에 한 섬의 광야에서 외쳐지는 그리스도의 소리로서 섰습니다. 그러므로 여러분은 마음과 정성을 다하여 집중하여 들으시기 바랍니다. 여러분이 들으실 강론은 아마 지금까지 들어본 적이 없는 소리일 것입니다. 그것은 날카롭고 강하고 놀랄 만한 것이며 그리고 여러분이 들을 것이라고 기대할 수 없었던 위험한 소리일 것입니다. 그리스도의 소리는 여러분에게 이렇게 말합니다. 여러분들은 죽음에 이르게 되는 죄악 속에 있습니다.

여러분들은 죄 없고 순진한 사람들에게 행한 폭행과 잔악한 행위로 말미암은 죄 속에서 살고 있고 그 죄로 인하여 죽고 말 것입니다. 나에게 대답해 보십시오. 당신들은 도대체 어떤 권리와 정의로 순진한 인디오들을 노예로 삼고 잔악한 행위를 서슴지 않고 있는 것입니까? 무슨 권한으로 평화롭고 순전하게 자신들의 땅에서 살아가고 있던 이들을 향하여 전쟁을 하고 그들의 무고한 목숨들을 빼앗고 있는 것입니까?

… 이들은 인간이 아니란 말입니까? 그들은 영혼이 없단 말입니까? 여러분은 이들을 여러분의 몸처럼 사랑해야 하는 의무가 없단 말입니까? 이러한 것들을 도대체 이해하지 못하고 있단 말입니까? 이 일을 계속한다면 예수 그리스도 믿기를 원치 않음으로써 신앙이 없는 터키인들이나 혹은 이슬람교도들처럼 여러분도 구원을 받지 못할 것입니다."

안토니오 몬테시노 신부의 강론은 충격적이었다. 안토니오 신부의 강론 이후 스페인 당국은 도미니크 수도회 소속 신부들에 대한 강론 금지 조치를 실시한다.

그러나 또 다른 한편으로 이 강론은 스페인 남부, 안달루시아 지방의 중심도시인 세비야에서 부유한 상인의 아들로 태어나서 콜럼버스의 2차 신대륙 항해에 참여하여 신대륙에서 출세와 영광을 꿈꾸던 평범한 청년이었던 바르톨로메 데 라스 카사스(Bartolomé De Las Casas, 1474~1566)를 감동하게 만들었다. 그는 하나님의 이름으로 자행되는 범죄에 자신이 동참했다는 사실을 깨닫고, 자신이 소유했던 노예들을 즉각 석방한다.

1512년 그는 아메리카에서는 처음으로 사제로 서품되었는데, 아메리카의 첫 사제가 스페인의 식민지 정책을 반대하고 나선 것이다. 그는 수차례에 걸쳐 대서양을 오가며 스페인 정부와 교회, 대학의 지성인들에게 각성을 촉구하고 격렬한 논쟁을 벌이기도 했다. 그는 1512년 발간된 자신의 저서 『인디오 학살에 대한 간략사』를 통하여 인디오들에 대한 학살과 그들에게 행하는 잔악한 행위에 대하여 자세하게 기록하면서 스페인 왕실의 이러한 행위는 결국 하나님과 스페인 왕실을 모독하는 잘못된 행위임을 역설했다. 1492년 콜럼버스에 의한 신대륙의 발견(?) 이후 시작된 정복 전쟁의 참상은 이루 말할 수 없었음에도 불구하고 우리에게 그리 알려진 내용은 별로 없는 것이 사실이다.

1492년 콜럼버스가 아메리카 대륙에 도착한 이후 이 지역을 향한 스페인과 포르투갈의 본격적인 정복전쟁은 1500년부터 시작되었다. 이렇게 시작된 정복전쟁은 1650년경까지 약 150년에 걸쳐서 완료된다. 정확한 통계는 아니지만 북미와 남미 대륙 전체를 걸쳐 당시 토착민의 인구는 적게는 약 8천만 명에서 많게는 9천만 명 정도였다고 알려져 있다. 중남미 대륙에는 약 6천 5백만 명 정도가 그리고 알래스카를 비롯하여 북미 지역에는 약 2천만 명 정도가 거주하고 있었다.

그러면 중남미 대륙에서 약 150년간의 정복전쟁 이후 생존한 토착민 수는 얼

바르톨로메 카사스는 스페인의 폭력적인 아메리카 대륙 식민지화와 원주민 학살에 대해 강하게 비판하며 아메리카 원주민의 인권 개선을 위해 노력했다.

스페인 침략자들에 의해
자행된 잔인한 인디오 학살

마일까? 5백만 명이다. 다시 말하자면 약 6천만 명이 죽임을 당했다는 말이다. 북미에서는 어떠했을까? 1천 5백만 명 정도가 목숨을 잃었다. 오늘의 북미와 라틴아메리카에는 이러한 참혹한 정복의 역사가 서려 있다. 그 과정 속에서 모두 7천 5백만 명 정도가 지구상에서 사라져 버린 것이다.

역사는 승리한 자들을 중심으로 기록되어 이러한 대학살의 역사는 그리 알려져 있지 않다. 이런 슬픈 역사를 안고 있는 아메리카 대륙은 그 후 기독교의 전도를 받아 기독교 대륙이 되었다. 그래서 올란도 코스타(Orlando Costas)는 이 땅을 "죄악으로 잉태된 대륙"이라고 불렀고 우루과이의 에두아르도 갈레아노는 "아메리카, 절개된 혈관"이라고 불렀던가 보다.

나치 독일이 지배하던 시절, 유럽 대륙에서 약 6백만 명의 유대인들

02. 나는 그런 천국에 가지 않겠다 **29**

이 참혹하게 살해되었다. 우리 모두가 너무나도 잘 알고 있는 역사적 기억이다. 이 일에 대해 독일은 인류 앞에 사과하였고 늘 그것을 기억하고 있다. 오늘의 세계는 나치의 유대인 학살을 인류 역사상 가장 참혹한 사건으로 기억하며 교훈으로 삼고 있다.

과연 우리 중에서 유대인 학살 사건과 아메리카 대륙의 토착민 학살 사건(인종청소라고 부를 수도 있겠다)을 모두 기억하는 사람들이 얼마나 있을까? 유대인 학살 사건은 대부분 잘 알고 있다. 그러나 아메리카 대륙에서 억울하게 죽어간 7천 5백만 토착민들의 억울함과 한을 기억하는 이들은 얼마나 될까? 아메리카 대륙에서 죽어간 토착민과 히틀러에 의해 죽어간 유대인들에 대한 기억의 차이는 어디에서 오는 걸까?

그것은 아마도 역사를 승리한 사람들을 중심으로 기록한 까닭일 것이다. 또 수많은 가난한 이들과 약자들의 죽음을 사회의 발전을 위한 필연적인 희생의 논리로 포장하고 있기 때문이다. 그런 의미에서 해방신학은 이렇게 잊힌 사람들의 이야기를 다시 역사 속에서 복원시키면서 그들의 고통스러운 삶의 현장으로부터 출발해 하나님 나라를 생각해 보고자 하는 시도다.

스페인 세비야에 건립되어 있는 바르톨로메의 기념비

바르톨로메 데 라스 카사스는 스페인 사람들이 '인디오'라고 부르던 라틴아메리카 토착민들에게 자행한 학살과 참상을 고발하고 '그들도 하나님의 자비 안에 있는 인간'임을 선포한 사제이며 예언자였다. 해방신학은 이러한 안토니오 몬테시노 신부와 라스 카사스 신부가 사랑했던 가난하고 소외된 이들을 오늘의 삶의 현장에서 우선적으로 다시 선택했던 신학적 성찰이라고 볼 수 있다.

두 번째는 아투에이(Hatuey) 추장의 사건이다. 아투에이는 에스파뇰라 섬(지금의 도미니카공화국) 타이노(Taino) 부족의 추장이었다. 타이노 부족은 그 지역에서 용맹하기로 명성이 높았다. 타이노 부족은 다른 부족과 달리 스페인 정복자들의 회유에 넘어가지 않고 그들과의 전쟁을 선택했다. 아투에이는 타이노 부족의 추장으로서 스페인 정복자들의 침략에 대응해 부족 사람들을 결집시켜 용맹스러운 투쟁을 벌였다.

그러나 높은 화력으로 무장한 스페인 군대를 막아낼 수는 없었다. 타이노 부족은 전멸했고 그는 몇 백 명의 살아남은 부족원들과 함께 쿠바

스페인 침략자들의 타이노 부족에 대한 학살(1492~1518년)

로 피신했다. 그러나 거기에서도 스페인 정복자들에게 항전했고 결국 1512년 2월 2일 사로잡혀 그는 화형을 당하게 된다.

바르톨로메에 의하면 그는 당시 자신의 부족들에게 다음과 같은 연설을 했다고 한다.

아투에이의 동상

"여러분이 지금 보고 있는 내 손의 금은보화, 이것이 스페인 사람들이 섬기고 있는 그들의 신입니다. 이것들을 위해 그들은 전쟁을 벌이고 우리를 죽입니다. 이것들 때문에 그들은 우리를 탄압하고 있습니다. 그러니 우리는 그들을 물리치고 바다에 처넣어야 합니다. 멀리서 온 이 야만족들은 자신들이 평화와 평등의 신을 믿는다고 우리에게 말합니다.

그러면서 우리의 땅을 강제로 빼앗습니다. 우리를 그들의 노예로 삼습니다. 그들은 영원한 영혼의 존재에 대해 말하고 신의 상급과 징벌에 대해서도 말합니다. 그러면서 우리의 소유물을 강탈하고 훔쳐가고 있습니다. 우리의 아내와 딸을 강간하고 죽입니다. 우리는 그들보다 월등한 용기를 가지고 있지만 그들은 우리의 무기로써는 도저히 뚫을 수 없는 강철로 만든 갑옷으로 그들의 몸을 감싸고 있습니다."

아투에이의 연설은 수백 년 전의 것임에도 불구하고 오늘 우리의 삶을 그대로 질타하고 있다. 돈을 우상으로 섬기고 있는 현대인들과 한국 교회를 향하여 그는 지금도 외치고 있다. 오늘 우리는 그의 음성에 귀를 기울여야 한다. 그리고 오늘 우리가 섬기고 있는 신이 과연 누구인가를 돌아보아야 한다. 우리는 어떤 신을 섬기고 있는 것일까? 해방신학은 가난한 사람들의 자리에서 아투에이의 연설처럼 돈을 신으로 섬기고 있는 이 세상의 모습을 고발하고 참된 하나님께로 돌아가고자 하는 신학적 방법이다.

사형이 집행되기 바로 직전 스페인의 종군 신부는 그에게 세례를 받을 것을 제안했다. 아투에이는 신부에게 영세를 받으면 무엇이 유익하냐고 물었다. 신부는 잠시 생각하더니 다음과 같이 대답했다. "첫째, 가톨릭 교회의 예식에 따라 예수를 영접하고 세례를 받으면 죽어서 천국으로 갈 것이며, 둘째, 그대는 영세를 받은 가톨릭 신자이므로 형벌을 감형 받을 수 있다. 산 채로 화형을 받는 대신 먼저 사형을 집행하고 그 후에 화형이 집행될 것이다."

아투에이는 신부의 답변을 듣고 잠시 생각한 후에 되물었다. "그렇다면 여기에 나를 둘러싸고 있는 이 사람들, 아무 잘못한 것이 없는 나의 아내와 딸들을 강간하고 죽이고, 가족을 겁탈하고 그리고 나의 집을 불태우고 나의 온 재산을 빼앗고 가축들을 탈취해 간 이 군인들도 천국을 가는가?" 신부는 "당연히 이들은 예수를 믿고 세례를 받았으니 천국에 간다."라고 대답했다.

이에 아투에이는 다음과 같이 말했다. "그렇다면 나는 그런 천국에는 가지 않겠다. 그것은 천국이 아니다. 이들이 없는 지옥이 바로 천국이다."

화형당하는
아투에이

아투에이는 산 채로 화형을 당했다. 그의 이 같은 반응과 태도에 종군신부는 할 말을 잃고 말았다.

많은 해방신학자들은 아투에이의 사건을 해방신학적으로 해석하는 데 주저하지 않는다. 이 같은 아투에이의 천국과 구원에 대한 이해를 라틴아메리카 민중의 첫 번째 신학적 해석행위라고 간주하는 것이다. 해방신학은 아투에이와 같이 거대한 권력과 힘 앞에 쓰러져 가면서도 당당하게 저항의 정신을 놓치지 않고 살았던 억눌리고 가난하고 착취당하는 민중의 의식과 행위(praxis)를 오늘의 상황에 되살린 신학적 행위였다.

03
해방신학의 태동

1. 붉은색으로 물든 어머니의 가슴

해방신학을 출현케 한 실제적이고 구체적인 역사의 경험은 무엇일까? 그것은 한마디로 라틴아메리카의 수백만 형제자매들이 당면했던 불의한 가난과 삶의 현장이었다. 이런 삶의 현장 한복판에서 하나님의 자녀들은 출애굽의 모세와 예수 그리스도의 말씀으로부터 이러한 현실이 결코 하나님의 뜻이 아님을 깨닫게 된다. 해방신학은 이러한 각성으로부터 시작되었다. 즉 해방신학은 상아탑 안에서의 관념적인 성찰의 결과가 아니라 처절하고 가난한 삶의 현장에서 하나님의 뜻이 무엇인가를 씨름하는 것에서부터 시작되었던 것이다.

브라질의 주교 돔 헬더 까마라(Dom Helder Camara, 1909~1999년)는 어느 날 헤시페(Recife)의 한 가난한 동네의 거리를 거닐고 있었다. 그는 한 여인이 그녀의 아이에게 젖을 물리는 장면을 목격한다. 생명이 생명을 돌보고 있는 아름다운 광경이었다. 아름다운 광경에 매료되었던 그의 눈에 이상한 것이 보였다. 어떤 붉은 액체가 아이의 입 옆으로 흘러나오고 있었다. 아이와 아이 엄마에게 가까이 다가간 그의 눈에 띈 것은 아름다움이 아니라 참혹한 장면이었다.

아이의 엄마는 며칠 동안 아무것도 먹지 못한 여인

라틴아메리카의 젖먹이는 어머니

이었다. 아이는 아무것도 나오지 않는 엄마의 젖을 물고 있었던 것이다. 그 젖에서는 모유가 나온 것이 아니라 피가 흘러나오고 있었다. 젖을 물리고 있는 엄마, 그리고 그 젖에서 엄마의 피를 빨고 있는 어린아이! 이 장면은 그로 하여금 자신의 삶과 사목을 돌아보게 만들었다.

가난한 사람들이 겪어야만 하는 참혹한 삶의 현장은 그의 사목생활의 방향을 결정 짓도록 만들었다. 가난한 삶의 현실이 해방신학을 출현케 한다. 그는 평생 동안 피가 나오는 젖을 먹이고 있는 엄마와 그 아이의 모습을 잊지 않았다. 그는 자신의 사목 현장에서 평생을 가난과 싸우며 가난한 사람들 안에서 가난한 사람들과 함께 거대한 죄악의 세력에 대항하여 싸우다가 세상을 떠났다.

돔 헬더 까마라는 가난한 사람들에게 빵을 주고자 했을 뿐만 아니라 이들이 왜 가난해야 했는가를 물으면서 그 가난의 이유와 대항하고 싸우며 그 안에서 진정한 구원의 역사 즉 해방의 역사를 구현하고자 했다. 그가 이러한 가난의 현장을 경험하지 못하고 그 안에서 신학적이고 사목적인 성찰을 하지 않았다면 그에게서 해방신학은 발생하지 않았을 것이다.

까마라의 경우와 마찬가지로 많은 진실 된 그리스도인들에게 라틴아메리카의 불의하고 가난한 상황은 견딜 수 없는 현실이었다. 그들은 삶의 한복판과 그리고 삶의 순간순간마다 경험하고 맞이하게 되는 구조적이고 지속적인 불의의 현실 앞에서 고민하기 시작했다. 그것은 한마디로 말하자면 노예의 상황이었다. 그것은 이집트에서 노예생활을 하던 히브리 민중과 다를 바 없는 삶의 모습이었다.

돔 헬더 까마라 추기경

대다수 라틴아메리카 민중이 당하고 있는 현실은 글자 그대로 노예의 삶이었다. 이러한 상황 인식에서 출발하여 그리스도인들은 하나님 나라의 복음에 대한 선포와 복음적 삶은 어떤 의미를 가지고 있는가를 성찰하기에 이른다. 그리고 그것이 교회의 사역과 존재의식에 어떤 식으로 영향을 미쳐야 하는가를 진지하게 고민하기 시작했다.

해방신학이 당면한 지역의 가난은 단순한 가난이 아니었다. 이 가난은 고착되었을 뿐만 아니라 실제로 민중의 생명을 위협하고 있는 현실적 가난이었다. 게다가 이들이 당면하고 있는 가난은 "배려와 감성"이

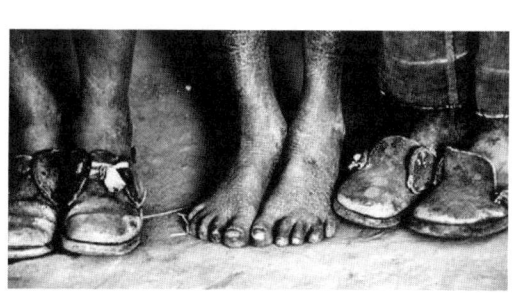

라틴아메리카 빈민 지역의 가난한 어린이들

결여된 가난이었으며 포기가 강요된 가난이었다. 이들은 라틴아메리카 대륙이 가톨릭 국가였으며 대다수 국민들이 그리스도인임에도 불구하고 "무관심한 가난의 현실"이 존재한다는 사회적 현실에 주목하였다.

다른 한편 주교들은 또 다른 측면에서 라틴아메리카 대륙의 가난에 대하여 성찰하기 시작했다. 그들은 라틴아메리카 지역의 가난이 극복될 수 있는 가난이라는 사실에 주목하였다. 그리고 근대 서구문명이 – 북반부 지역의 국가들이 성취한 것처럼 – 경제발전과 정치사회적 발전을 가능케 하는 방법과 도구들을 발견하였다고 믿었다.

이러한 의미에서 이들은 라틴아메리카의 가난을 두 가지 측면에서 다루기 시작했다. 그것은 한편으로 신앙의 문제이며 또 다른 한편으로 근대문명 발전의 단계와 관련이 있다는 사실에 주목하기 시작했다. 이러한 가난에 대한 신앙적, 문명론적 측면에서 해방신학은 그 영적이며 근대문명적인 특성을 드러내기 시작했다.

그렇다면 라틴아메리카에서 해방신학을 태동케 했던 가장 근원적인 경험인 가난은 어떻게 이해되어야 할까? 대체로 라틴아메리카의 가난 이해는 세 가지 측면에서 이루어진다. 첫째 가난한 이는 누구인가, 둘째 기독교적 자선의 형태는 어떠해야 하는가, 셋째 가난의 현실에서 구원(중생)의 의미는 무엇인가 하는 것이다. 이렇듯 가난과 관련된 주제는 해방신학의 전개과정에서 핵심적인 위치를 차지하고 있다.

2. 해방신학의 태동과 세 가지 경험

1) 가난한 사람들에 대해 말하기

1970년대에 라틴아메리카는 가난한 사람들은 누구이며 복음으로 가난을 어떻게 이해해야 하는가에 대한 논쟁이 뜨거웠다. 1968년 메델린 문서는 "교회는 라틴아메리카 민중의 대다수가 겪고 있는 불의하며 비인간적인 가난의 상황에 대하여 무관심하게 있을 수 없음"을 분명한 어조로 지적하고 있다. 그러나 불의한 가난에 대한 많은 논쟁에도 불구하고 70년대 말까지는 이러한 가난의 원인에 대한 구조적이고 체계적인 연구가 활발하지 않았다.

이러한 가운데 1979년 멕시코 푸에블라에서 개최된 주교회의는 가난이 우연히 발생하는 것이 아니라 경제 정치 사회적인 구조에서 비롯된

1979년 멕시코 푸에블라 주교회의가 개최된 푸에블라 대성당

것임을 분명히 했다. 이러한 사회구조적 원인을 가지고 있는 가난은 복음적인 가난이 아니며 따라서 그것은 하나님의 뜻에 반하는 것임을 확인할 뿐만 아니라 가난에 지친 민중의 얼굴, 고통 받는 어린이의 얼굴, 토착민들의 일그러진 얼굴과 소외된 노동자와 농민들의 얼굴에서 그리스도의 수난의 흔적을 발견하게 된다. 이러한 경험은 많은 그리스도인들이 가난의 현장 한가운데서 하나님의 현존을 보게 만들었다.

신학은 하나님에 대하여 말하는 것이다. 따라서 해방신학의 원천적인 경험에 비춰 볼 때 가난한 사람들에 대하여 말하는 것은 "야웨의 가난한 사람" 즉 그리스도에 대하여 말하는 것이다. 이제 라틴아메리카의 상황에서 가난한 사람들에 대하여 말하는 것 없이 하나님에 대해 말하는 것은 불가능해졌다. 영성, 다시 말하면 하나님을 어떻게 만날 것이며 그리고 그분을 어떻게 사랑할 것인가에 대한 질문은 우리를 하나님과 이웃을 사랑하라는 복음의 핵심으로 이끌어준다.

그런데 이 주제를 가난한 이들의 입장에서 생각해 볼 때 그것은 매우 근본적인 차원의 변화를 경험하게 된다. 라틴아메리카에서 하나님과 이웃을 사랑한다는 것은 구체적으로 어떤 의미를 가지는가? 가난에 대한 새로운 이해는 해방신학적 성찰을 가능케 한 첫 번째 요인이었다.

2) 라틴아메리카에서 하나님과 이웃 사랑하기

초기의 해방신학자들은 가난한 사람들에 대해 눈과 마음을 열게 되면서 그들의 상황에 대해 알게 되고, 가난한 사람들과 함께 하는 것이 복음적인 삶을 사는 것임을 깨닫게 되었다. 이러한 깨달음으로부터 부자와 나사로의 비유가 새롭게 이해되기 시작했다. 부자는 자신의 삶에 함몰되어 가난한 다른 사람들의 삶이 눈에 들어오지 않았다. 자신의 삶의 길에서 벗어나지 못했던 것이다. 이처럼 해방신학은 점차 라틴아메리카의 가난하고 억압받는 소외된 이들의 입장에서 성서를 새롭게 읽기 시작했다.

새로운 성서 읽기는 새로운 질문을 가능케 했다. "오늘의 상황에서 이웃 사랑에 어떤 구체적인 행동이 요구되는가?" 이 질문은 해방신학의 중요한 주제일 뿐 아니라 해방신학의 핵심 그 자체이다. 이 질문은 해방의 실천 현장에 있는 모든 사람들의 존재와 본래적인 경험을 가능케 하는 혈액과도 같은 것이다. 하나님과 이웃을 사랑한다는 것은 불의에 억압받는 사람들의 삶에 동참하는 것이며 그들과 함께 투쟁하는 것이다.

그리스도교의 자비는 말이 아닌 구체적인 행동으로 나타나야 함을 인식하게 되고 또 이 행동은 교회의 선교가 정치적인 차원으로까지 확대되어야 함을 의미했다. 예수에게 '자비'란 불의한 사회질서와 제도화된 불의에 대한 저항이었다. 이러한 새로운 형태의 자비에 대한 이해는 당시의 많은 사람들을 놀라게 했고 그 놀라움은 오늘도 지속되고 있고 그러나 이러한 형태의 자비를 실천하는 사람들에 대한 박해 또한 이어지고 있다.

돔 헬더 까마라 대주교의 "신부가 가난한 이들에게 빵을 주면 사람들은 신부를 보고 성자라 칭찬하지만 왜 그들이 가난한 것인지 혹은 가난을 발생케 하는 사회구조에 대해 물으면 사람들은 신부를 빨갱이라고 비난한다."라는 말이 오늘의 시대에도 그대로 적용된다는 것은 예수가 보여주었던 기독교적 자비의 실천이 얼마나 힘든 일인가 하는 것을 여실히 보여주고 있다. 기독교적 자비의 실천에 대한 이해는 해방신학적 성찰을 가능케 만든 두 번째 요인이다

3) 가난과 기독교적 회심

회심은 기독교에서 가장 중요한 가르침 중의 하나다. 회심은 어원적으로 '~를 향해 돌이킴'의 의미를 가지고 있다. 가난한 사람들과의 역사적 만남은 회심의 의미에 변화를 가져왔다. 진정한 기독교적 회심은 '가난한 사람들을 향한 돌이킴'이다.

기독교의 '회심', 그것은 가난한 이들과 마음을 함께 하는 것이고 그들의 아픔과 함께 울어주는 것이며 그들의 행복을 함께 기뻐하는 것이다. 성령의 깨우침은 우리 삶의 생애의 길에서 부상당한 사람을 발견하고 단순히 가슴 아파하는 것으로 끝나는 것이 아니라 그들의 삶에 참여하고 그들의 해방을 위해 헌신하게 만든다.

우리 모두는 가난한 사람들에 대한 우선적 선택과 복음적 가난에 부름을 받고 있다. 부자와 가난한 사람 사이에 존재하는 차별은 죄악이다. 그것은 하나님의 뜻이 아니다. 우리는 그 상황을 고발하고 극복해야 한다. 복음의 가난은 금욕적이거나 혹은 율법적인 것이 아니다. 복음의 가난은 구체적인 이웃 사랑이며 따라서 유토피아적이거나 실현 불가능한 것이 아니다.

해방신학이 주장하는 기독교적 회심은 단순히 감성적인 것이거나 십계명을 충실히 지키는 율법적인 삶을 의미하지 않는다. 그것은 가난한 사람들과 형제가 되고 전 인류적 연대를 실천하는 것이다. 이러한 기독교적 회심에 대한 이해는 해방신학의 태동을 가능케 한 세 번째 요인이다.

3. 해방신학, 삶의 현장에서 태어나다

해방신학은 남미 대륙 정복 초기에 발생한 몇 가지 사건들과 복음을 전하던 사람들이 라틴아메리카의 현실에서 당면했던 신학적 갈등과 의문들로부터 시작되었다. 가난한 사람들과 가난의 현실에 대한 새로운 이해가 해방신학을 태동하게 했다는 사실이다.

한마디로 해방신학은 대학의 상아탑이 아니라 삶의 현장에서 시작되었다. 또 신학자들로부터 시작된 관념적 신학이 아니라 현장의 소리에 대한 신학적 응답과 성찰이 었다.

1) 제2차 바티칸 공의회

해방신학의 탄생에 중요한 영향을 미친 몇 가지 회의가 있었다. 무엇보다도 제2차 바티칸 공의회가 해방신학의 태동에 미친 영향은 지대하다.

교종 요한 23세에 의해 소집되고 바오로 6세 재위 기간까지 계속되었던 제2차 바티칸 공의회(1962~1965년)는 여러 의미에서 제1차 바티칸 공의회(1869~1870년)를 넘어서면서 지금까지 세계 교회가 보여준 모습과는 다른 방향을 제시하게 된다.

특히 인류와 함께 걸어가는 "순례

바오로 6세

자"로서의 교회 모습에 대한 강조는 지금까지 세속적인 문제들을 덜 중요하게 여겨온 태도를 극복하고 인간의 발전을 인간역사에서 나타나는 하나님의 사역의 중요한 증거로 인정하게 했다.

이 공의회에서 라틴아메리카 주교들의 역할은 두드러지지는 않았지만 그럼에도 공의회의 결정사항들은 그들로 하여금 자신들이 처해 있는 상황들에 대하여 좀 더 비판적인 시각을 갖게 했다.

교회는 인간역사 안에서 하나님의 백성들의 모임이며 따라서 모든 사람들이 세례와 견진을 통하여 성령에 의해 거룩함으로 부름을 받는다고 하는 선포는 복음의 담지자로서 그리고 복음 선포의 의무와 책임을 가진 민중의 의미를 회복하였다.

그뿐만 아니었다. 제2차 바티칸 공의회의 문서 〈기쁨과 희망〉에서 "하느님의 아들이신 바로 그분께서 자신의 강생을 통해 당신을 모든 사

제2차 바티칸 공의회(1962~1965년)

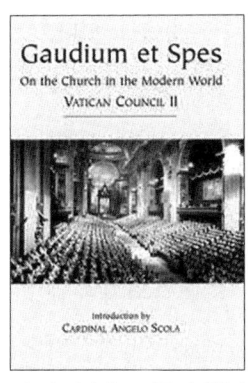
제2차 바티칸 공의회 〈기쁨과 희망〉 문서

람과 여러모로 결합시켰다."(GS 22)는 선언은 교회의 "역사와 문화 그리고 인간가치에 대한 강조"를 의미하였고 그것은 라틴아메리카의 그리스도인들로 하여금 극심한 가난의 현실에서 신음하는 사람들의 얼굴에서 고통 받는 그리스도의 모습을 발견하도록 만들었으며 그것은 라틴아메리카 신학의 가장 중요한 관점으로 발전하게 된다.

신학은 더 이상 신앙의 첫 번째 행위가 아니다. 그것은 두 번째 행위일 뿐이다. 신앙의 첫 행위는 민중의 삶에서 구체적으로 실천되는 자비다. 민중의 삶에서 그리스도는 우선적으로 가난한 사람들의 삶에서 보인다. 제2차 바티칸 공의회의 결정들은 라틴아메리카 신학의 형성에 많은 영향을 미치게 되었다. 그것을 요약하면 다음과 같다.

1. 하느님의 현현의 가장 중요한 신학적 장소로서의 가난한 사람들
2. 가난한 사람들의 해방의 관점에서 인류사를 새롭게 읽기
3. 인간과 교회의 행위에 대한 비판적 성찰로서의 신학

제2차 바티칸 공의회는 이런 면에서 라틴아메리카 신학을 더 이상 대학이라는 학문의 현장에만 묶어두지 않고 삶의 현장으로 나아가게 만들었다. 이러한 가난한 사람들의 삶의 현장에서 이루어지는 신학은 다음과 같은 말로 요약될 수 있다.

"가난한 사람들은 우리가 성서를 새롭게 읽도록 가르쳐 주고 있다."

– 까를로스 메스테르(Carlos Mesters)

2) 까밀로 또르레스의 헌신과 실천

까밀로 또르레스

제2차 바티칸 공의회가 폐막되자마자 라틴아메리카 대륙에서 중요한 사건이 발생한다. 콜롬비아의 까밀로 또르레스(Camilo Torres) 신부가 콜롬비아 민족 해방군이라는 게릴라 단체의 일원이 되고(1965년 12월) 콜롬비아 정부군에 대항한 전투에서 목숨을 잃은 것이다(1966년 2월 15일). 까밀로 또르레스 신부는 콜롬비아의 상류층 가문에서 태어났다. 그는 1950년대 벨기에에서 신학과 사회학을 수학했다.

그 후 그는 고국으로 돌아와서 사회학 교수와 대학 교목으로 활동했다. 그는 사회학 연구를 통해 고국 콜롬비아의 참혹한 현실에 눈을 뜨게 되고 혁명이야말로 사회구조를 변화시킬 수 있는 유일한 도구라고 확신하게 된다. 그는 공개적으로 혁명의 필요성을 역설하면서 기득권이 갖고 있는 것들을 빼앗아 다수의 가난한 사람들에게 나누어주는 것이 혁명의 본질임을 강조했다.

그는 만일 기득권자들이 이 혁명에 저항을 하지 않는다면 혁명은 비폭력적일 수도 있다고 말했다. 까밀로 또르레스의 말이다.

"혁명은 굶주린 사람들에게 먹을 것을, 헐벗은 사람들에게 입을 옷을, 배우지 못한 사람들에게는 교육을 제공하며 자비를 실천하는 정부를 구성하는 것이다. 그것은 일시적인 형태가 아니라 지속적인 형태로 이웃을 사랑하는 것을 실현하는 것이다. 그러므로 그리스도인들은 혁명에 헌신해야 한다. 그것이 이웃을 내 몸과 같이 사랑하는 것을 실천할 수 있는 가장 현실적인 방법이기 때문이다."

이러한 까밀로의 발언과 행동은 당시 콜롬비아의 가톨릭 교회를 불편하게 만들었고 마침내 그는 루이스 꼰차(Luis Concha) 추기경의 권고를 받아들여 사제직에서 물러난다. 그럼에도 그는 1966년 2월 15일 게릴라 전투에서 정부군에 의해 사살되기까지 항상 자신은 하나님의 소명을 받은 사제임을 잊지 않고 살았다.

말을 넘어서서 행동으로 기독교의 신앙을 실천하고 표현한 까밀로 또르레스 신부의 삶은 당시 많은 라틴아메리카 사람들에게 감동을 주었고 그를 순식간에 영웅으로 만들었을 뿐만 아니라 앞으로 전개될 해방신학의 모습이 어떠해야 할지 영감을 주었다.

이론에서 실천으로 향한 삶, 분석에서 그치고 않고 자신의 삶을 희생하는 것을 주저하지 않는 헌신과 행동으로 진정한 이웃 사랑을 실천한 그의 삶은 많은 그리스도인들에게 이웃 사랑의 모델로 받아들여졌다. 이것은 그 후 많은 사제들이 앞다투어 게릴라전에 동참했다는 것을 의미하지는 않는다. 그렇게 한 사제들은 극소수뿐이었다. 그보다 더 중요한 것은 까밀로 또르레스 신부의 이웃을 향한 사랑과 헌신적인 실천의 모습이 잠들어 있었던 라틴아메리카 그리스도인들의 양심을 일깨웠다는 사실이다.

4. 제2차 바티칸 공의회 이후의 해방신학

제2차 바티칸 공의회가 여러 면에서 라틴아메리카 해방신학의 태동에 영향을 미친 것은 의심의 여지가 없다. 공의회는 교회가 세상과 대화할 것을 촉구하였다. 유럽의 낙관적인 시각으로 바라보면 세계의 변화는 언제든지 가능한 것으로 보였다.

그러나 제3세계의 시각에서 변화는 그리 쉬운 일이 아니었고 무수한 장애물들이 널려 있었으며 특히 현실 속에서 당면해야 했던 극심한 가난과 억압의 문제는 사회의 변화를 불가능하게 만드는 요소로 간주되었다. 이러한 라틴아메리카의 현실은 점진적인 개혁이 아닌 혁명을 요구하게 되었다. 이러한 현실 인식은 공의회 이후 가톨릭 교회의 문서를 통해서 재차 확인되기도 했다.

1) 변화하는 라틴아메리카 교회들

공의회 이후 라틴아메리카 해방신학의 태동에 가장 많은 영향을 미친 문서는 1967년 3월에 발표된 〈민족들의 발전〉(Populorum Progressio)이라는 교종 바오로 6세의 회칙이었다. 바오로 6세의 회칙은 이전의 교종들이 발표했던 회칙과는 근본적으로 그 성격을 달리하고 있었다. 전임 교종들의 문서가 주로 유럽인들의 시각과 관심에서 사회 문제를 다룬 것이었다면 본 문서는 제3세계의 민중의 시각에서 사회교리를 다루고 있었다. 그는 문서의 4항에서 다음과 같이 말했다.

"본인은 교종이 되기 전, 1960년의 남미 여행과 1962년의 아프리카 여행을 통해 그들 대륙이 겪고 있는 심각한 곤경을 직접 볼 수 있었다. 교종으로 선출되어 모든 이의 아버지로서 팔레스타인과 인도에 갔을 때 옛 문화를 지니고 있는 그들이 스스로의 발전을 위해서 얼마나 무거운 짐을 지고 어려운 일을 감당하는지 내 눈으로 보고 내 손으로 만지듯 아픔들을 느낄 수 있었다."

「민족들의 발전」(1967년)

바오로 6세는 이 문서에서 제3세계의 발전 문제를 중점적으로 언급하였다. 그는 조심스러운 어조이기는 하지만 매우 강력하게 당시 기존의 세계경제질서를 비판했다. 이에 대하여 당시 「월스트리트 저널」은 "마르크스주의의 재 발화"라고 비판하기도 하였다. 그럼에도 교종 바오로 6세는 가난한 민중의 발전이 투쟁이 아니라 서로 간의 합의를 통하여 이루어질 수 있다고 믿고 있었던 것 같다.

이 문서의 항목 중 라틴아메리카에서 가장 빈번하게 언급되었던 항목은 제31항이었다.

"인간의 기본권을 유린하고 국가의 공동선을 극도로 파괴하는, 명백한 폭군적 압제가 오래 지속되는 경우를 제외하면 혁명과 폭동은 새로운 부정과 불균형을 초래하며 인간을 파멸로 이끌어 간다는 것을 모르는 사람은 없다. 아무도 현실의 악을 거슬러 투쟁함으로써 더 큰 불행을 초래해서는 안 된다."

그러나 후일 제3세계의 주교 18명(그중의 절반은 브라질 주교들이었다)은 바오로 6세의 회칙을 인용하고는 있지만 교종의 혁명에 대한 생각을 넘어서서 혁명의 필요성을 강조하는 선언문을 채택하기에 이른다. 그들은 이 선언문을 통하여 혁명의 긍정적인 차원을 강조하였으며 제2차 바티칸 공의회에서 행한 어느 주교의 "진정한 사회주의는 기본적 평등과 정당한 부의 분배가 온전하게 이루어지는 살아있는 기독교다."라는 주장을 채택하였다.

아르헨티나에서는 몇몇 사제들이 모임을 갖고 제3세계 주교들의 성명을 그들 행동의 기본 지침으로 결정하고 본격적인 활동을 시작했으며 그들은 자신들의 운동을 '제3세계를 위한 사제들의 운동'으로 명명하였다. 이후 이와 비슷한 성격의 모임들이 페루, 콜롬비아, 멕시코 등 라틴아메리카 곳곳에서 속속 결성되기 시작하였다.

이 운동들은 당시 라틴아메리카 가톨릭 교회 내의 새로운 갈등 요소로 등장하기 시작했다. 무엇보다도 바티칸 공의회의 결정들에 대한 기존 교회의 해석과 사제들의 사목현장에서 당면하게 되는 실제적 현실 사이에 괴리가 발생한 것이었다.

이 운동단체들은 이 시점에서 교회의 기능에 대해 매우 도전적인 질문을 던졌다.

"가톨릭 교회는 마치 '마약판매상'들처럼 패배주의만 전파하고 있는

가? 교회가 자신의 자산을 판매해서 없는 사람들에게 나누어주어야 하지 않겠는가? 사제들은 자신이 현재 누리고 있는 모든 특권을 포기하고 가난한 사람들과 같은 모습으로 살아가야 하지 않는가?"

그들은 기존 사회에 대한 비판도 서슴지 않았다. 또 바오로 6세의 폭력과 혁명에 대한 경고에 대하여 "기존 경제 정치 사회 그리고 문화적 권력이 자행하고 있는 폭력의 심각성과 위험성"을 강조함으로써 함축적으로 반대하였다.

이즈음에 이르러 사제들과 더불어 수녀들도 본격적으로 자신들의 전통적인 사역에 의문을 제기하면서 가난한 민중과의 사역에 참여하기 시작했다. 비록 수녀들은 공개적으로 자신들의 입장을 선언하지는 않았지만 해방신학의 전개에 있어서 매우 중요한 역할을 수행했다.

제2차 바티칸 공의회의 정신에 의해 영향을 받아 이처럼 라틴아메리카에서 해방의 운동이 일어나고 있기는 했지만 이에 동참하는 사제들과 수녀의 수는 소수에 그쳤다. 예를 들면 아르헨티나에서 '제3세계 사제운동'이 최고조에 달했을 때 이에 참여하는 사제는 약 500여 명에 이르고 있었다.(당시 아르헨티나 지역에서 활동하는 사제의 수가 5,000여 명이 넘어서고 있었다.)

그럼에도 이러한 소수 사제들의 활약은 기존의 다수 사제들의 활동에 비해 지대한 영향력을 발휘하기 시작했다. 다수의 사제들이 주로 가톨릭 학교를 중심으로 활동을 한 반면, 이들 사제들의 활동무대는 학교나 교회를 넘어서 가난한 이들의 비참한 삶의 현장으로 나아갔기 때문이다. 이렇게 해방신학의 기운은 서서히 피어오르기 시작했다. 가난의 현장에서 일어나기 시작한 해방의 기운은 1968년 콜롬비아의 메델린(Medellin)에서 개최되는 제2차 라틴아메리카 주교회의에서 신학적인 결실을 맺게 된다.

2) 라틴 아메리카의 또 다른 움직임들

1960년대는 라틴아메리카의 지적 독립이 이루어진 시대였다. 사회학자들은 현 세계 질서 안에서의 진정한 발전의 가능성에 대해 의문을 제기하기 시작했다. 이들의 생각은 일명 '종속이론'이라는 이름으로 세계에 알려지기도 했다. 이들은 세계 경제의 현황을 '선진' 혹은 '후진'이라고 분석하는 것은 정당하지 못하다고 주장하면서 단순히 '후진국'이 '선진국'의 모델을 추종함으로써 발전이 이루어지는 것이 아님을 분명히 하였다.

이들은 현 경제상황을 '지배' 혹은 '종속'으로 구분하면서 '종속'의 사슬을 끊는 것만이 진정한 발전의 시작이라고 주장하였고 저발전은 구조적인 문제임을 분명히 하였다. 이러한 사회학의 움직임은 당시 태동하고 있던 해방신학에도 지대한 영향을 미쳤다.

그뿐만 아니라 가브리엘 가르시아 마르께스(Gabriel Garcia Marquez), 훌리오 꼬르따사르(Julio Cortazar) 그리고 마리오 바르가스 요사(Mario Vargas Llosa)의 문학도 해방신학에 영향을 미쳤다.

라틴아메리카 문학은 1959년 쿠바 혁명의

가브리엘 가르시아 마르께스

성공과 체 게바라의 '새로운 인간' 사상에 많은 영향을 받았다. 쿠바의 사회주의 혁명의 성공은 라틴아메리카 문학인들과 예술인들에게 서구 중심의 근대적 세계관을 넘어 해방의 철학에 대해 관심을 갖도록 만들었다. 그리고 그들은 이러한 해방철학을 자신들의 문학작품을 통해 표현하기 시작했다. 이러한 문학적 변화는 콜롬비아의 가브리엘 가르시아 마르께스의 『100년 동안의 고독』, 마르코스 아귀니스(Marcos Aguinis)의 『거꾸로 된 십자가』와 아르헨티나의 훌리오 꼬르따사르의 『그곳에서 거닐고 있는 어떤 사람』(*Alguien que anda por ahi*)에서 발견할 수 있다. 해방신학자들은 이러한 해방철학으로부터 출발한 라틴아메리카의 문학가들로부터 해방이론의 현장화에 대한 예술·문학적 영감을 받았다.

이처럼 해방신학은 라틴아메리카가 스스로의 정체성을 여러 영역에서 회복하고 새롭게 주창해 나가는 시대 속에서 태동했다. 그런 의미에서 해방신학은 라틴아메리카 정체성에 대한 종교적 측면에서의 새로운 선언이었다고 볼 수 있다.

04
해방신학의 대헌장

1. 메델린 제2차 라틴아메리카 주교회의

1968년 8월 라틴아메리카 가톨릭 교회의 주교 150여 명이 콜롬비아의 메델린(Medellin) 시에서 제2차 주교회의로 모였다. 제2차 라틴아메리카 주교회의(CELAM)에 모인 주교들은 제2차 바티칸 공의회의 여러 결정사항들의 라틴아메리카 지역에 대한 적용에 대해 토론하기 시작했다. 후에 메델린 회의는 1960년대 전 세계를 휩쓸었던 혁명의 기운이 절정에 이르렀음을 상징하는 사건으로 기억되기도 했다.

메델린 회의는 두번째 라틴아메리카 주교회의로 개최되었는데 제1차 대회는 1955년 브라질의 리우데자네이루(Rio de Janeiro)에서 개최된 바 있었다. 메델린 주교회의는 토론의 형식 자체가 지금까지의 주교회의가 가져왔던 전통적인 형식을 탈피하고 있었다. 우선 메델린에 모인 주교들은 사회가 처한 현실에 대한 분석과 토론을 시작하였다.

그들은 사회 현실에 대해 먼저 이야기 나누고 그 후에 교회와 관련된 주제로 토론의 주제를 이어갔다. 이러한 접근 방식은 지금까지 "진리는 하늘로부터 내려온다."라는 전통적인 입장을 깨뜨리고 밑에서부터 올라오는 진리에 대해 관심을 갖는 전혀 새로운 차원이었다. 그들은 사회 현실에 대한 인식을 통해 신학적 성찰을 모색하였고, 이를 바탕으로 사목의 행동 지침을 마련하였다.

메델린 회의의 구조는 이처럼 사회 현실에 대한 성찰, 이에 대한 신학적 성찰 그리고 사목행동 지침이라는 세 축으로 이루어졌다. 메델린 회의의 주교들은 종교적인 주제보다는 정의, 평화, 교육, 가정, 청년 문제와 같은 사회 현실의 주요 문제들에 더 많은 관심과 시간을 할애했다.

메델린 회의의 여러 문서들은 그리스도인들을 향해 사회의 변혁을 위한 사역에 적극적으로 참여할 것을 강한 어조로 촉구했다. 그들은 "기구화와 구조화된 폭력"을 "죄의 상황"으로 규정하고 이에 대한 "신속-분명하고 근본적이며 시급한 변혁"을 촉구하였다. 뿐만 아니라 교육은 민중이 "자기 스스로의 발전"을 위한 주체가 되도록 하는 데 목적이 있음을 밝혔다.

주교들은 인권보호활동과 '의식을 고조시키기 위한 전도'(의식화 사역)를 사목의 주요 활동으로 규정했다. 또한 그들은 교회는 가난한 사람들과의 단순한 연대를 넘어서서 가난한 자들과 자신을 동일시해야 함을 강조했다. 메델린 회의의

메델린 주교회의에 참가한 주교들

주교들은 "해방"과 이와 비슷한 표현들을 자주 사용하였으며, "진정한 발전"이라는 표현도 간혹 사용했다.

한편 주교들은 비인간적인 삶의 조건을 넘어서 좀 더 인간적인 삶의 조건으로의 변화를 성서의 '출애굽 사건'이라고 해석했다. 그럼에도 메델린 문서는 "해방"과 "발전"의 개념을 혼합적으로 사용하고 있었으며 또한 사회의 변화는 "부자들과 기득권자들의 변화"에 의해서 이루어진다는 주장을 함축적으로 내포하는 등 양면적인 해석의 가능성을 남겨 아쉬움을 갖게 한다.

그렇지만 메델린 주교회의가 남긴 문서들은 지금까지의 전통적인 방식을 넘어선 새로운 형태의 사목에 대한 관심을 강조했고 또 이에 따른 혁명적인 지침을 마련했다는 의의를 가지고 있다. 메델린 회의는 라틴아메리카 교회를 유럽 의존적 교회에서 진정한 의미의 주체적인 라틴아메리카 교회로 변화시켰으며 미숙한 형태이기는 하지만 자신들의 고유한 삶의 주제를 신학적으로 성찰하기 시작했다.

메델린 회의는 '가난한 자들과 정의', '제도화된 폭력상황에서의 평화와 형제 사랑', '역사의 통합성과 신앙의 정치적 차원'을 중요 의제로 다루었다. 이런 점에서 해방신학자들은 메델린 문서를 해방신학의 대헌장(Carta Magna)으로 여기는 데 주저하지 않는다.

2. 해방신학자들의 출현

메델린 주교회의에서 가장 중심적인 역할을 한 사람이 페루의 신학자 구스따보 구띠에레스(Gustavo Gutiérrez)였다. 구띠에레스는 메델린 주교회의가 개최되기 몇 주 전 페루의 한 어촌 마을 침보테(Chimbote)에서 가진 강연에서 "해방신학"에 대하여 간략하게 소개하였다. 아마 이 모임에서 라틴아메리카에서는 처음으로 "해방신학"이라는 표현이 사용되었을 것이라고 여겨진다.

구띠에레스는 1970년대에 들어서서 여러 차례의 강연과 강의를 통해 이에 대한 자신의 생각들을 피력했으며 그의 활동을 통해 이 시기에 해방신학에 대한 관심은 폭발적으로 증가하게 된다. 이런 분위기 속에서 해방신학에 관한 저서들이 속속 출간된다. 구띠에레스는 1971년 『해방신학, 그 전망에 대하여』라는 책을 발간하고 같은 해 우고 아스만(Hugo Assmann)은 『해방-억압, 그리스도인의 도전』이라는 해방신학 관련 저술을 발간하기에 이른다.

구띠에레스는 그의 저서를 통하여 성서적 측면과 근대 신학의 측면에서 해방신학을 강조했고, 우고 아스만은 새로운 신학 방법론으로서의 해방신학을 시도했다. 이와 동시에 아르헨티나의 철학자 엔리께 듀셀(Enrique Dussel)은 라틴아메리카 교회의 억압 상황과 역사에 대한 올바른 이해를 위한 해방 철학적 방법론을 제시하기도 했다.

엔리께 듀셀

당시까지 라틴아메리카의 전통적인 가톨릭 신학자들은 그들의 신학의 모체로서 유럽에 지나치게 의존하고 있었으며 모든 신학교육은 사제들을 양성하기 위한 목적으로 신학교나 대학을 중심으로 이루어지고 있었다. 그런데 메델린 대회는 이들이 유럽에 대한 의존성에서 벗어나 자신들이 당면하고 있는 라틴아메리카의 현실에 눈 뜨게 만들었다.

그들은 라틴아메리카가 자신들의 신학적 성찰의 첫 번째 장소이며 신학의 내용과 방법론 그리고 관심이 달라져야 함을 깨닫게 되었다. 즉 이전에는 유럽 신학에 의존한 채 성서의 진리들을 어떻게 현대인들에게 효과적으로 그리고 이성적으로 설명할 수 있는가에 대하여 관심을 갖고 이에 대한 해답을 찾는 데 주력해 왔다면 라틴아메리카 신학은 그러한 주제들에 대해 관심하면서도 그것들 외에 삶의 실제적인 주제들을 새롭게 채택하기 시작한 것이다.

그들은 그리스도교 신앙이 보다 정의로운 사회를 만드는 데 관심을 가져야 한다고 생각했다. 이에 대해 구띠에레스는 "신학은 모든 행동에 대해 이루어지는 하나님의 말씀의 빛에 의한 비판적 성찰이다."라고 말했다. 그에게 신앙과 신학은 사회 구조와 교회가 가난한 이들을 어떻게 취급하고 있는가에 대한 비판이었다.

해방신학은 1968년 8월 콜롬비아의 메델린에서 개최된 제2차 라틴아메리카 주교회의(CELAM II)에서 채택된 '가난한 자를 위한 우선적 선택'이라는 사목의 원리와 문서들, 구스따보 구띠에레스와 우고 아스만 그리고 엔리께 듀셀과 같은 초기 신학자들의 용감한 외침을 통해 라틴아메리카 사람들의 신앙과 신학에 점차 그 힘과 영향력을 발휘하기 시작했다.

제2차 라틴아메리카 주교회의(1968년)

05
해방신학의 선구자들

1. 해방신학의 태동을 불러온 선구자들

1968년 메델린 주교회의 이후에 본격적으로 등장하기 시작한 해방신학은 많은 선구자들의 적극적인 헌신을 통해 점차 라틴아메리카에서 그리스도교 신앙의 의미를 전 세계적으로 확장하게 된다. 이들 선구자들의 신학은 학문의 세계를 넘어서 고통스런 삶의 현장과 직접 연결되어 우리에게 더욱 큰 감동을 주었다.

1) 구스따보 구띠에레스

구스따보 구띠에레스(Gustavo Gutiérrez, 페루 출생, 1928년~현재)는 해방신학의 아버지로 너무도 잘 알려진 인물이며, 1971년 『해방신학』이라는 책을 출판함으로써 해방신학의 이론적 기초를 마련했다. 그는 라틴아메리카 가난의 문제는 가난을 조장하는 불의한 사회체제에서 기인하며, 그 원인은 소수 사람들의 부에 대한 독점에 있다고 주장했다.

구스따보 구띠에레스

이러한 구띠에레스의 사회학적 분석이 교회의 심기를 건드린 것은 아니었다. 가톨릭 교회가 해방신학에 대해 박해하게 된 것은 구띠에레스를 비롯한 해방신학자들이 "가난한 사람의 눈으로 성서를 해석하자"고 주장했기 때문이었다. 가톨릭의 입장에서 성서의 해석권은 오직 교회에만 있는 것이기에 해방신학자들의 이 같은 주장은 용납될 수 없었다.

구띠에레스는 해방신학은 유럽의 진보신학과 다르다고 말하며 "유럽의 전통적인 진보신학과 해방신학의 차이는 둘 사이에 존재하는 신학적 차이만을 의미하는 것이 아니다. 그것은 두 신학 사이의 정치적 결별을 의미한다. 이것 없이 온전하게 해방신학을 이해할 수 없다. 해방신학은 지금까지 역사의 부재자로 살아왔던 가난한 사람들의 시각에서 신학을 하자는 주장이다."라고 주장했다.

"우리의 신학적 질문은 지금까지 인간으로 취급되지 못했던 사람들에게 하나님이 사랑의 하나님이시며, 또 그 사랑이 우리 모두를 형제자매로 만들고 있다는 것을 어떻게 설명하고 선포할 수 있느냐에 집중되고 있다." (구띠에레스)

그러기에 오늘 신학의 문제는 믿는 사람과 그렇지 않은 사람들 사이가 아니라 억압자와 피억압자 사이에서 발생하고 있음을 볼 수 있어야 한다고 주장했다. 그는 이런 주장을 통해 지금까지 역사의 주체자로 인정

받지 못했던 가난한 사람들을 역사 해방의 주체로 인식하는 것이 해방신학의 정체성이고 핵심임을 분명하게 하고 있다.

2) 루벵 알베스

루벵 알베스(Ruben Alves, 1933~2014년)는 브라질 독립 장로교 소속 목사이다. 그는 그의 박사학위 논문을 통해 당시 주류 신학의 신학적 언어에 대한 비판을 하면서 새로운 신학방법론을 제시하고자 했다.

그는 1970년 출간된『종교, 아편인가, 해방의 도구인가?』라는 자신의 박사학위 논문을 근

루벵 알베스

간으로 한 저서와 같은 해 발표한「신학의 재건 프로그램을 위한 단상」이라는 논문에서 신학언어에 대한 비평을 시작으로 라틴아메리카 사람들의 새로운 경험들을 분석하며 이 지역이 경험하고 있는 저개발과 종속의 문제를 진지하게 검토했다.

루벵 알베스는 이러한 새로운 경험에서 도출된 신학 언어를 '정치적 인간주의'(Political Humanism)라고 부른다. 그는 지금까지의 신학 언어는 역사와 반대되거나 혹은 역사를 넘어서는 초월적이며 추상적인 언어를 중심으로 이루어짐으로써 오직 초월의 세계만을 지향하게 만들었다고 비판했다.

그는 "인간은 역사를 초월하는 존재이기에 역사 안에서 새로운 역사를 창조해 낼 수 있는 존재"라고 말했다. 그러기에 기독교적 초월성은

'미래창조'를 향하고 있으며 그런 의미에서 세계의 변혁을 위한 부름은 "저 너머 세계의 성격"이 아니라 역사적 성격을 띠고 있다고 말했다. 또 그는 "초월성은 역사적 성격을 지녀야 하며 신학은 최종적으로 인간을 향하여 존재하고 궁극적으로는 이 땅의 변혁 안에서 그의 미래를 형성해야만 한다."고 주장했다.

그의 이 같은 신학적 사유는 당시 브라질 개신교 특히 장로교 내에서 매우 급진적이고 위험하게 여겨졌으며 결국 브라질 장로교 내에서 설교를 금지 당하고 장로교 목사직을 포기해야 하는 지경에까지 이르게 되었다.

해방신학자로서 그에게 가장 시급하고 우선적인 신학적 과제는 이 땅 위에서의 정의 실현이었다. 반면에 하나님, 영혼, 구원 그리고 영원의 세계는 부차적인 관심의 대상이었다. 브라질 장로교 목사로서 새로운 해방신학적 언어를 전파했던 그는 안타깝게도 2014년 7월, 81세를 일기로 세상을 떠났다.

3) 레오나르도 보프

레오나르도 보프

레오나르도 보프(Leonardo Boff, 1928년~현재)는 1928년 브라질 꽁꼬르디아에서 출생했다. 그는 1959년 박사학위 취득 후 프란치스코 수도회에 소속된다. 그는 60권 이상의 저서를 발간하였으며 미국과 유럽 그리고 라틴아메리카의 여러 대학에서 교수로 활동했다. 현재 브라질 리우데자네이루 주립대학 명예교수다.

그는 1984년 『교회, 카리스마와 권력』이라는 저서를 출간한 이후 그 내용으로 인해 바티칸에 불려가 교리 수호위원회의 재판을 받는데, 수백 년 전 갈릴레오 갈릴레이가 재판 받을 당시 앉았던 바로 그 의자에서 재판 받았다고 한다.

그는 이 재판에서 일 년간 강의와 저술활동 금지라는 침묵의 징계를 받았다. 그러나 국제여론에 밀려 침묵의 징계는 오래 가지 못했다. 그럼에도 교황청은 지속적으로 보프에 대한 탄압을 일삼았고 이에 그는 1992년 사제직을 포기하고 말았다.

그는 사제직을 던지면서 1992년 6월 28일 세계의 모든 친구들에게 보낸 공개서한 〈해방여정에서 희망을 잃지 않는 동지들에게 보내는 편지〉에서 "전쟁을 그만두는 것이 아니다. 단지 참호를 바꾸는 것뿐이다. 투쟁은 계속된다."라고 말했다. 그 편지의 일부 내용을 옮겨본다.

> 사제직은 버리지만 교회는 버리지 않습니다.
> 사람이 살다 보면 자신에게 충실하기 위해 스스로 달라져야 할 순간이 있습니다. 지금의 내가 그런 처지입니다. 나는 투쟁을 포기하지 않되 방법을 달리하고자 합니다. 사제직은 버리지만 교회는 버리지 않습니다. 나는 교회의 보편성과 일치운동 정신이 배인 한 가톨릭 신학자임에 늘 다름이 없습니다. 이 정신을 나는 가난한 이들의 시각에서, 그들의 가난을 거슬러 또 그들의 해방을 위해 실행합니다.
> 우선 내가 나가는 목적을 말씀드리자면 그것은 자유를 지키기 위함이요 끝내는 몹시 어려워지고만 나의 일을 계속하기 위함입니다. 이 일

은 지난 25년 동안 신명을 바쳐온 내 삶의 의미입니다. 삶에 의미를 부여하는 행동근거에 충실하지 않는 사람은 품위를 잃고 본연의 정체를 구기게 됩니다. 나는 그러지 않습니다. 하느님이 그러기를 원하시지도 않는다고 생각합니다. 여기서 나는 지난 세기의 이름난 쿠바의 사상가 호세 마르티의 말을 상기합니다.

"하느님이 사람의 머리에 생각을 심으셨거늘 하느님만 못한 주교가 이를 표현하지 말라 함은 있을 수 없는 일이다."

1970년대부터 어느 그리스도인들과 함께 나는 복음을 사회 불의와 억눌린 이들의 외침을 생명의 하느님과 관련지어 설명하고자 애써 왔습니다. 이리 해서 생겨난 것이 해방신학이라는 처음으로 보편성을 띤 라틴아메리카 신학입니다. 해방신학을 통해서 우리는 그리스도 신앙의 해방력을 되찾고 예수에 대한 '위험한 기억'을 오늘에 되살리고자 했습니다. 그럼으로써 그리스도교를 권력자들의 이익에 묶어 두고 있는 쇠사슬을 깨뜨리고 싶었던 것입니다.(중략)

평신도 예수의 사제직

형제자매 여러분, 희망을 안고 함께 길을 가는 반려 여러분! 여러분의 투신이 나의 처신으로 말미암아 기죽는 일이 없기를 빕니다. 우리는 제도 교회를 도와서 더 복음에 어울리고 더 공감할 줄 알며 더 사람다워지게 하여 하느님 아들딸들의 자유와 해방을 위한 의무를 수행하게 되도록 합시다.

나는 나의 지적 활동을 통하여 인디오-아프로-아메리카 그리스도교를 건설하는 일에 진력하고 싶습니다. 우리네 민중의 몸속에, 피부 속에, 춤 속에, 고통 속에, 기쁨 속에, 언어 속에 하느님의 복음에 대한 응답으로서 우리의 토착 문화가 된 그런 그리스도교 말입니다. 나는 신도들의 보편 사제직에 계속 머뭅니다. 히브리서의 저자가 상기시키는 대로(7장 14절, 8장 4절) 이 사제직은 또한 평신도 예수의 사제직을 표현하는 것입니다.

이 상황에서 벗어나면서 나는 슬프지 않고 차분한 마음으로 우리의 대시인 페르난도 페소아의 시구를 내 것으로 삼습니다.

"무엇이 보람없으랴 영혼이 기죽지 않을진대"

내 영혼은 하느님의 은총으로 기죽지 않았다고 나는 느끼고 있습니다.

－「한겨레」, 1992년 8월 9일자 중에서

현재 보프는 리우데자네이루 근교에서 연구소를 운영하면서 해방신학과 생태신학에 대한 연구와 저술을 계속해 오고 있다.

4) 호세 꼼블린

호세 꼼블린(Jose Comblin, 1923~2011년)은 1923년 벨기에에서 태어났다. 그는 1947년 사제로 서품을 받았으며 1950년 로바이나 대학에서 박사학위를 취득한 이후 1958년 라틴아메리카 대륙으로 사역의 현장을 이동했다. 그는 2011년 사망하기 전까지 칠레와 브라질에서 사역을 이어갔다. 그는 1970년대 해방신학의 태동

호세 꼼블린

에 많은 영향을 미쳤으며 그 스스로가 해방신학자로서 라틴아메리카 신학 발전에 지대한 공헌을 남겼다.

꼼블린은 1958년 사제가 부족한 라틴아메리카에서 사목활동을 할 것을 당부하는 당시 교종 비오 12세의 요청에 의해 브라질로 향했고, 처음에는 캄피나스 지역에서 교수로 그의 사역을 시작했지만, 곧바로 가톨릭 청년노동 사역에 참여하게 된다. 그는 칠레로 이동하는 1962년까지 그곳에서 머물며 도미니크 수도회의 신학교에서 가르친다. 그의 가르침을 받은 제자들 중에 후일 해방신학자로 활동하는 프레이 베토와 프레이 티토가 당시 학교에 재학 중이었다.

그는 1962년부터 1965년까지 3년을 칠레에 머문 후 1965년 헤시페의 돔 헬더 까마라 주교의 요청을 받아들여 헤시페 신학교에서 가르치기 위해 다시 브라질로 돌아온다. 그의 해방신학적 사상과 활동은 당시 브라질 군사정권에 의해 요주의 인물로 지목 당하게 만들었으며 결국 그는 1971년 체포되어 추방당하게 된다. 브라질에서 추방당한 그는 그 후 7년을 칠레에서 활동했는데 그러나 피노체트 군사정권에 의해 칠레에서도 추방당하고 말았다.

1979년 브라질로 다시 돌아온 그가 체류비자가 아닌 관광비자로 입국하였기 때문에 3개월마다 인접국가로 출국했다가 다시 입국하면서 활동한 일화는 유명하다. 그는 헤시페의 돔 헬더 까마라 주교의 협력자로서 활동하였으며 가난한 이들을 위해 평생을 바친 진정한 해방 신학자였다.

평상시 심장병을 앓고 있던 그는 2011년 88세의 나이로 브라질 북부 지방의 기초공동체를 방문하여 성경공부를 인도하던 중 심장마비로 세상을 떠난다. 하나님의 부르심을 받는 그 순간까지 가난한 사람들의 곁을 떠나지 않았던 꼼블린은 진정한 예수의 제자의 삶을 산 해방신학자였다.

5) 환 루이스 세군도

환 루이스 세군도(Juan Luis Segundo, 1925~ 1996년)는 우루과이 출신 예수회 소속의 신부이다. 그는 1955년 예수회 소속 신부로 서품을 받고 우루과이에서 사목 활동을 시작했다. 그는 1961년 몬테비데오에서 학자로서의 본격적인 활동을 시작하는데 강연을 통해 줄기차게 경제, 사회, 정치적인 상황에 대한 분석으로부터 신앙의 이해를 현실화하기 위해 노력했다.

환 루이스 세군도

그는 1970년 이반 일리치 대주교가 주최한 브라질 페트로폴리스(Petropolis) 모임을 통해 후일 해방신학의 기초를 놓게 되는 여러 라틴아메리카 신학자들과 교류하게 된다. 그는 구스따보 구띠에레스와 더불어 해방신학 태동의 신학적 기초를 만든 선구자로 평가되고 있다.

그의 주류신학에 대한 비판은 몇 개의 단계를 거치게 되는데 단계가 지날수록 그의 비판의 깊이는 더해갔다. 무엇보다도 먼저 그는 라틴아메리카 교회가 400년 이상의 역사를 가지고 있었음에도 불구하고 '신학이 없는 교회'라고 비판했다. 그는 라틴아메리카 교회가 이 지역에서 신학의 소외현상을 가져오게 했다고 지적했다.

그는 이 지역의 교회가 민중의 현실과 동떨어진 신학과 신앙을 추구하고 있다고 말했다. 그는 이러한 현상이 교회가 외부의 도움에 의존하고 있기 때문이라고 분석하면서 이러한 상황의 지속은 라틴아메리카 교회가 구조적으로 자신의 신학을 갖지 못하게 하고 있다고 지적했다.

두 번째 그의 주류신학에 대한 비판은 사후구원 중심의 신학으로 향했다. 그에게 구원은 정치적 해방의 의미를 가지고 있었다. 세군도는 계속해서 주류 신학의 이념화에 대해서도 비판했다. 그는 신학의 과제는 주류신학 안에서 발견되는 지배계급의 경험과 생각을 대변하는 특정한 형태로 이념화되어 있는 기독교신앙을 탈이념화하는 것이라고 주장했다. 이 같은 주류신학의 이념화에 대한 비판은 세군도의 해방신학에서 가장 중요한 관점이었다.

6) 우고 아스만

우고 아스만

우고 아스만(Hugo Assmann, 1993~2008년)에게서 주류신학에 대한 조직적인 비판은 다른 신학자와는 달리 쉽게 찾아볼 수 없지만 그의 모든 저술을 통해 꾸준히 드러나고 있다. 그는 무엇보다도 자신의 저서 『해방의 실천으로부터의 신학』에서 철학에 기초한 신학의 전개를 벗어나 비판적 분석의 도구로서 사회학을 적용한 신학의 필요성에 대해 강조했다.

그는 주류신학이 정치적 관심을 가지고 있었을지라도 그것은 혁명적인 헌신과는 전혀 상관없는 신학이었음을 비판하면서 주류신학의 정치적 중립성의 한계를 지적했다. 정치적으로 중립적인 신학은 체제에 대한 현상 유지적 입장을 견지하게 되며 결과적으로 비인간적이며 억압적이며 인권이 침해되는 현실 정치상황의 동조자가 된다고 비판한 것이다.

그에게 유일하고 정당한 신학은 해방의 과정에 직접 참여하면서 혁명에 헌신하는 신학이다. 이 신학은 우리를 수동적인 관찰자가 아니라 능동적인 참여자가 되게 한다. 그에게 진정한 신앙은 이론과 실천의 연합으로부터 출발한다.

우고 아스만은 무엇보다도 신학을 통한 경제 비판이라는 해방신학의 광범위한 관심을 보여주고 있다. 특히 돈의 우상화에 대한 비판은 오늘 신자유주의 경제체제의 물신숭배적 현실에 많은 메시지를 던져 준다.

그의 경제 비판을 통한 하나님에 대한 질문은 신의 존재에 대한 것이 아니라 신의 진정성에 대한 것이다. 즉 신이 존재하느냐의 질문이 아니라 어떤 신을 믿고 있느냐의 문제라는 것이다.

7) 혼 소브리노

바스크 출신의 가족 배경을 갖고 있는 혼 소브리노(Jon Sobrino, 1933년~현재)는 바르셀로나에서 1933년 태어났다. 그는 18세 때 예수회에 입회를 하고 얼마 후 엘살바도르로 이주했다. 그 후 미국 산 루이스에서 공학을 그리고 독일에서 신학을 공부했다. 유학을 마친 그는 엘살

혼 소브리노

바도르로 돌아와서 호세 시메온 까냐 중미 대학 창립에 관여하고 그 대학에서 교수로 가르치기 시작했다. 그는 1980년 암살된 로메로 대주교와 친밀한 관계를 가졌으며 그를 도와 함께 사역하기도 했다.

1989년 그는 매우 충격적인 사건을 경험하게 된다. 그것은 그의 동료 이그나시오 엘라꾸리아 등 6명의 예수회 동료들과 한 수녀와 그 어린 딸 등 모두 8명이 엘살바도르 정부가 보낸 암살자들에 의해서 살해된 사건이다. 소브리노는 마침 태국에서 열린 강연회에 강사로 초청되어 태국을 방문하는 관계로 가까스로 죽음을 피할 수 있었다.

소브리노는 특히 해방신학의 그리스도론과 교회론, 해방의 영성에 탁월한 성과를 보이며 신학의 발전에 기여하고 있다. 그는 이러한 해방신학 작업으로 인해 2006년 11월 교종 베네딕트 16세가 주도한 신앙 교리성의 경고 서한을 전달받기도 했다. 이 서한에서는 소브리노의 그리스도론과 신학방법론이 교회의 교리와 어긋나고 있다는 것을 경고했다.

특히 그의 저서 『해방자 예수 : 나사렛 예수, 역사 신학적으로 읽기』(2015년 한국어로 번역되었다. 김근수 역)와 『예수의 신앙 : 피해자의 입장에서』가 주목을 받았다. 바티칸은 소브리노의 저서들이 역사적 예수에 집중하여 예수의 인간성을 지나치게 강조하고 그의 신성을 약화함으로써 예수를 왜곡해 가르치고 있다고 비판했다.

8) 호세 미게스 보니노

호세 미게스 보니노(Jose Miguez Bonino, 1924~2012년)는 1924년 아르헨티나의 로사리오에서 스페인 출신 아버지와 이탈리아 출신 어머니 사이에서 출생했다. 그는 부에노스아이

호세 미게스 보니노

레스 신학대학(현재 아르헨티나 연합신학대학[ISEDET])에서 신학공부를 하고 1960년 뉴욕 유니온에서 에큐메니즘에 대한 연구로 박사학위를 받았다.

그 후 그는 아르헨티나로 돌아와 그의 모교인 아르헨티나 연합신학대학에서 교수와 학장으로 재직하면서 중앙감리교회에서 목회를 하기도 했다. 그는 개신교 학자로서 거의 유일하게 해방신학의 선구자로 인정을 받는 사람이다. 그는 라틴아메리카 개신교인으로서는 유일하게 제2차 바티칸 공의회에 옵저버로 참여하기도 했다.

개인적으로 필자의 스승이기도 한 미게스는 한국에서 자신의 본래 성인 미게스보다 보니노로 많이 알려져 있다. 그것은 아르헨티나의 부모 성을 나란히 사용하는 풍습에 의해 기록되는 그의 이름 순서 때문이다. 마지막에 있는 성 보니노는 그의 어머니의 성이지만 한국인들에게는 그것이 그의 성으로 보였던 것이다. 라틴아메리카에서는 오히려 미게스로 널리 알려져 있다.

라틴아메리카 해방신학 창시자 중의 하나로 간주되고 있는 미게스는 특히 가난한 사람들과 인권보호에 기반을 둔 정치 윤리를 주장한다.

> "해방신학은 가난한 사람들을 위한 새로운 영적, 윤리적 그리고 사회적 헌신을 요구하는 성령의 부름에 대한 개신교와 가톨릭교의 젊은이들의 응답이다. 그것은 새로운 통전적 복음을 향한 부름에 대한 응답이다." (보니노 미게스)

미게스는 무엇보다도 성서와 신앙에 대한 개인적인 해석을 넘어서서 공동체적인 해석을 강조하기도 했다. 그의 가장 핵심적인 질문은 "신학이 말하는 현실은 무엇인가?"다. 그에게 신학의 현장은 신학의 진정성을 결정하는 요소였다. 신학의 현장은 오늘 우리가 살아가는 현실이었다. 그러므로 오늘의 현실, 라틴아메리카 민중이 당면하고 매일매일 피부로 경험하는 현실이 신학의 현장이며 따라서 신학은 현장의 언어를 회복하는 것이다.

미게스의 해방신학을 한마디로 요약하면 "도전과 헌신"이라고 말할 수 있다. 신학은 하나님에 대한 인간의 해설이라는 면에서 늘 도전적인 과제를 주고 있다. 그리고 그것은 우리에게 늘 현실을 향한 헌신을 요구한다. 미게스는 라틴아메리카의 가난의 역사와 현실에서 평생을 통해 도전과 헌신을 해온 인물로 기억되고 있다.

그는 "하나님 나라는 이해의 대상이 아니다. 그것은 부름이다. 그것은 도전이며 선동이다. 문제는 우리가 순종 안에서 그 나라를 어떻게 분별할 수 있느냐."라는 자신의 말대로 살아간 진정한 해방신학자였다.

2. 해방신학을 삶으로 살아낸 선구자들

지금까지 해방신학의 태동과 발전에 결정적인 영향을 미친 선구자들에 대해 살펴보았다. 해방신학의 발전 과정에서 이들 외에도 많은 사람들이 학문적 연구와 더불어 순교자적 삶으로 해방신학을 이끌어 왔다.

1) 에르네스또 까르데날

에르네스또 까르데날(Ernesto Cardenal, 1925년~현재)은 니카라과 출신이다. 1954년 산디니스 혁명에 참가하였으며 1965년 신부서품을 받았다. 그는 솔렌티나메 공동체를 설립해서 민중성서 읽기를 하였고 훗날 그 경험이 토대가 되어 『솔렌티나메의 복음』이라는 책을 발간하기도 했다. 그는 1979년 산디니스트 혁명 선거 후 문화성 장관으로 1987년까지 재직하기도 하였다.

까르데날 신부

까르데날 신부 1983년 요한 바오로 2세의 니카라과 공식 방문 시 공항에서 그를 만났다. 요한 바오로 2세는 전 세계의 방송 카메라가 지켜보는 가운데 무릎을 꿇고 앉아 있는 그에게 이단적 사상을 선포할 뿐만 아니라 산디니스트 정부에 참여하고 있다며 강하게 질책했다. 일 년 뒤인 1984년 2월 카르데날 신부와 그의 동료들은 바티칸에 의해 사제직을 박탈당하는 징계를 받았다. 그리고 30년 후인 2014년 8월 프란치스코 교종에 의해 해벌되었다.

2) 이그나시오 엘라꾸리아

이그나시오 엘라꾸리아(Ignacio Ellacuria, 1930~1989년)는 스페인 출신으로서 에쿠아돌 끼또와 오스트리아 그리고 스페인 등지에서 신학 수업을 하고 스페인에서 박사학위를 받았다. 그는 1969년 엘살바도르 중미대학의 임원으로 활동하면서 지속적으로 대학의 정치적 독립을 위

엘라꾸리아

해 노력했다. 그의 정치적, 해방신학적 성향이 이유가 되어 결국 그는 엘살바도르를 떠나 8년 동안 스페인으로 망명의 길을 떠나야 했다.

그는 스페인에서 해방신학을 가르쳤으며 오랜 망명의 시간을 끝내고 1988년 엘살바도르로 귀국했다. 그러나 그 이듬해인 1989년 정체를 알 수 없는 군인들에 의해 그는 예수회 동료 5명과 함께 살해되고 말았다.

3) 돔 헬더 까마라

돔 헬더 까마라(Helder Camara, 1909~1999년) 주교는 레오나르도 보프와 더불어 브라질 교회에서 가장 영향력 있는 인물이다. 그는 메델린 주교회의에서 주도적인 역할을 감당하였으며 해방신학의 창시자 중의 한 명으로 간주되고 있다. 그는 브라질 북부의 가장 가난한 지역인 헤시페에서 해방적 사목을 감당했다. 그의 해방신학적 사목은 군사정권의 주목을 받게 만들었으며 그의 사택이 무장 괴한의 습격을 받기도 했다.

그 외의 인물로 호세 파블로 리차드(Jose Pablo Richard), 까를로스 메스테르(Carlos Mesters), 리까르도(Ricardo Antoncich), 호세 마인수(José Maíns), 오스까를 마두로(Oscar Maduro), 훌리오 데 산타안나(Julio de Santa Ana), 에두아르도 후르나에르트(Eduardo Hoornaert), 환 바우티스타 리바니오(Juan Bautista Libanio), 로베르또 올리베로스 마께오(Roberto Oliveros Maqueo) 등을 제2세대 해방신학자로 부를 수 있다.

3. 오늘의 해방신학자들

지금까지 해방신학은 신학의 가장 기본적인 분야에서 신학을 발전시켜 왔다. 다시 말하자면 그리스도론, 신론, 교회론, 종말론, 그리스도교 윤리 분야 등이 그것이다. 그 외에도 해방신학자들은 사회윤리, 땅의 신학, 노동의 신학, 여성 해방의 신학, 에큐메니칼 신학 등을 전개해 왔다. 해방신학자들은 사회학과 철학을 비롯한 인문학과의 꾸준한 대화와 만남을 통해 신학을 발전시켜 왔다.

이러한 해방신학자들의 신학적 공헌과 업적은 놀랄 만한 것이었으며 앞으로도 이 분야에서의 학문적 발전은 계속될 것이 틀림없다. 그럼에도 세계의 변화는 해방신학자들로 하여금 새로운 분야에서의 신학적 작업을 모색하도록 촉구하고 있다. 1990년대 이후 해방신학자들이 맞고 있는 신학 작업의 과제는 크게 세 가지라고 볼 수 있다. 경제, 환경 그리고 문화인류학이 그것이다.

경제신학적인 면에서 두드러진 인물은 코스타리카의 DEI(Departamiento Ecumênico de Informaciones)연구소의 후랜쯔 힝겔라멧(Franz Hinkelammert)과 브라질의 한국계 해방신학자 성정모를 들 수 있다. 우고 아스만의 경우도 경제와 신학의 관계를 꾸준하게 연구해 오며 신자유주의를 신학적으로 비판, 성찰해 오고 있는 학자다. 라틴아메리카의 외채 문제를 집중적으로 연구하는 학자로 엔리께 듀셀(Enrique Dussel)과 훌리오 데 산타안나(Julio de Santa Ana), 라울 비달레스(Raul Vidales) 등을 꼽을

성정모

수 있다.

    환경과 신학에 있어서는 페르난도 미레스(fernado Mires)의 저서 *El discurso de la naturaleza*(자연의 연설)와 *Ecologia y politica en America Latina*(환경과 라틴아메리카의 정치), 레오나르도 보프(Leonardo Boff)의 저서 *La dignidad de la Tierra. Ecologia, mundializacion, espiritualidad*(땅의 존중성 : 환경, 세계화 그리고 영성)과 *La opcion-Tierra; la solucion para la tierra no cae del cielo*(지구의 선택 : 지구를 위한 해결방법은 하늘에서 떨어지지 않는다) 등이 두드러지고 있다.

    문화인류학과 신학의 분야에서는 특별히 토착민의 신학으로부터 전개되고 있다. 문화인류학적인 해방신학의 경우에는 신학자들의 끊임없는 토착 민중과의 접촉과 그들을 향한 목회적 사역으로부터 신학적 성찰이 표출되고 있음에 주목해야 할 것이다.

    대표적인 학자로서 *Rostros Indios de Dios*(하나님은 인디오의 얼굴을 가지고 있다)의 마누엘 마르살(Manuel Marzal)과 *Los amerindios cristianos*(미주인디오 기독교인)의 저자 리까르도 로블레스(Ricardo Robles)와 그 외 에우헤니오 마이레르(Eugenio Mayrer), 샤비에르 알보(Xavier Albo)와 바르똘레메오 멜리아(Bartolomeu Melia)가 있다. 이들은 토착민들과의 꾸준한 접촉과 더불어 사는 삶을 통해 이들의 권리 보호와 획득 – 특별히 땅에 대한 권리 – 에 신학적, 실천적으로 공헌하고 있다.

    이렇듯 라틴아메리카의 해방신학자들은 전통적인 신학의 분야로부터 자신의 활동 영역을 넓혀가면서 민중의 삶 속에서 해방신학을 꾸준히 실천해 가고 있다.

06
해방신학에 대한 오해

"해방신학!" 이 말을 들었을 때 사람들은 일반적으로 어떤 생각들을 떠올릴까? 그리고 이 단어를 들으면 어떤 이미지들이 떠오를까? 여러 생각과 이미지들이 떠오르겠지만 다음과 같은 것이 주를 이룰 것이라고 생각한다.

첫째, 해방신학은 공산주의라는 것이다. 그래서 해방신학은 무신론자들과 어깨를 나란히 하는 무신론적 유물론 사상을 따르는 위험한 신학이라고 지레짐작을 하고 오해를 한다. 나는 여기서 오해라는 단어를 강조하고 있다. 그것은 해방신학이 결코 그렇지 않다는 것을 확신하기 때문이다. 해방신학은 무신론적 신학인가? 사실 신학이라는 단어에 '무신론' 혹은 '유물론적'이라는 용어를 함께 사용하는 것 자체가 논리적으로 맞지 않다고 생각하지만, 과연 해방신학이 공산주의 사상인가? 과연 그럴까?

둘째, 해방신학은 교회를 파괴한다는 것이다. 공산주의적 신학은 북한을 비롯한 공산주의 국가들이 그러했듯이 교회를 폐쇄하고 기독교 전도를 금지하기 때문에 교회에는 치명적인 신학이라는 것이다. 과연 해방신학은 교회 파괴적인 신학일까? 해방신학을 추종하거나 그러한 경향이 있는 사람들이 교회를 담당하면 그 교회는 풍비박산이 된다는 생각들이다. 실제로 나의 경우에도 그런 오해를 많이 받았고 또 가톨릭 사제들도 이런 경우를 많이 경험하고 있는 것으로 알고 있다. 그런데 과연 그럴까?

셋째, 해방신학은 성서에서 출발하는 신학이 아니라 사회학 혹은 정치학에 불과하다는 것이다. 해방신학은 성서를 소홀히 하고 그것을 하나님의 말씀으로 받아들이지 않기 때문에 성서에서 출발하지 않고 유물론적 사회학이나 혁명론적 정치학에 몰두하고 있다는 비판이다. 또 다른 면에서 어떤 사람들은 해방신학을 자유주의 신학과 동일시하면서 하나님의 말씀인 성서를 파괴하는 위험한 신학이라고 말하기도 한다. 과연 그럴까?

넷째, 해방신학은 성령의 역사를 인정하지 않는 인본주의적이며, 이성이 진리의 절대적 척도라는 생각을 갖고 있는 비영성적 신학, 즉 기도와 신앙체험이 없는 신학이라는 것이다. 해방신학은 오직 이 역사 안에서 혁명의 세계를 실현하는 것을 최대 목표로 삼고 있기 때문에 역사 초월적 세계를 인정하지 않는 지극히 세속적 신학이라는 비판이다. 과연 그럴까?

이제부터 이러한 오해(?)들에 대해 하나씩 이야기해 보자.

1. 해방신학은 공산주의다?

해방신학에 대한 오해 중의 가장 큰 오해가 있다면 그것은 아마도 마르크스주의와의 관련성일 것이다. 해방신학자들은 마르크스주의자일 뿐만 아니라 공산혁명을 꿈꾸는 과격한 사람들이라는 생각들이다. 그런데 과연 그러한가? 해방신학은 마르크스주의를 기반으로 해서 출발된 신학인가? 그리고 해방신학은 폭력을 사용해서라도 반드시 프롤레타리아 혁명을 꿈꾸고 있는 것일까?

예수와 체 게바라의 이미지를 조합한 혁명가 예수의 이미지

이런 의미에서 필자는 해방신학이 어떻게 마르크스주의를 활용하고 있는가에 대해 설명하려고 한다. 그러나 이전에 해방신학을 향한 마르크스주의와 관련된 오해와 더불어 또 다른 의미의 오해가 있음을 지적하지 않을 수 없다. 그래서 해방신학과 마르크스주의와의 관계를 기술하기 이전에 해방신학에 대한 오해에 대하여 몇 가지 해명을 하고자 한다.

이런 의미에서 해방신학에는 세 가지가 없고 세 가지가 있다고 비판을 받기도 하곤 한다. 다시 말하자면 첫째 예수가 없고 마르크스만 있다는 것이다. 둘째는 성서가 없고 마르크스의 자본론만 있다는 것이다. 셋째는 교회가 없고 프롤레타리아 사회만 있다는 것이다. 이처럼 일반적으로 특히 일반적인 교인들이 해방신학에 대하여 갖고 있는 오해 중에서 가장 큰 비중을 차지하는 것은 공산주의 사상과 관련된 것임을 쉽게 볼 수 있다. 그러나 해방신학을 좀 더 깊이 들여다보고 연구해 보면 결코 그렇지 않다는 것을 발견하고 많은 사람들이 놀라워한다.

1) 예수가 없다?

대개의 라틴아메리카 해방신학자들은 철저히 예수의 삶을 본받고 따르며 그렇게 살려고 한 사람들임을 발견한다. 얼마 전 시복된 엘살바도르의 로메로 주교가 그랬고 그 외 수많은 순교자들과 현존하는 해방신학자들은 여전히 현장에서 예수의 삶을 살아가고 있음을 쉽게 볼 수 있다.

엘살바도르에서 순교한 로메로 주교의 경우, 우리는 그가 얼마나 예수의 삶에 사로잡혀 있었으며 예수와 동행하고 그의 삶을 닮아가려고 했는지 쉽게 알

강론하는 로메로 주교

수 있다. 그의 삶의 중심에는 그 어느 것보다도 예수가 자리 잡고 있었다. 몇 개의 중요한 그의 강론의 내용들을 살펴보자.

> 세례를 받은 모든 사람들 각자의 사역이 사제적인 것을 이해하는 날이 오게 된다면 얼마나 기쁘겠습니까. 제가 오늘 강단에서 미사를 집례하는 것처럼 목수는 그의 노동 현장 강단에서 미사를 집전하는 것입니다. 이처럼 모든 사람들은 각자의 노동 현장에서 사제이지요. 의사는 수술 매스를 손에 잡은 채, 시장의 아주머니는 그의 가게에서 모두가 사제직을 감당하고 있는 것입니다. 나는 택시기사 분들도 자신의 택시 안에서 이 말을 듣고 있으리라 생각합니다. 그러므로 택시 기사 여러

분, 만일 여러분이 정직하게 운전대를 잡으면서 일하고 있다면 그리고 여러분의 택시에 오르는 승객들에게 사랑과 평화의 메시지를 전달하고 있다면 그 택시는 하느님에게 바쳐진 거룩한 물건이 될 뿐만 아니라 여러분은 사제가 되는 것입니다.(1977. 11. 20.)

우리를 미친 사람으로 취급하더라도 그리고 우리를 반란자 공산주의자라고 부른다 할지라도 아니 그 어떤 다른 이름으로 우리를 부른다 할지라도 우리는 단지 가난한 사람들이 복이 있고, 의에 목마른 사람 그리고 고통당하는 자가 복이 있다고 하신 주님의 복음에 대한 혁명적인 증언들을 설교하는 것뿐입니다.(1978. 5. 11.)

많은 사람들은 그저 가난한 사람들이 "가난은 하느님의 뜻이야"라고 말하면서 그대로 가난하게 살아가기를 바랍니다. 소수의 사람들은 모

로메로 주교는 가난한 이들의 친구로 라틴아메리카 사람들의 일상 속에 녹아 있다.

든 것을 갖고 있고 그리고 많은 사람들이 적은 것을 갖고 살아가는 현실은 하느님의 뜻이 아닙니다. 그러한 현실은 하느님으로부터 온 것이 결코 아닙니다. 하느님의 뜻은 자신의 자녀들 모두가 행복하게 살아가는 것입니다.(1978. 9. 10.)

배고픈 사람에게 먹을 것을 주면 그를 성자라고 부릅니다. 그러나 만일 그가 민중의 가난의 원인에 대해서 묻기 시작하면 그를 공산주의자 혹은 무신론자라고 비난합니다. 그런데 사실상 우리의 교회에 더 큰 위협이 되는 '무신론자들'이 있습니다. 물질을 우상숭배하고 결국 그것들은 하느님을 대치하기에 이르는 자본주의의 무신론이 바로 그것입니다.(1978. 9. 15.)

박해를 받지 않을 뿐만 아니라 오히려 부르조아들의 지원을 받고 있거나 혹은 그들이 주는 특혜를 누리고 있는 교회, 그 교회는 진정한 예수 그리스도의 교회가 아닙니다.(1977. 3. 11.)

인간의 가치를 소유에 의해 판단하고 진정한 존재의 위대함을 망각하게 만드는 부의 우상숭배에 대한 고발에 지치지 말아야 합니다. 인간의 가치는 소유가 아니라 존재 자체에 있습니다.(1979. 11. 4.)

아름답게 장식되어 있는 말구유에서 어린 예수를 찾지 맙시다. 그 어린 예수를 오늘 밤 아무것도 먹지 못한 채 잠들어 버린 영양 실조에 걸린 어린 아이들 속에서 찾아야 합니다. 그 어린 예수를 길거리에서 신

엘살바도르 빈민가에 그려진 로메로의 초상

문을 팔고 그리고 이 밤에는 팔다 남은 신문을 베개 삼아 대문 밖에서 잠들어 있는 가난한 아이들 속에서 찾아야 합니다.(1979. 12. 24.)

나는 늘 죽음의 위협을 받고 있습니다. 나는 여러분에게 그리스도인으로서 말합니다. 나는 부활 외에 죽음은 믿지 않습니다. 만일 나를 죽인다면 나는 엘살바도르 민중 속에서 부활할 것입니다. 저는 이 말을 두려움이 아닌 겸손한 마음으로 하고 있습니다. 만일 죽음의 위협들이 실현된다고 한다면 나는 나의 피를 엘살바도르의 구원과 부활을 위하여 기꺼이 하느님께 바치겠습니다.

순교는 하느님의 은혜입니다. 그리고 저는 그 은혜를 받을 만한 자격은 없는 사람이라고 생각합니다. 그러나 만일 하느님이 나의 희생을 받으신다면 내가 흘린 피는 자유의 씨앗이 되고 바라는 것이 곧 실현

될 것이라는 약속에 대한 징조가 될 것입니다. 나의 죽음, 만일 하느님이 용납하신다면 나의 죽음이 민중의 해방과 그리고 미래에 있어서의 희망에 대한 증언이 되기를 바랍니다.

만일 나를 죽인다면 여러분들은 내가 그런 일을 한 사람들을 용서하고 오히려 축복한다고 말해 주십시오. 이렇게 함으로써 그들은 시간을 낭비하고 있음을 깨닫게 될 것입니다. 한 주교가 죽을 것입니다. 그러나 하느님의 교회인 민중은 결코 죽지 않을 것입니다.

"하느님의 나라는 신비한 모습으로 우리의 삶에서 현존하고 있습니다. 그 나라는 주님이 오시는 그때 완성될 것입니다." 이 사실은 우리 그리스도인들에게 용기를 주는 희망의 말씀입니다. 우리의 사회를 보다 나은 사회를 만들고자 하는 모든 노력, 특히 불의한 상황에서도 이루어지고 있는 노력은 하느님이 축복하시는 것이며 또 그것은 하느님이 원하시는 것일 뿐만 아니라 하느님이 우리에게 요구하는 노력인 것을 잘 알고 있습니다. (1980. 3. 24. 마지막 강론, 그는 이 강론 도중 암살당했다)

로메로 주교의 삶의 중심에는 예수 그리스도가 있었고 하나님이 그렇게 사랑했던 백성들이 있었다. 누가 그의 삶에 예수가 없었다고 말할 수 있을까?

필자는 2014년 한

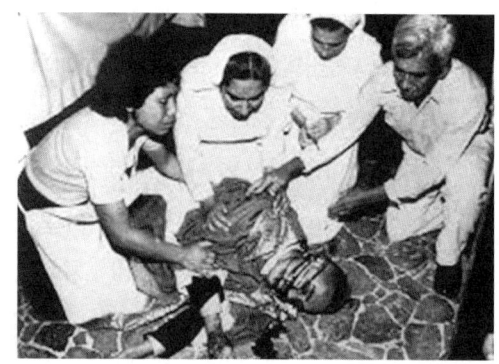

암살당한 로메로 주교

국기독교교회협의회 선교교육원(당시 원장 이근복 목사)이 주최한 에큐메니칼 신학생 해외 연수 프로그램에 참여한 학생 12명과 함께 브라질과 아르헨티나를 방문하여 해방신학의 현장을 돌아보았다. 우리 일행이 처음 방문한 곳은 브라질 상파울로 근교 자르징 안젤라시에 있는 '거룩한 순교자'라는 이름의 교회였다. 1960년대 말부터 성직자들이 아무도 돌보지 않던 빈민촌으로 들어가 해방신학의 실천 현장이 된 기초공동체 중 하나였다.

이 교회의 주임 사제는 아일랜드 출신 자이메 크로우 신부다. 그는 1969년 브라질에 왔다. 자이메 신부는 당시 '희망의 추기경'으로 불린 상파울로 대교구장 에바리스투 아룽스 추기경이 말한 "교회가 기초공동체·인권·노동·빈민을 위한 네 가지 사목을 우선적으로 선택해야 한다."는 뜻에 동참해 이곳에 왔다고 했다.

당시 이 지역은 연간 10만 명당 120명이 살해돼 전 세계에서 살인율이 1위인 지역이었다. 그러나 자이메 신부는 이 빈민촌을 떠나지 않았다. 그는 가톨릭을 넘어 루터교, 감리교, 침례교, 오순절교회, 장로교 등 개신교 교회들과 손잡고 지역문제를 해결했다. 이 지역에서만 기초공동체가

자이메 크로우 신부

16개로 늘었고, 공동체에선 성서를 함께 읽고 재봉과 제빵, 미용 등 기술을 가르치고 심리치료를 해나갔다.

> "이제 살인율은 10만 명당 25명으로 낮아졌어요. 2008년엔 250병상 규모의 시립병원이 세워졌지요."라고 어린아이와 같은 순진한 표정으로 수줍게 말하는 자이메 신부의 주름진 얼굴에 옅은 햇살이 비친다. 느리지만 가느다란 희망을 그와 빈민들이 함께 만들어가고 있다.(조현 기자의 '해방신학 현장을 가다' 중에서, 「한겨레신문」, 2014년 2월 25일자)

아직도 현장을 떠나지 않고 있는 자이메 신부의 모습 속에서 우리는 예수의 모습을 발견할 수 있다. 그런데 자이메 신부뿐만 아니다. 대다수의 해방신학자들은 오늘도 현장을 지키며 예수가 그렇게 사랑했던 가난한 사람들을 떠나지 않고 그들 가운데서 예수의 사랑을 실천하며 예수처럼 살기 위해 힘쓰고 있다. 해방신학자들에게 예수가 없었다면 오늘 그들이 지금도 그러한 삶을 살아가고 있을까?

2) 성서가 없다?

해방신학은 성서를 중심으로 하거나 출발점으로 삼는 신학이 아니라고 말하는 것을 종종 듣곤 한다. 해방신학의 신학적 공헌 중에서 중요한 것은 신학과 사회학을 연결시켰다는 데서 찾을 수 있다. 주로 사변적인 철학에만 치중되어 있던 기존의 영미와 유럽 등 서구신학의 영향을 넘어서서 사회학과의 연관에서 신학을 전개하는 시도를 실천적으로 실행했던 것이 바로 해방신학이다. 현실을 분석하고 파악하고 그러한 현실의 경험 속에서 성서해석을 시도했던 해방신학의 공헌은 결코 무시되어서는 안 된다.

해방신학의 전개에서 사회학이 차지하는 위치는

성서는 해방신학 형성의 근거이자 토대가 된다.

매우 크다. 그러나 그것이 해방신학의 전개에 있어서 성서가 주변자리로 물러섰다는 것을 의미하는 것은 결코 아니다. 라틴아메리카의 해방신학자들은 가톨릭 전통에서 살아온 사람들이다. 이것은 그들이 성서적인 전통 속에서 그의 삶과 학문을 전개해 왔다는 것을 의미한다.

그들은 각각의 수도회(예수회와 프란치스코회 등등)에 속해 있으면서 성서를 중심으로 하는 삶에 익숙해 있었고 기도와 영성에 힘쓰는 영적인 전통에서 살아오는 사람들이었다. 그들의 몸에는 이미 수도원적 영성과 성서의 전통이 깊게 뿌리박혀 있었다. 그들이 저술한 저서들을 살펴보면 얼마나 많은 성서적 참조와 주해가 깃들여 있는지! 그 성서적 전통의 풍요로움은 우리를 놀라게 할 뿐이다.

해방신학이 사회학적 접근, 특히 마르크스적 사회분석방법과 깊숙한 관련을 맺고 있음은 분명한 사실이다. 그러나 그것은 그들의 현장에서의 성서이해와 해석에 실천적인 근거와 깊이를 더해 줄 뿐이지 성서 자체를 뒷전으로 미루게 하지는 못한다.

해방신학자들의 저서들에는 "성서가 없다."라는 편견을 뒤로하고 주의 깊게 살펴보면 하나님의 말씀의 깊이를 분명코 만나게 될 것이다. 만일 해방신학자들에게서 성서가 없었다면 그 수많은 박해와 압력을 견딜 힘을 어디서 찾을 수 있었을까?

3) 교회가 없다?

세 번째 오해는 교회에 관한 것이다. 해방신학에는 '교회가 없다'라는 것이다. 아니 해방신학적 목회를 하면 교회는 망한다(?)라는 생각을 갖고 있는 사람들도 꽤 있음을 본다. 필자의 경우에도 해방신학이라는 주홍글씨를 달고 다니는 탓에 교회의 목회 자리를 구하는 데 많은 어려움을 겪기도 했다.

필자가 아르헨티나에서 살 때의 일이다. 부에노스아이레스의 제법 수적인 규모가 있는 교회의 청빙을 받고 부임했다. 얼마 후에 "해방신학을 하는 사람이 담임목사로 갔으니 그 교회는 이제 숫자가 줄고 망해 갈 것이다."라는 소문이 돌기도 했다. 그러나 그런 일은 결코 발생하지 않았다. 이런 해프닝이 가능한 이유는 해방신학이 교회를 없애고 훼방하는 신학이라는 생각을 갖고 있기 때문이다.

브라질의 기초공동체

그러나 브라질의 기초공동체를 생

각해 보자. 기초공동체는 해방신학의 교회론을 가장 잘 드러내주고 있다. 브라질을 비롯한 라틴아메리카의 가톨릭 교회는 해방신학에서 시작된 기초공동체의 존재가 없었다면 큰 위기를 당했을 것이 틀림없다. 기초공동체는 위기에 처한 가톨릭 교회에게 교회론적인 대안을 마련해 주었을 뿐만 아니라 교회론적인 희망도 불어넣어 주었다. 여기에 대해서는 해방신학의 교회론 부분에서 보다 더 자세하게 다룰 것이다. 과연 해방신학은 교회를 없애는 신학인가? 아니다!

오늘과 같이 교회가 사회적 신뢰를 잃어버리고 위기로 치닫는 현실에서 해방신학적 목회는 교회를 살리는 신학적, 목회적 단초를 제공해 줄 수 있다. 요즘 유행하는 서구적인 공적신학을 넘어서서 근본적인 의미에서 교회의 본질을 회복하게 만들 것이다. 해방신학이 아직도 생명을 이어가고 있는 것은 교회를 사랑했기 때문이다.

2. 해방신학자들은 마르크스주의자들인가?

실제로 많은 해방신학자들은 그들의 저서에서 마르크스주의에 대해 크게 언급하지 않는다. 해방신학자들이 마르크스주의에 대해 많은 것을 알고 있기는 하지만 그것이 그들의 신학을 전개하는 데 있어서 가장 근본적이고 기초적인 이론적 기반을 마련해 주고 있는 것은 아니다.

혼 소브리노

혼 소브리노의 경우를 보자. 800쪽이 넘는 그리스도와 교회에 관한 그의 저서 중에 마르크스에 대한 언급은 단지 아홉 번에 불과하며 그 외에 다른 마르크스주의자들에 대하여서는 전혀 언급하고 있지 않다.

이것은 무엇을 의미하는가? 주요 해방신학자들에게 있어서 마르크스주의에 대한 언급은 매우 단편적인 수준에서 끝나고 있는 것이다. 이것은 마르크스주의가 해방신학의 전개에 있어서 이론적 기초를 제공하고 있지 않다는 것을 반증한다. 오히려 해방신학에서 가장 많이 언급되고 중요한 이론적 기초가 되는 것은 바로 성서이다.

구띠에레스의 경우에도 그의 초기 작품인 『해방신학』이외의 저서에서는 자신의 생각을 전개하기 위해 마르크스를 인용하거나 그에 대한 언급을 하지 않는 것도 이 같은 해방신학의 이론적 기초가 마르크스주의가 아니라는 것을 증명해 준다.

그렇다면 해방신학자들은 그들의 신학 전개에서 마르크스주의를 어떻게 사용하고 있을까? 먼저 라틴아메리카 사회의 변화를 원하고 또 그것을 위해 투쟁하는 모든 라틴아메리카 사람들에게 마르크스주의는 매우 중요한 의미를 주고 있을 뿐만 아니라 유용한 이론적 도구로 사용되고 있음을 기억할 필요가 있다.

그것은 한 사회를 이해하는 데 있어서 매우 중요한 도구로 사용되는 것이다. 마르크스적 사회 분석은 마치 엑스레이로 한 사회를 촬영하여 관찰하는 것과 같이 받아들여지고 있다.

소브리노의 그리스도론 관련 저술들

사회 변혁가들에게 마르크스적 사회 분석은 자신들이 처해 있는 사회의 상황을 가장 현실적으로 그리고 가장 뚜렷하고 분명하게 파악할 수 있는 훌륭한 도구가 되고 있다. 마르크스주의가 이데올로기적인 도구가 아니라 사회현실에 대한 '질문-답변-새로운 질문의 대두'라는 순환구조를 창출해 내는 하나의 사회분석 방법론으로 활용될 수 있다는 것이다.

다시 말하면 마르크스주의가 해방신학의 전개에 있어서 이데올로기적 도구가 아니라 방법론적 도구, 특히 불의한 현실에 대한 정세적 분석(conjuntural analisis)의 도구로 사용될 수 있다는 것이다.

라틴아메리카의 사회 변혁가들은 상황에 대한 정세적 분석을 시도함으로 변혁을 향한 자신들의 구체적인 행위와 행동의 유형을 결정하고자 한다. 상황에 대한 정세적 분석은 그들의 현실이 처해 있는 사회적, 경제적, 군사적, 심리적, 문화적 구조와 현황에 대한 분석과 성찰을 포함하고 있다. 이러한 분석을 통해 이들은 사회변혁을 위한 현재의 행동이 어떤 형태를 가져야 할 것인가를 결정하기에 이른다.

이와 마찬가지로 해방신학은 라틴아메리카의 변혁을 향한 요구 앞에서 교회로서 어떠한 행동, 다시 말하면 성명을 발표할 것인지, 혹은 어떤 구체적인 행동을 할 것인가를 결정해야 한다. 이를 위하여 마르크스의 사회 분석이론은 방법론적 도구로 사용되고 있다.

해방신학의 사회변혁을 향한 행동의 유형을 일괄적으로 그리고 일반화하여 말할 수 없는 이유가 바로 여기에 있다. 상황의 정세적 분석을 통해 교회는 각자의 상황에서 구체적인 행동을 주체적으로 결정하기 때문이다.

그러므로 모든 해방신학자들이 무장 투쟁을 한다거나 폭력적인 사회 혁명을 시도하고 있다는 비판은 근거가 없는 것이다. 한 지역에서 발생한 어떤 행동을 통해 해방신학을 전체적으로 매도해서는 안 되는 이유가 여기에 있다. 해방신학의 행동은 이러한 현실에 대한 깊은 정세적 분석과 성찰에 의해 결정되는 매우 독특한 성격을 가지고 있다.

이처럼 해방신학이 마르크스주의와 직접적인 관련을 갖고 있지 않다는 의외의 사실은 우리 모두를 놀라게 한다.(물론 1978년 콜롬비아의 메델린에서 채택한 문건은 예외의 사항으로 간주할 수 있다.)

위에서 언급한 것처럼 해방신학은 마르크스주의의 직접적인 언급이나 사용을 자제하고 있다. 그것은 아마도 쓸데없는 오해를 불러일으키지 않으려는 신중한 태도에서 연유되었는지도 모르겠다.(좌파 혹은 공산주의라는 말 자체가 사람들에게 성찰 없이 반사조건적인 거부를 유발시키고 있다는 현실을 감안해서). 그럼에도 마르크스주의에 대한 언급이 주를 이루지 않는 이유는 무엇보다도 해방신학은 사회이론이 아니라 신학이기 때문이다. 마지막으로 해방신학과 마르크스주의의 관계에 대해서는 호세 미란다(Jose Miranda)의 『마르크스와 성서』에 잘 나타나 있다.

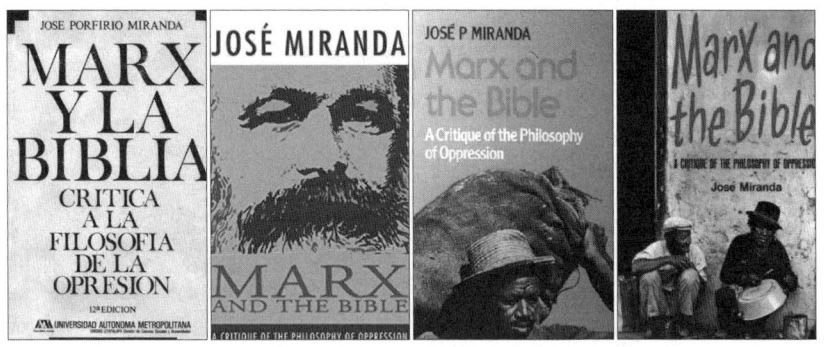

호세 미란다의 『마르크스와 성서』의 여러 표지들

3. 해방신학은 폭력적인가?

해방신학을 향한 가장 큰 비판과 오해는 아마도 해방신학을 추구하는 사람들이 무장 투쟁에 적극적이며 게릴라전도 불사한다는 생각들이다. 그래서 해방신학은 폭력적인 집단과 깊은 연관을 맺는 매우 과격한 신학이라는 생각이다.

나 역시 그러한 오해에 휩싸인 적이 있다. 한번은 해방신학과는 상관없는 다른 주제의 강연을 하는 중이었다. 중간 휴식 시간에 한 분이 나를 찾아왔다. 그리고 오해해서 미안하다고 하면서 나보고 험악하지 않게 생겼다고 말했다. 그분의 말에 의하면 나는 성격이 매우 과격하고 외모도 험악하게 생겼을 것이라고 예상하였다는 것이다.

과연 해방신학은 무장 투쟁을 선동하는 신학일까? 해방을 위해서는 폭력적인 방법을 사용해도 상관없다고 주장하는 것이 해방신학일까? 이 질문에 대한 답변은 매우 간단하다. 그렇지 않다.

해방신학에 참여한 사람들이 비록 라틴아메리카에서 발생한 무장 게릴라의 행위에 대한 비판에 있어서 약간의 미온적인 모습을 보이기는 했지만 대다수의 사제들과 신학자는 사회정의의 획득이라는 그들의 목적을 이루기 위한 폭력의 사용에 대하여 찬동하지 않는다.

그들은 폭력 사용을 반대하였을 뿐만 아니라 오히려 정부와 게릴라의 무력 충돌을 중재하기 위한 평화 협상에 적극적으로 나섰다. 엘살바도르의 엘라꾸리야와 니카라과의 에르네스또 까르데날 신부의 경우가 그것이다. 그럼에도 해방신학과 무장 투쟁의 연관성에서 콜롬비아의 경우는 독특한 모습을 보이고 있다. 따라서 이에 대해 언급을 하고자 한다

1) 골꼰다

콜롬비아 지방의 이름인 골꼰다(Golconda)를 명칭으로 사용하는 사제그룹의 경우는 해방신학과 무장투쟁의 관계에 있어서 독특한 모습을 보이고 있었다. 이 그룹은

골꼰다의 사제 그룹

1968년 콜롬비아의 골꼰다 지역에서 비센테 메히아(Vicente Mejia), 레네 그라시아(Rene Gracia) 등 몇몇 사제들을 중심으로 결성된다. 결성 초기에 이 그룹은 바오로 6세의 『민족의 발전』(Populurim Progressio)의 내용을 심화시키는 일에 주력하였다. 그러나 차츰 이들은 까르타헤나 데 인디아스(Cartagena de Indias) 지역의 사회적 구조의 변화를 시도하는 조직으로 변화하게 된다.

이에 따라 정부군의 탄압을 받고 쫓기던 그들 중 일부는 당시의 게릴라 조직인 민족해방전선에 가담하기에 이르렀다. 그 후 골꼰다 그룹은 제2차 모임을 통하여 다음과 같은 행동원리를 결정했다.

1. 제국주의에 투쟁하는 혁명행위에 적극적인 헌신을 유지한다.
2. 교회 내부를 개혁하고 정부에 대한 무조건적인 지원을 거부한다.
3. 자본주의를 거부하고 인간에 의한 인간 착취를 제거하는 사회건설

을 도모한다.
4. 통일된 하나의 혁명전선을 건설하기 위하여 민중투쟁가들의 행위의 연합을 모색한다.

골꼰다 운동에는 위에서 언급한 비센테 메히아(Vicente Mejia), 레네 그라시아(Rene Gracia), 로베르또 베세라(Roberto Becerra), 마누엘 알사테(Manuel Alazate) 신부와 스페인 아라곤 출신의 도밍고 라인(Domingo Lain) 신부, 마누엘 페레스(Manuel Perez) 신부 그리고 호세 안토니오 히메네스(Jose Antonio Jimenez) 신부 등이 참여하고 있었다.

이들 중 무장 투쟁 과정에서 두드러지는 인물들이 바로 스페인 아라곤 출신의 신부 세 사람이었다. 이들은 스페인에서부터 라틴아메리카의 농민 활동에 적극적으로 가담하게 된다. 특히 마누엘 페레스 신부의 경우를 살펴보자. 그는 1966년 사제 서품 이후부터 프랑스에서 노동자들을 위한 사목 활동에 적극적으로 가담한다.

그 후 그는 1967년 도미니카공화국의 수도 산토도밍고를 방문하게 되고 그곳에서 라틴아메리카의 참혹한 가난의 현실을 직접적으로 목격한다. 그곳에서 그는 농민 공동체를 조직하여 그들과 함께 가난의 현실과 불의를 향한 투쟁을 시작한다. 이러한 활동은 지주들의 극심한 반대를 초래하게 되었고 급기야 미국 출신의 대 주교 레일리로부터 추방명령을 받게 만들었다.

마누엘 페레스는 그곳을 떠나 1968년 까르타헤나 데 인디아스에 도착하게 되고 그곳에서 헤라르도 발렌시아(Gerardo Valencia) 신부의 소개로 골꼰다 그룹을 알게 되고 이 그룹에 참여하게 된다. 그는 골꼰다 그룹을

마누엘 페레스 신부

통하여 민족해방군에 가담하기에 이른다.

마누엘 페레스, 도밍고 라인 그리고 호세 안토니오 히메네스 신부 등 세 사람은 민족해방군의 일원이 되어 게릴라전을 직접 수행한다. 이들 중 호세 안토니오 신부는 게릴라에 가담한 지 얼마 지나지 않아 독뱀에 물려 34세의 나이로 세상을 떠나게 된다. 도밍고 라인 신부는 6년 후에 전사하고 마누엘 페레스 신부만이 살아남아 간경화로 세상을 떠나는 1998년까지 근 30여 년간 게릴라 무장 투쟁을 계속하였다. 마누엘 페레스 신부는 1983년 민족 해방군 사령관의 자리에 오르게 되며 민족해방군이 벌인 가장 잔혹한 행위의 최종 책임자로 지목되기도 한다.

해방신학과 무장 투쟁의 연관성에 대한 언급에서 마누엘 페레스 신부를 비롯한 '골꼰다' 그룹의 행동에 대한 지적은 빼놓을 수 없다. 이들의 무장 투쟁 가담은 해방신학이 무장 투쟁을 조장하고 있으며 목적 달성에 있어서 폭력의 사용을 정당화·합리화시키고 있다는 비판을 조성하는 데 단골메뉴로 사용되기도 한다.

그런데 과연 이들의 무장 투쟁 가담이 해방신학이 폭력을 정당화하고 있는 신학임을 증명하는 데 충분한 것일까? 그렇지 않다. 사실상 이들의 해방신학과의 직접적인 관련성에 대해서는 확실하게 규명되지 않고 있으며 애

비센테 메히아 신부

매한 면도 있다.

다시 말하면 처음에 '골꼰다' 그룹의 주동자들이 가톨릭 사제들이었음은 틀림없다. 그럼에도 불구하고 주동자들은 점차 가톨릭 신학에서 멀어져 가게 되었다. 그 일례로 그들은 예수 그리스도의 신성을 부인하며 오직 인간으로서의 예수를 주장하였고 또한 가톨릭 신학의 가장 중요한 주제 중의 하나인 성례를 성례가 아닌 의식화 과정의 통과예식으로 여기게 되는 등 가톨릭에서 발생한 해방신학의 주류로부터 멀어지게 되었다. 후일 그들의 운동은 신학 운동 혹은 종교 운동이 아닌 사상 운동으로 발전하게 됨으로써 해방신학과 분리되었다.

그럼에도 이들이 해방신학과 전혀 관련이 없다고도 말할 수 없다. 다만 여기서 말할 수 있는 것은 대부분의 해방신학자들과 해방신학 참여자들이 공개적으로 무력 투쟁을 정당화하지는 않고 있다는 사실이다. 대부분의 참여자들이 오히려 무력 투쟁에 의한 생명살상과 희생을 막기 위해 적극적인 중재자로서의 역할을 담당하였다는 역사적인 사실에 주목할 필요가 있다. 콜롬비아의 민족해방군 사령관으로 일생을 마쳤던 마누엘 페레스 신부는 생전에 가진 인터뷰에서 다음과 같이 말하고 있다.

"나는 세 종류의 그리스도인이 있다고 생각한다.
첫째는 혁명적인 헌신의 의도를 가지고 자신의 신앙을 개인적인 차원에서 살고 있는 이들이다. 이들은 현실에서 당면하고 있는 여러 문제점들에 대한 답변을 점차 내면적인 차원에서 찾으려고 하는 이들이다.
또 다른 그리스도인들은 현실의 문제에 대한 신앙적인 답변을 발견하지 못하고 마침내 신앙을 포기하고 혁명과정에만 참여하는 이들이다.

세 번째 그리스도인들은 현실의 문제와 질문에 대한 공동체적인 신앙의 답변을 발견하고자 신앙 공동체 안에서 혁명에 대한 헌신을 계속해 나가는 이들이다. 바로 이들이 해방신학의 길을 걷고 있는 사람들이다. 이들은 현실에서 발생하는 여러 가지 실제적인 문제에 지대한 관심을 가지고 지켜보면서 공동체 안에서 신앙적인 답변과 혁명적인 헌신을 모색하는 사람들이다."

마누엘 페레스 신부를 비롯한 무장 투쟁에 가담한 일부의 해방신학의 사람들은 불의한 현실상황에서 발생하고 있는 실질적인 질문들 앞에서 혁명에 대한 헌신을 간직한 채 공동체 안에서 신앙적인 답변을 시도하고자 했다고 볼 수 있다. 물론 이러한 무장 투쟁이 해방신학이 폭력을 정당화하고 조장한다는 오해를 불러일으키는 데 일조를 하였지만 우리가 기억해야 할 것은 그것이 단순한 정치적 목적을 이루기 위한 폭력혁명이 아니었다는 사실이다.

분명한 것은 해방신학은 폭력 사용을 정당화하는 신학이 아니라는 것이다. 또 거대한 조직적 권력에 의해 정당화 혹은 합법화된 폭력에 대해 저항을 포기하거나 순응하기를 권유하고 주장하는 신학도 아니다.

2부
해방신학, 무엇을 말하는가?

07
해방신학과 교육

지금까지 우리는 역사적 관찰을 통해 해방신학의 탄생과 그 탄생에 영향을 미친 여러 역사적 사건과 상황에 대하여 알아보았다. 그런 관찰을 통해 우리는 해방신학이 하늘에서 뚝 떨어진 것이 아니라 하늘의 언어를 고통 받는 땅의 언어로 표현하며 살고자 한 하나의 노력이었음을 깨달을 수 있었다.

이 일을 위해 혼신의 힘을 쏟았고 가난한 자의 자리에서 떠나지 않고 지금까지도 현장을 지켜가면서 그리스도의 복음을 전하고자 애썼던 해방신학의 선구자들도 보았고, 해방신학을 향한 세상의 차가운 시선과 오해 그리고 현상유지(Statuas Quo)를 원하는 정치 경제 그리고 종교 기득권층들의 탄압과 억압이 지금도 현존하고 있다는 사실을 깨닫게 되었다. 이제 해방신학의 주장과 내용을 본격적으로 알아보기에 앞서 해방신학의 형성에 막대한 영향을 미친 브라질의 교육학자 파울로 프레이리의 "의식화 교육"에 대해 살펴보자.

1. 파울로 프레이리는 누구인가?

파울로 프레이리(paulo Freire, 1921~1997년)는 브라질 북부 지역인 헤시피(Recife)에서 1921년 9월 19일 태어났다. 그는 부모님과 다섯 형제들과 함께 매우 화목하고 사랑이 가득한 가정에서 성장했다. 그의 부모는 자녀들을 매우 신앙적으로 양육했으며 십자가는 그의 어린 시절 매우 강력한 상징으로 기억되게 된다. 고등학교를 졸업한 그는 헤시피 대학에서 법학을 공부하고, 1960년 철학과 역사학으로 박사학위를 취득했다.

1962년 페르남부쿠(Pernanbucano) 주 교육청 상담관으로 일하던 그는 1964년 그의 급진적인 교육학으로 인하여 교육청에서 해임되고 살해 위협 속에서 볼리비아로 망명의 길에 오르게 되었다. 망명지인 볼리비아에 군사정권이 수립되자 그는 또 다시 칠레로 망명하게 된다. 그는 칠레에서 1964년부터 1969년까지 거주하게 되는데 그 시기에 칠레 교육부 농촌개발원의 상담고문과 유네스코 고문관으로 재직했다. 그는 이 기간 동안 하버드 대학에서 객원교수로 활동하기도 했으며 제네바 대학의 교육학 교수로 교육학을 가르치기도 한다.

1970년부터 1979년 기간에는 유럽으로부터 막 독립한 아프리카의 여러 신생국들의 교육 고문관으로 활동하면서 신생국가들의 교육 시스템 정착에 많은 도움을 주기도 했다. 1977년 오랜 망명 생활을 마치고 고국인 브라질로 귀환한 그는 계속해서 그의 해방 교육을 가르치고 실천한다. 1989년 상 파울로 시 교육청장으로 재직한 후 1997년 4월 10일 마지막 저서인『자아결정의 교육학』을 발간하고 같은 해 5월 2일 심장마비로 사망했다.

2. 프레이리와 그 시대

파울로 프레이리

프레이리의 저술이 처음으로 출간된 당시는 정치적 상황이 매우 어지럽게 전개되고 있었다. 그때는 라틴아메리카 민중 사이에서 "계급투쟁"이 점차 힘을 얻어가고 있었다. 프레이리의 교육학에서 주장하는 이론과 또 그것이 정치사회 신학과 교육에 미쳤던 영향을 이해하기 위해선 당시의 역사적 상황에 대한 이해가 필수적이다.

라틴아메리카의 1960년대와 70년대는 역사적으로 연관되어 있다. 쿠바 혁명의 성공(1959~1961년), 라틴아메리카 지역에서의 최초의 사회주의 정부 수립(1962년, 쿠바), 좌익 계열의 노동조합 형성과 발전, 좌익 정당 출현, 민중의 정치적 역량 증대는 당시 라틴아메리카 사회에 많은 영향을 미치고 있었다. 그러나 한편으로 쿠바의 사회주의 혁명의 성공으로 고무된 라틴아메리카의 급진적인 민중운동에 대한 견제와 반발로서 케네디 정부의 지원에 힘입어 "발전을 위한 연합 계획"이 시작되었음도 주목할 만하다.

이 계획은 라틴아메리카의 경제 정치 교육발전을 위하여 괄목할 만한 경제-금융 지원을 하는 것을 목적으로 하고 있었다. 이 계획은 두 가지 면에서 주목을 받았다. 첫째는 전통적 지주에게 집중된 토지와 권력의 분산과 지역 농업의 상업적 성장을 위한 토지 개혁에 대한 지원이다. 두 번째는 수입 확장과 이 지역에 대한 미국의 다국적 기업의 진출을 통한 공업의 발전과 다양화를 도모하고자 하는 것이었다. 이 계획의 실현은 정치적 경제적 그리고 사회적 지배구조 변화에 상당한 영향을 미치게 된다.

한편 쿠바 혁명 등으로 민중정치에 대한 꿈이 점차 현실로 드러나게 되자 전통적 지배계층은 1960년대와 70년대의 군사반란을 통한 집권을 통하여 구질서의 회복을 도모하기 시작했다. 그러나 또 다른 측면으로 이러한 전통적 지배계층의 움직임은 라틴아메리카 민중운동의 확산에 자극제로 작용하기도 했다. 교육적인 면에서는 지금까지 "침묵의 문화"에 젖어 있었던 잠자는 민중을 깨우기 위한 교육방법론에 눈을 뜨기 시작했다.

그런 의미에서 당시 라틴아메리카 교육의 주도권을 잡고 있었던 실증주의와 실용주의적 교육에 반하여 교육을 해방적 실천과 연결시키고 있는 프레이리의 교육학적 제안은 당시의 민중 운동가들과 진보적 교육가들에게는 더욱 매력적으로 다가오게 되었다. 특히 프레이리의 교육학이 억압 받는 자, 잊힌 자를 교육의 주체자로 삼고 있다는 데에 있어서 더욱 그러했다.

이렇게 1960년대와 70년대의 라틴아메리카는 프레이리의 해방 교육의 탄생과 수용에 있어서 매우 적합한 시대적 환경을 형성하고 있었다. 이러한 역사 정치 사회 경제적 현실 속에서 프레이

쿠바 혁명(1953~1959년)

리의 해방 교육은 많은 영향력을 발휘하게 되었고 특별히 진보교육계에 있어서는 더욱 그러했다. 이러한 정치상황과 더불어 프레이리의 해방 교육학의 형성과 발전에 있어서 소홀히 할 수 없는 것이 당시 가톨릭 교회의 움직임이다.

제2차 바티칸 공의회(1962~1965년), 1959년 브라질에서 개최된 제1차 라틴아메리카 주교회의(CELAM)에서 촉발된 가톨릭 교회 내부의 변화 움직임은 프레이리의 교육학 형성에 많은 영향을 미치게 된다. 그로 인해 1968년 메델린에서 개최된 라틴아메리카 주교회의는 교육의 목적에 있어서 획기적인 주장을 한 프레이리의 교육학을 상당부분 채택하기에 이른다. 이렇듯 초기 해방신학의 형성에 있어서 프레이리의 해방 교육학이 미친 영향은 결코 무시될 수 없는 것이었다.

3. 프레이리의 교육에 대한 생각들

그의 교육학 주제를 우리는 인간적·영적 교육이라고 부를 수 있다. 그의 교육학에서의 핵심은 인간이다. 모든 교육의 기본적 목적과 내용, 방법론은 인간화를 향하는 것이다. 그에 의하면 모든 교육적 행동은 인간이 누구인가에 대한 질문과 성찰이 우선시되어야 한다. 그는 인간은 누구이며 무엇을 위한 존재인가에 대해 질문을 멈추지 말아야 한다고 주장한다.

그런 의미에서 교육은 인간을 제외한 채 중립적인 태도를 취할 수 없다고 말한다. 이 같은 그의 해방적 교육은 역사적인 인간을 주제로 하고 있다. 그에게 교육은 프락시스(Praxis)이다. "성찰과 행위를 통해 현실을 변화시키는 프락시스야 말로 모든 창조와 지식의 근원이다."라고 말한다. 이러한 해방 교육의 근본적인 목적은 지식의 성찰적인 체계를 형성함으로써 그가 처해 있는 구체적인 상황에 대한 비판적 성찰을 갖도록 하는 것이다. 이러한 과정을 통해 그의 교육학의 가장 중요한 주제인 대화의 개념이 등장하게 된다.

문맹퇴치 운동

4. 억눌린 자의 교육학

억눌린 자들의 해방의 과정은 문맹 퇴치로부터 시작된다. 이 과정을 통하여 억눌린 자들은 자신들이 처한 상황의 현실에 대하여 비판적인 지식을 습득하게 되고 따라서 그 현실에 대한 대처 방안을 갖게 된다. 프레이리는 문맹자들이 그들의 무관심과 자신들의 삶의 방식에 대한 순응으로부터 해방되어 자신들이 스스로의 문화의 창출자가 될 수 있는 능력의 소유자임을 이해하도록 하고 있다.(의식화 교육의 출발)

이들이 자신들도 문화의 창출자가 될 수 있음을 인식하게 될 때 그

해방 교육의 근본 목적은 소통을 통한 실천(Praxis)이다.

들은 자신들이 매우 중요한 존재임을 깨닫게 될 것이고 그로 인하여 읽고 쓰는 것의 중요성과 필요성이 대두된다고 말한다. 프레이리에게 문맹 퇴치는 단순한 읽기와 쓰기를 넘어서서 자아발견과 사회현실에 대한 인식을 포함하고 있다. 현실에 대한 배움의 첫 단계는 의식의 회복이다. 의식의 회복은 비판적 의식의 회복이다.

5. 대화와 해방 교육

프레이리에게 비판적 대화는 교육방법에 있어서 절대적이다. 대화 없이 진정한 교육은 존재할 수 없다. 해방 교육은 대화적이다. 반면에 은행식 교육은 독백적이 될 수밖에 없다. 프레이리는 대화를 통한 진정한 교육이 이루어지기 위해서는 사랑, 겸손, 인간에 대한 신뢰, 희망, 그리고 비판적 사고력이 전제되어야 한다고 말했다. 프레이리의 교육에 있어서 대화의 강조는 라틴아메리카 교회에 지대한 영향을 미치게 된다.

특별히 가난한 자를 위한 우선적 선택

프레이리의 『억압의 교육학』

과 억눌린 자들의 해방을 사목의 중요한 주제로 삼게 되는 라틴아메리카 교회로서는 프레이리의 문맹 퇴치 방법과 대화를 통한 교육은 큰 반향을 일으킬 수 있었다. 프레이리에게 교육은 피교육자로 하여금 자신이 처해 있는 역사적 상황에 대한 비판적 인식과 사회 현실의 변화를 위한 적극적 참여를 유도하고 있기 때문이다.(의식화 교육과 참여) 이런 면에서 프레이리는 사회 현실의 변화 과정에서 교육의 중요성을 강조하고 있다.

해방신학에 영향을 미친 프레이리의 교육방법론 열 가지 원리

① 사회는 한 인간을 '가축화'(domesticated)시켜서는 안 된다. 그러한 교육은 저항을 불러일으킬 뿐이기 때문이다. 교육은 자유의 실질적인 행동을 위한 하나의 과정이 되어야 한다.
② 민주적인 교육은 수직적이 되어서는 안 되며 오히려 참여적, 협력적이어야 한다. 그런 이유로 교육은 대화와 소통을 통해 이루어져야 한다.
③ 학문적 훈련에서 교육의 실제는 학생들이 스스로 형성하고 책임감을 가지고 교육의 과정에 임하도록 인도하고 장려해야 한다.
④ 억압적 현실의 이해를 위한 교육이 실시되어야 하며 그렇게 함으로써 비판적 의식을 고취하여 사회의 변혁을 이루어내야 한다. 교육은 정치적 참여와 결단 그리고 사회적 책임감을 고무시키는 것이 되어야 한다.
⑤ 교육은 강제주입 없이 자신 스스로가 만들어내는 문화적 창조의 과정이 되어야 한다.
⑥ 교육은 학생의 전 지식을 염두에 두어야 하며 그렇게 함으로써 대화

가 가능해진다. 일정한 원리를 강제적으로 주입해서는 안 된다. 학생의 자유를 억압하거나 파괴해서도 안 된다.

⑦ 정치적 참여를 소극적으로 만드는 침묵의 문화를 반대하고 거부한다. 교육은 어디서나 인간을 위한 것이어야 한다.

⑧ 독서는 단순한 단어 읽기가 아니라 세계와 현실에 대한 독해다. 교육은 민중의 지식과 또 그가 처한 현실의 상황과 직접적인 관련을 맺고 있어야 한다. 따라서 민중이 처한 문화적 현실에 대한 존중은 필수적이다.

⑨ 모든 교육기관은 처해 있는 교육현실을 분석하고 그에 대한 충분한 이해를 가지고 있어야 한다.

⑩ 교육은 지식의 창조와 재창조의 행위며 그 출발점은 교육현장의 민중이다.

니카라과에서의 해방신학 교육 광경. 모든 교육은 대화와 소통을 통해 진행한다.

08
해방신학의 해석학

1. 가난한 사람의 눈으로 성서 읽기

　남미의 해방신학은 성서에 견고한 뿌리를 내리고 있다. 즉 성서는 해방신학의 출발점이자 귀결점이 되는 것이다. 레오나르도 보프는 해방신학은 라틴아메리카의 민중이 당면하고 있는 정치 사회 그리고 무엇보다도 경제적인 억압 상황에서 신음하면서 살아가고 있는 이들에게 하나님의 말씀이 무엇을 말하고 있는지 성찰하고 또 거기서 발견된 성서의 의미에 대해 신앙적인 응답을 하려는 노력이라고 말했다.
　그런 의미에서 가난한 사람들의 삶의 현실은 성서의 의미를 발견하는 데 매우 중요한 요소로 간주되었다. 가난한 사람들의 눈으로 성서를 읽는 것은 성서의 중심사상인 가난한 사람들을 향한 하나님의 사랑을 발견할 수 있는 최선의 방법이었던 것이다. 성서는 다른 종교와는 달리 가난한 사람들에 대한 하나님의 사랑을 특별하게 강조하고 있다. 가난한 사람을 사랑하고 그들을 우선적으로 택하시는 하나님(신)에 대한 언급은 다른 어떤 종교에서도 찾아볼 수 없는 성서의 특징이다. 성서는 단지 가난하고 약하다는 이유 하나만으로 가난한 이들을 사랑하는 하나님에 대해 소개한다. 해방신학은 성서 속에서 이러한 하나님을 찾고 그 하나님의 뜻을 가난한 사람의 삶의 현장에서 발견하고자 하는 신학적 그리고 신앙적 노력이다.

이러한 점에서 해방신학에서 가장 중요했던 것은 가난한 사람의 눈으로 성서를 바라보는 것이었다. 그리고 이러한 형태의 성서 읽기는 다음과 같은 몇 가지 입장을 제안했다.

첫째는 밑에서 바라보는 신학이고, 둘째는 약자와 억압받는 자의 입장에서 성서 뒤집어 읽어보기, 셋째는 교리의 예수를 극복하고 현장의 예수를 발견하는 성서 읽기(사도신경의 예수→역사적 예수) 그리고 넷째는 인문학적 성서 읽기, 특별히 사회학적인 성서 읽기였다.

브라질의 한 기초공동체에 속해 있는 사람들에게 가장 소중하게 여기고 좋아하는 성서구절이 무엇인가를 물었다. 이들은 어떤 대답을 했

가난한 이들 속에서 함께 있는 예수

을까? 한 사람은 기독교의 첫 공동체가 서로의 재산을 나누면서 살아감으로써 그들 사이에 가난한 사람들이 없었다는 사실을 기록한 사도행전(4장)이라고 답하였다. 또 어떤 사람은 민중의 호소에 귀를 기울이고 해방시키는 하나님을 소개하고 있는 출애굽기라고 답하였다.

그 외의 사람들은 예수가 회당에서 읽은 말씀을 언급하기도 했고 또 어떤 사람들은 "가장 작은 이들에게 행한 것이 나에게 행한 것이다."라는 마태복음 25장을 꼽기도 했다. 이러한 답변들은 브라질뿐만 아니라 라틴아메리카 대부분의 그리스도인들 사이에서 들리는 답변이기도 하다. 이들은 어떻게 이러한 성서구절을 소중히 여기게 되었을까? 그것은 해방신학의 사제들과 함께 가난한 사람의 눈으로 성서를 읽은 까닭이다.

가난한 사람의 눈으로 성서 읽기는 목사나 신부가 읽고 해석한 성서를 일방적으로 평신도들에게 가르치는 것이 아니라 모두가 함께 각자의 상황에서 읽는 것이다. 이 같은 성서 읽기는 전통적이고 획일적인 읽기와는 다른 새로운 시각의 해석을 가능케 한다. 그리고 성서의 이해에 혁명적인 변화를 가져다 준다.

제도권에 의해 주입되거나 혹은 교리라는 형식을 통해 우리에게 강요되기도 한 해석을 뛰어넘어 자신이 살고 있는 상황에서 읽거나 혹은 다른 사람의 입장에서 성서를 바라보게 되면 지금까지 알고 있던 그것과는 다른 해석과 의미를 발견하게 된다.

나는 아르헨티나에서 지낼 때 학교에서 실시하는 노숙인 성서 읽기 프로그램에 참여한 바 있다. 노숙인들과 점심을 함께 한 후 원하는 사람들과 성서 읽기를 하곤 했다. 당시 본문은 요한복음 4장의 사마리아 여인 이야기였다.

요한복음 4장에 나오는 사마리아 여인의 일화는 여러 번 남편을 바꿔 여섯 번째 남편과 사는 부정한 여인이 예수를 구주로 영접해 정화된다는 것이 일반적인 이해였다. 그런데 함께 성서를 읽던 여자 노숙인은 "내가 바로 그 사마리아 여인"이라며 "나는 한 번도 남편을 바꾼 적이 없다. 남자들이 나를 강간하고 가지고 놀다가는 아이가 생기면 도망가 버리곤 했다."고 말했다. 그는 "남자들은 그러고도 돈을 벌어오지 않는다고 나를 때렸지만, 나는 남자들이 버리고 간 아이들을 먹여 살리기 위해 안 해 본 일이 없다."고 했다. 그 여자 노숙인의 주장대로라면 부정한 인간은 그가 아니라 그를 능욕만 하고 책임지지 않은 여러 남자들이었다.

이 모임 이후 필자는 요한복음 4장을 다시 읽어보았다.

사마리아 여인에 대한 오해
(사마리아 여인과 예수의 만남)

본문말씀 : 요한복음 4:3~19, 28~30, 39~42

새번역

³예수께서는 유대를 떠나, 다시 갈릴리로 가셨다. ⁴그렇게 하려면, 사마리아를 거쳐서 가실 수밖에 없었다. ⁵예수께서 사마리아에 있는 수가라는 마을에 이르셨다. 이 마을은 야곱이 아들 요셉에게 준 땅에서 가까운 곳이며, ⁶야곱의 우물이 거기에 있었다. 예수께서 길을 가시다가, 피로하셔서 우물가에 앉으셨다. 때는 오정쯤이었다. ⁷한 사마리아 여자가 물을 길으러 나왔다. 예수께서 그 여자에게 마실 물을 좀 달라

고 말씀하셨다. ⁸제자들은 먹을 것을 사러 동네에 들어가서, 그 자리에 없었다. ⁹사마리아 여자가 예수께 말하였다. "선생님은 유대 사람인데, 어떻게 사마리아 여자인 나에게 물을 달라고 하십니까?" (유대 사람은 사마리아 사람과 상종하지 않기 때문이다.) ¹⁰예수께서 그 여자에게 대답하셨다. "네가 하나님의 선물을 알고, 또 너에게 물을 달라는 사람이 누구인지를 알았더라면, 도리어 네가 그에게 청하였을 것이고, 그는 너에게 생수를 주었을 것이다." ¹¹여자가 말하였다. "선생님, 선생님에게는 두레박도 없고, 이 우물은 깊은데, 선생님은 어디에서 생수를 구하신다는 말입니까? ¹²선생님이 우리 조상 야곱보다 더 위대하신 분이라는 말입니까? 그는 우리에게 이 우물을 주었고, 그와 그 자녀들과 그 가축까지, 다 이 우물의 물을 마셨습니다." ¹³예수께서 말씀하셨다. "이 물을 마시는 사람은 다시 목마를 것이다. ¹⁴그러나 내가 주는 물을 마시는 사람은, 영원히 목마르지 아니할 것이다. 내가 주는 물은, 그 사람 속에서, 영생에 이르게 하는 샘물이 될 것이다." ¹⁵그 여자가 말하였다. "선생님, 그 물을 나에게 주셔서, 내가 목마르지도 않고, 또 물을 길으러 여기까지 나오지도 않게 해주십시오." ¹⁶예수께서 그 여자에게 말씀하셨다. "가서, 네 남편을 불러 오너라." ¹⁷그 여자가 대답하였다. "나에게는 남편이 없습니다." 예수께서 여자에게 말씀하셨다. "남편이 없다고 한 말이 옳다. ¹⁸너에게는, 남편이 다섯이나 있었고, 지금 같이 살고 있는 남자도 네 남편이 아니니, 바로 말하였다." ¹⁹여자가 말하였다. "선생님, 내가 보니, 선생님은 예언자이십니다.

²⁸그 여자는 물동이를 버려 두고 동네로 들어가서, 사람들에게 말하였다. ²⁹"내가 한 일을 모두 알아맞히신 분이 계십니다. 와서 보십시오.

우물가의 사마리아 여인과 예수

그분이 그리스도가 아닐까요?" ³⁰사람들이 동네에서 나와서, 예수께로 갔다.

³⁹그 동네에서 많은 사마리아 사람이 예수를 믿게 되었다. 그것은 그 여자가, 자기가 한 일을 예수께서 다 알아맞히셨다고 증언하였기 때문이다. ⁴⁰사마리아 사람들이 예수께 와서, 자기들과 함께 머무시기를 청하므로, 예수께서는 이틀 동안 거기에 머무르셨다. ⁴¹그래서 더 많은 사람들이 예수의 말씀을 듣고서, 믿게 되었다. ⁴²그들은 그 여자에게 말하였다. "우리가 믿는 것은, 이제 당신의 말 때문만은 아니오. 우리가 그 말씀을 직접 들어보고, 이분이 참으로 세상의 구주이심을 알았기 때문이오."

1) 이야기 전개와 기록의 특징

① 유대를 떠나 갈릴리로 가시다.
② 사마리아 수가 마을에 도착하시다.
③ 우물가의 예수님

(1) 정오쯤

   (2) 피로하셔서 앉으시다.

  ④ 사마리아 여인과의 만남

   (1) 먼저 말을 걸다.

   (2) 사마리아 여인의 의아한 반응과 질문

  ⑤ 예수님의 엉뚱한 답변

   (1) 내가 누구인지 알았더라면

   (2) 생수를 주었을 것이다

  ⑥ 사마리아 여자의 계속되는 질문과 대화

   (1) 도구가 없는데 생수를 어디서 구하나?

   (2) 당신이 야곱보다 더 위대한가?

   (3) 우리 모두가 이 우물에서 물을 마셨다.

   (4) 당신에게 더 바랄 것이 있는가?

  ⑦ 예수의 답변

   (1) 야곱의 물은 또 다시 목마르게 할 것이다.

   (2) 내가 주는 물을 마셔라.

   (3) 내가 주는 물은 목마르게 하지 않는다.

   (4) 내가 주는 물은 너의 안에서 솟아난다.

   (5) 그러므로 밖에서 구하지 말라. 도구가 필요하지 않다.

  ⑧ 여자의 반응 : 그 물을 주십시오.

  ⑨ 다른 차원으로 전개되는 예수와 사마리아 여자의 대화

   (1) 남편을 불러오라 → 숙고와 반성(reflection)을 요구하시다.

   (2) 남편이 없다.

(있으나 없음의 역설) → 자각(self-conscience)

(3) 예수를 선지자로 고백: 대화 과정을 통하여 고백의 단계에 이르다.

⑩ 물동이를 버려두고 동네로 돌아가다:

유레카(εὕρηκα/ηὕρηκα)의 경험

⑪ 동네에 돌아간 여자와 동네 사람들의 반응 → 예수께로 가다.

⑫ 사마리아에서 믿는 사람들이 많아지다.

⑬ 여자 말이 아니라 예수로 인하여 믿게 되다.

2) 가난한 사람의 눈으로 성서 읽기

① 예수의 갈릴리 여행의 코스 : 사마리아를 통과해야만 했는가?

② 사마리아 통과의 의미는 무엇일까?

③ 여인에게 물을 달라는 예수에 대한 여인의 반응의 의미 : 골 깊은 갈등

④ 예수와 여인의 선문답과 같은 대화는 어떻게 이루어지고 있고 그것이 가능한 이유는 무엇일까?

⑤ 사마리아 여인은 어떻게 해서 남편을 많이 가지게 되었을까?

⑥ 여인의 선택이었을까?

⑦ 당시의 사회구조를 생각하면서 이야기해 보자.

⑧ 왜 사마리아 여자는 남편이 있으면서도 없다고 말하고 있는가?

⑨ 사마리아 여자의 증언에 대한 마을 사람들의 반응은?

(1) 예수께로 나온다.

(2) 여인의 말이 신임을 얻고 있었다.
　　　(3) 어떻게 여인의 말이 영향력을 발휘할 수 있었을까?
　⑩ 사마리아 여인은 부정한 여인일까?

3) 전통적 그리고 교리적 이해

　① 사마리아 여인은 부정한 여인이다.
　② 부정한 여인이 예수를 만나 자신의 삶을 회개하고 새 사람이 된다.
　③ 회개한 후에는 예수를 전파해야 한다.
　④ 한 사람의 회개로 동네가 회개하고 구원을 받는다.

4) 가난한 사람의 눈으로 읽는 성서 해석

　① 사마리아 여인은 부정한 여인이 아니다.
　② 어려운 환경 속에서도 품위를 지켜나간 단정한 여인이다.
　③ 늘 진리에 목말라하고 추구하던 여인이다.
　④ 진리는 추구하는 사람에게 주어지는 선물이다.
　⑤ 진리는 도구를 필요로 하지 않는다.

　물을 달라고 하는 여인을 향해 예수님은 조금은 엉뚱해 보이는 요구를 하신다. '네 남편을 불러오라.' 사마리아 여인은 대답한다. '내게는 남편이 없습니다.' '네 말이 맞다. 너에게는 다섯 남편이 있었지만 남편

렘브란트의 〈예수와 사마리아 우물가의 여인〉

이 아니었다. 그리고 지금 네게 있는 남편도 남편이 아니다.'

예수님의 이 말씀은 사마리아 여인의 가장 아픈 곳을 찌르는 요구였다. 우리는 여기에서 사마리아 여인이 윤리적으로 옳으냐 그르냐에 관심을 두어서는 안 된다. 전통적인 해석은 사마리아 여인이 여섯 남편을 갖기까지 불의하고 음란한 여인이었음을 강조했다. 그래서 그 여인이 음란하고 불의한 세계를 청산하지 않고서는 예수님이 주시는 물을 마실 수 없다고 가르쳐 왔다. 그러나 조금만 생각해 보면 그렇지 않다는 것을 알 수가 있다. 어찌 사마리아 여인이 마음대로 그리고 자기가 좋다고 남편을 선택할 권리를 갖고 있었겠는가?

그녀는 여러 가지 의미로 남자들에게 버림을 받고 상처받은 비참한 여인이었다. 그러기에 언제 어떻게 쫓겨날지 모르는 그녀에게 모든 남자는 같이 사는 것뿐이지 남편은 아니었다. 진정한 남편은 누구인가? 한 여인의 고통과 슬픔을 함께 나누는 인격적인 관계를 갖는 사람이 아니겠는가? 오늘 우리에게도 진정한 아내와 남편이 있는가를 질문해야 한다. 가족은 무엇인가? 인격적인 관계를 이루는 공동체가 아니겠는가!

여인은 여섯 번이나 결혼하고 쫓겨나는 과정에서 이리 채이고 저리 채이는 수많은 상처를 안고 살아가고 있다. 예수님은 바로 그 상처와 슬픔을 아셨다. 그리고 물으셨다. 사마리아 여인은 자신을 알아보는 예수님 앞에서 자신의 인생을 털어놓고 있다. '나에게 남편이 없습니다.' 지금까지 어느 누구에게도 말할 수 없었던 자신의 아픔을 털어놓고 있다. 상처를 치유하시는 주님!

자신의 상처를 드러내놓고 또 대화를 통해 치유를 받은 여인은 비로소 제자리를 찾는다.

그녀의 대화는 진리에 초점이 맞추어지고 있다. 순간순간을 위해 살아온 삶(우물가에 매일매일 물을 구하러 나오는 여인의 삶)에서 이제는 영원한 진리의 세계에 대해 질문하는 가치관의 전환이 이루어지고 있다. 그녀는 예수님을 발견한다. 목마름이 없고 자신의 상처를 치유 받지 못하는 인생은 예수를 만나지 못하는가? 아니다. 그는 그의 삶의 여정에서 끊임없이 인간의 존엄성을 추구하면서 살아간다. 그러한 삶의 여정 가운데 예수를 만나고 예수 안에서 목마름과 상처가 치유되며 진리의 문턱에 서게 된다. 얼마나 놀라운 생애의 반전인가?

예수님으로부터 진리를 알게 된 사마리아 여인은 자신의 동네로 뛰어간다. 그리고 동네 사람들에게 와서 예수를 만나볼 것을 권한다.

① 복음을 접한 여인은 자신이 복음 자체가 되어서 자신의 동네로 뛰어간다. 그리고 외친다. '와서 보십시오. 그분이 그리스도가 아닐까요?' 오늘 교회는 무엇인가? 교회는 복음 자체여야 한다. 복음을 전한다는 것은 교회의 사명의 일부가 아니라 교회 자체여야 한다. 교회가 예수님을 만났다면 그 예수님 자체를 전하는 복음이 되어야 한다. 사람들은 교회를 보고 복음 자체를 볼 수 있어야 한다.

② 여인은 물동이를 버려두고 동네로 뛰어갔다. 진리의 발견은 모든 우리의 일상적인 생활의 패턴을 내버려둘 만큼 기쁨과 환희가 넘치는 사건이다.

가난한 사람의 눈으로 읽는 성서는 필자의 성서 해석과 설교는 물론 삶의 가치관과 목회 스타일을 전적으로 바꾸어 놓았다. 성서를 가난한 사람의 눈으로 읽게 되었을 때 예수의 마음이 나에게로 전해져 왔다. 오늘 한국 교회는 성서를 기득권과 교리의 눈으로 읽어 감으로써 성서를 통해 나타나는 예수의 정신과 마음을 잃어버린 것은 아닐까? 바로 그것이 오늘날 한국 교회가 사람들로부터 신뢰를 잃게 된 근본적인 원인이 아닐까?

2. 창조 이야기

이러한 의미에서 가난한 사람의 눈으로 바라보는 해방신학의 성서 읽기 예를 몇 가지 들어보겠다. 먼저 창세기의 창조 이야기를 가난한 사람들의 눈으로 읽어보자. 라틴아메리카의 가난한 사람들은 창조 이야기에서 나오는 각종 식물들과 그리고 동물들과 늘 한 공간에서 삶을 살아온 사람들이다. 그들이 살고 있는 집 주위에는 늘 씨앗을 품고 있는 식물들로 둘러싸여 있고 그들의 뜰에는 각종 짐승들이 드나드는 환경에서 살아왔다. 그들에게 창조 이야기는 전혀 낯선 이야기가 아니었다.

그것은 하나님과 인간의 관계가 이처럼 일상적이고 친밀한 관계임을 절실하게 보여주는 이야기일 뿐이다. 창조 이야기는 그들의 일상적인 삶에서 날마다 발생하는 사건으로 받아들여졌다. 창조 이야기에서 중요한 것은 식물과 동물들과의 친밀한 관계에서 나오는 삶의 풍요로움이다. 그들에게 창조세계는 풍요의 세계이며 더불어 사는 삶의 세계다. 소수의 사람들이 대다수의 부를 차지하고 있는 현실 세계는 하나님의 창조세계

에덴동산

와는 완전히 상반된 세계이다.

　창조세계는 또 다른 의미에서 책임감의 세계이기도 하다. 라틴아메리카의 가난한 사람들은 자신들의 삶의 현장 주변에 있는 식물과 동물들을 결코 수단으로 생각하지 않았다. 그 모든 것은 그들의 삶의 일부이자 삶 자체였다. 그러기에 자연을 함부로 대하지 않았고 공존하고 있었다. 성서의 창조 이야기는 인간의 우월성을 말하고자 하는 것이 아니라 인간의 책임성을 말하고자 하는 것으로 이해되었다. 그들에게 자연을 이용하여 이익을 증대시키고자 하는 현 세계는 하나님의 세계가 아니었다.

　창조세계는 또 다른 의미에서 가난한 자들에게 그들의 존엄성과 권리에 대해 상기시키는 기록이기도 했다. 모든 사람은 하나님의 형상으로 창조되었고 자연을 관리할 책임을 부여 받았다. 라틴아메리카의 가난한 사람들은 창조 이야기를 통해 그들의 인간으로서의 존엄성을 발견했다. 얼마나 오랫동안 가난한 사람들은 인간의 역사에 의해 거부당했으며 불순한 집단, 존경받을 가치가 없는 게으른 집단으로 여겨져 왔던가.

　그러한 취급 속에서 가난한 사람들은 스스로의 존엄성을 잃게 되었고 자포자기의 삶을 살아오기도 했다. 그러나 성서의 창조 이야기는 인간은 하나님의 형상으로 창조되었으며 그러기에 각각 존엄성을 가지고 있음을 보여주었다.

　그뿐만 아니다. 하나님은 인간에게 자연을 관리할 책임을 주시고 그 열매로 먹고 살게 해주셨음을 보게 된다. 생산의 열매를 누리는 것은 모든 사람들에게 주어진 당연한 권리이다.

　이에 따라 현실의 부의 편중과 빈부의 차이는 부당한 것이고 하나님의 창조세계에 반하는 것임을 보게 된다. 저임금에 시달리며 그것이 당연한 것이고 또 성공하기 위해 치러야만 하는 당연한 희생이라는 희생 논리에 사로잡혀 있었던 사람들을 일깨우는 기록이었다. 생산의 열매에 대한 주장은 하나님이 인간에게 부여한 당연한 권리임을 본다.

이렇듯 가난한 사람들의 눈으로 성서를 읽게 되면 창조 이야기는 모든 사람이 함께 누리는 풍요로움의 세계, 하나님의 형상으로서의 가난한 사람들의 인간존엄성이 인정되는 세계, 창조세계에 대한 관리의 책임성에 대한 이야기, 생산의 열매에 대한 정당한 권리의 이야기, 평등한 남녀의 사랑과 아름다움에 관한 이야기이다.

3. 이집트 탈출 이야기

이집트 탈출 이야기는 해방신학에서 가장 중요한 성서 기록으로 여겨지고 있다. 이집트 탈출기는 여러 가지 의미로 해석되고 있지만 라틴 아메리카의 가난한 사람들의 눈으로 보면 그 의미는 분명해진다. 그것은 자신의 백성을 해방시키기 위한 하나님의 관심과 염려 그리고 그의 사역

출애굽은 억압받는 현실에 대한 민중해방의 상징적 사건으로 이해되고 있다.

이다.(출 3:7~8) 이집트 탈출기는 억압받는 백성들의 신음소리에 귀를 기울이고 내려와서 그들을 해방시키는 하나님에 대한 이야기이다.

1973년 브라질 북동부의 주교들이 당시의 군사독재 정권을 향해 강한 비판의 목소리를 높였다. 그들이 발표한 성명의 제목은 "나는 내 백성의 신음 소리를 들었다"였다. 해방신학의 출애굽기 읽기는 이 기록에서 나타나는 기적에 그다지 많은 관심을 기울이지 않는다. 오히려 파라오의 학정에 대해 관심을 기울이며 또 이러한 과정에서 억압받는 이스라엘 민중을 해방케 하는 모세의 역동적인 지도력에 관심을 기울인다.

모세는 이스라엘 백성들의 배반과 흔들림 사이에서 여러 차례 어려움을 겪고 있다. 이러한 경험은 라틴아메리카 해방지도자들에게는 전혀 낯선 것이 아니었다. 이집트 탈출기는 역사적 사건을 넘어서서 라틴아메리카의 해방의 과정에서 성서를 이해하기 위한 가장 중요한 해석의 도구가 되었고 오늘의 삶의 경험을 분석하는 데 가장 중요한 영향을 미치는 성서 읽기가 되었다.

09 해방신학의 방법론

　해방신학은 기독교 신학에 어떤 새로운 주제를 도입했다기보다는 신학의 새로운 방법론을 소개한 것으로 볼 수 있다. 다른 모든 신학과 마찬가지로 해방신학 역시 신학의 모든 주제들, 예를 들어 신, 삼위일체, 그리스도, 성령, 은혜, 죄, 교회 등에 관해 이야기한다. 하지만 해방신학이 다른 신학과 구별되는 독창성은 이 모든 주제들을 가난하고 억압된 사람들의 관점에서 이야기한다는 점이다.
　즉 구띠에레스의 말대로, 이 세계를 '가난한 자,' '역사의 패배자,' 혹은 '역사의 하부'(underside of history)의 눈으로 보고 이야기한다는 점이다. 바로 이 '가난한 자에 대한 선택'(option for the poor)이라는 신학적 관점과 방법론이 해방신학의 가장 중요한 특징이다.
　사실 그렇기 때문에 가난한 사람들의 문제를 직시하지 않고, 그들이 겪는 고통을 이해하지 못하고 해방신학을 논한다는 것 자체가 어불성설이다. 해방신학의 방법론의 특징을 몇 가지로 정리하면 다음과 같다.

1. 상황화

전통적인 서구 조직 신학은 신학의 여러 가지 개념들을 매우 추상적이며 철학적인 언어로 설명해 왔다. 역사의 과정과는 별개로 '영원한 진리'라는 측면에서 신학을 전개해 온 것이다. 그럼에도 최근의 인류학과 선교학의 발전은 우리가 각 문화 속에서 복음의 상황화의 필요성에 대해 깨닫게 했다.

복음의 상황화는 복음의 효율적인 전달을 위해 필수적인 것으로 받아들이게 되었다. 그런 의미에서 해방신학은 선교학이나 문화 인류학에 앞서 복음의 상황화의 필요성을 인식하고 있었다.

2. 프락시스(믿음과 행위)

올바른 성서해석을 위해 철학보다는 사회학이 도구가 되어야 한다. 특별히 억압/해방의 구도 속에서 '해방으로서의 구원'에 대한 이해는 해방신학의 방법론에 필수적이다.

이러한 신학 방법론과 성서적 논거를 가지고 해방신학자들이 탐구하려 했던 핵심 주제는 '지상에서의 해방'(earthly liberation)과 '하늘에서의 구원'(heavenly salvation) 사이의 연관성이다. 해방신학자들에게 '해방'은 언제나 정치·경제·사회적인 것을 넘어서는 어떤 것이었다. 그리고 역사는 "자유의 정복으로서의 역사"(history as conquest of freedom)였다.

이 말은 해방신학자들이 해방을 단순히 정치·경제·사회적 종속관계에서 벗어나는 일시적이고 우연한 정치적 사건으로서가 아니라 인류의 역사 안에서 인간의 자유가 확대되어 "인류가 자기를 실현하는 과정"(the becoming of humankind)으로 이해했다는 것을 의미한다. 그것은 하나님 나라의 실현과 연관되어 있다. 구원은 억압으로부터 해방을 통한 하나님 나라의 실현이다.

즉 해방신학이 말하는 하나님 나라를 제대로 이해하지 않고는 남미 해방신학의 '신학'을 이해했다고 말할 수 없다. 해방신학의 하나님 나라에 대해 장윤재는 다음과 같은 다섯 가지 특징으로 정리하였다.(장윤재, 『세계화 시대의 기독교신학 : 편견을 넘어서 소통으로』)

첫째, 해방신학은 미래의 저 세상에 있는 하나님 나라가 아니라 이 땅 위에 역사적 변혁으로 이루어지는 현재의 하나님 나라에 더 관심을 가졌다.

해방신학은 이 땅에서의 하나님 나라 실현에 깊은 관심을 갖는다.(UN 본부, J. Hawkinson 作)

둘째, 하나님 나라는 철저하게 가난한 자들의 나라이고 그들에게 속해 있다.

셋째, 해방신학의 하나님 나라는 매우 현실적이다. 하나님 나라는 백지 상태에 주어지는 것이 아니라 반(反)하나님 나라 세력과의 투쟁에서 생기고, 때문에 그것은 후퇴하기도 하고 전진하기도 한다.

넷째, 하나님 나라는 근본적으로 하나님의 선물이다. 소브리노에 의하면 하나님 나라는 "완전히 하나님의 주도에 의한 선물이자 은혜"이며 구띠에레스에 의하면 그 나라는 "하나님의 자유롭고 공로에 의존하지 않는 사랑이며 이것은 인간의 도덕적이거나 종교적인 노력에 의존하지 않는다." 이런 하나님 나라는 결코 일시적인 역사의 진보로 축소되거나 그것과 동일시될 수도 없다.

다섯째, 하나님 나라가 하나님의 선물임을 강조함과 동시에 그것이 인간에 의해 이루어지는 것임을 강조했다.

위와 같은 특징들로부터 우리는 해방신학의 신학방법론을 다음과 같이 정리하여 소개할 수 있다.

무엇보다도 해방신학의 방법론은 비성서적 이원론에 대한 거부로부터 시작된다.

1. 영혼과 몸의 구분을 극복
2. 개인과 공동체의 구분을 극복
3. 이론과 실천의 구분을 극복
4. 영원과 시간의 구분을 극복
5. 구원사와 우주적 역사의 구분을 극복

뿐만 아니라 해방신학은 신학의 출발점과 방향을 실천(Praxis)의 우위와 탈식민주의 신학에 두고 있고 사회과학적 분석의 도입과 이데올로기 비판, '가난한 자와의 연대'를 통한 새로운 사회의 건설을 향하고 있다. 이러한 면에서 해방신학은 기존 서구 신학과의 차별성을 드러내고 있다.

3. 현장 – 텍스트 – 현장

앞에서 필자는 해방신학이 지극히 성서적인 신학이라고 말했다. 해방신학은 그 신학적 성찰을 철저히 성서에 의존하고 있다. 그러므로 해방신학은 어느 신학보다도 그의 전개에서 성서의 관점과 생각을 중요시하고 그것을 모든 신학적 성찰의 출발점으로 삼고 있다.

필자는 이러한 해방신학의 성서중심성이 혹독한 탄압과 오해 속에서도 해방신학이 사라지지 않고 그 명맥을 유지할 수 있었고 지금까지도 그 영향력을 발휘하고 있는 이유라고 생각한다. 저명한 해방신학자들의 저서를 읽어보라. 그들에게서 성서를 제외한다면 남는 것은 아무것도 없을 정도로 그들의 저서는 성서의 내용을 풍부하고 다양하게 담고 있다. 그럼에도 해방신학은 결코 성서를 근본주의적이거나 문자주의적으로 해석하거나 적용하지 않는다. 그러면 해방신학은 성서를 어떤 방식으로 해석하고 있을까?

브라질의 해방신학자 프레이 베토(Frei Betto)는 "라틴아메리카 사제들은 성서를 세계를 바라보는 하나의 창문으로 간주하는 경향이 있다"고 말했다. 사제들이 성서라는 창문을 통해 세계를 바라보고 있다는 것이다.

그는 기초공동체의 사람들도 마찬가지로 성서를 통해 현재 그들의 상황에 대해 정확한 인식을 하게 되었다고 말한다. 이렇게 라틴아메리카 그리스도인들은 그들의 현장 경험을 통해 성서를 이해하면서 그들의 경험을 성서의 상징을 통해 재해석하고 있다.

신학적으로 표현한다면 〈현장경험 – 텍스트 – 현장경험〉의 해석학적 순환 고리가 형성된다고 말할 수 있다. 현장의 경험으로부터 출발하여 성서적 성찰이 이루어지고 그것은 또다시 현장의 경험으로 귀결되는 순환형태를 지니고 있다.

이러한 해석학적 순환에서 요한복음 12장 24절의 "밀알 하나가 땅에 떨어져 죽지 않으면 한알 그대로 남고 죽으면 많은 열매를 맺는다."는 말씀을 생각해 보자. 물론 이 말씀은 예수 자신의 죽음을 의미하고 있기는 하다. 그럼에도 이 말씀은 해방을 위해 투쟁하던 많은 사람들에게 실제로 발생했던 일들로 간주된다.

해방운동에 앞장서던 지도자가 암살 당하는 일은 라틴아메리카 해방운동에서 종종 발생하곤 했다. 수많은 사제와 신학자들 그리고 평신도들이 비참하게 암살당했다. 민중은 이러한 죽음을 바라보면서 요한복음의 예수의 말씀을 읽고 그들의 상황에서 해석했다. 그리고 그들의 지도자들의 죽음을 통해 많은 열매가 맺히고 있다는 것을 목격하곤 했다. 그리고 이를 통해 그들이 투쟁을 지속할 수 있는 힘을 얻었다.

성서와 현장의 경험이 상호작용을 하면서 삶과 신앙을 이어가도록 만들고 있었다. 성서의 시각에 비추어서 그들의 삶의 현장이 재해석되었으며 그것은 또 다른 행동의 열매를 맺도록 만들었다.

4. 해방적 해석학과 해방적 지식

그렇다면 해방신학의 성서해석은 다른 해석학과 어떤 면에서 차별성 있다고 말할 수 있을까? 해방신학의 해석학 형성에 있어서 지대한 공헌을 한 환 루이스 세군도(Juan Luis Segundo)에 의하면 "가난한 자를 위한 우선 선택" 자체는 해방신학의 궁극적인 목표도 주제도 아니다. 그것은 하나님의 말씀인 성서를 해석하기 위한 인식론적 전제이다. 그는 이러한 인식론적 전제에서 출발해 성서를 읽을 때 비로소 그 말씀의 진정한 의미가 무엇인가를 깨닫게 된다고 주장했다. 그러므로 그에게 가난한 사람의 입장과 그들의 눈으로 성서를 읽는 것은 성서해석학의 출발점이 된다.

이러한 성서 읽기와 해석은 전통적이고 유럽적인 해석학에 물들어 있는 우리의 모습을 제대로 바라보게 만든다고 주장한다. 이를 통해 우리는 지배적 지식과 해방적 지식의 차이를 온전히 깨닫게 된다.

해방적 지식은 지식을 이용하여 생산증대에 전력하게 만드는 지배적 지식과는 달리 날마다 새로운 세계를 추구하고 발견하게 만든다. 소유하고 독점하려는 지배적 지식과는 달리 나눔의 세계를 추구하게 만든다. 지식을 소유하고 지배하려는 욕망에서 벗어나서 그것을 이해하고 해석하려는 노력으로 우리를 인도한다.

해방적 지식은 우리의 행동을 스스로 정당화하거나 혹은 강제하지 않고 오히려 대화하고 질문하고 질문에 답하도록 인도한다. 경쟁하고 지시하는 삶에서 협력하고 참여하는 삶으로 인도한다. 현상 유지보다는 변화를, 일반화보다는 현장화를, 소비보다는 절약을 그리고 개체성보다는 공동체성을 추구하도록 한다.

5. 성서 해석과 삶의 현장의 변화

해방적 지식을 추구하게 만드는 해방신학의 성서해석의 목표는 무엇일까? 세군도에 의하면 그것은 한마디로 변혁, 해방이다. 정치·경제·문화적 해방에 이르는 것이다. 그것은 우리의 상황을 변혁하고 우리의 세계를 좀더 살기 좋은 세계로 만드는 것이다.

해방신학의 해석학은 우리가 성서의 내용에 대해 지식을 갖거나 해방에 대해 말할 수 있는 것을 목표로 하지 않는다. 해방신학의 해석학은 우리가 보다 더 해방적인 행위를 하게 함으로써 이 세계를 변혁하도록 이끈다. 그런 의미에서 세군도는 다음과 같이 말했다.

"라틴아메리카에서 가장 진보적인 신학은 해방에 대해서 말하는 것이 아닌 해방적 삶을 사는 것이어야 한다. 즉 가장 진보적인 신학은 우리가 해방에 대해 얼마나 많이 알고 있고 관심을 갖고 있는가를 설명하거나 주장하는 것이 아니라 보다 더 해방적인 삶의 행위와 실천에 관심을 갖는 것이다."

우리의 믿음을 가장 잘 보여줄 수 있는 길은 해방적 실천이다. 해방에 대한 믿음을 강화시키는 것을 넘어서서 그것을 살아가야만 한다. 이것을 위해 우리는 보다 더 해방적인 삶의 태도를 가져야 할 것이며 우리가 나아가야 할 하나님 나라를 보다 더 분명한 언어, 해방적이며 대안적인 언어를 사용하여 제시해야 할 것이다.

해방신학의 해석학은 전통 기독교의 해석에 많은 변화를 가져왔다.

해방신학은 해방에 대해서 말하는 것이 아니라 해방적 삶을 살아내는 것이다.

실제로 이러한 해석학 속에서 해방적 삶을 실천했던 라틴아메리카의 많은 그리스도인들은 성서해석이 단순한 문자적 해석이 아니라 삶의 변혁을 위한 해방적 행위와 연결되어야 함을 몸소 보여주었고 또 보여주고 있다.

신앙의 견고성은 어떤 특정한 교리에 대한 확고한 믿음으로 보이는 것이 아니다. 신앙의 견고성은 오직 예수 그리스도에 의해서 모범적으로 제시된 삶의 모델을 따르고 또 그에 헌신하는 삶의 행위로서 드러나는 것이다. 현장 – 텍스트 – 현장으로 이어지는 해방신학의 해석학적 순환 고리는 우리로 하여금 여전히 이 세계의 변혁을 위하여 그리스도교가 중대한 사명을 감당해야 함을 가르쳐 주고 있다.

10
생명의 하나님

1. 룩소르의 신전

　십여 년 전 성지 순례 도중 이집트의 룩소르(Luxor)라는 고대 도시를 방문했다. 거대한 돌기둥 수십 개로 장식되어 있는 고대 성전의 흔적을 구경하기도 했다. 대다수의 사람들은 엄청난 규모의 성전 흔적들을 보면서 놀라워하고 감탄했다. 정말 그랬다. 그 흔적들이 얼마나 웅장하던지! 우리 모두를 압도하기에 충분했다.

　그런데 그 순간 성전을 바라보고 서 있는 나의 마음에는 표현할 수 없는 슬픔과 고통이 몰려왔다. "이 거대한 성전을 만들기 위해 얼마나 많은 사람들이 희생되어야 했을까? 얼마나 많은 가난하고 힘없는 사람들이 죽어가야만 했을까?" 나는 거대한 성전의 흔적들을 바라보면서 그 거대함에 압도당하기 이전에 그 속에 스며 있는 가난한 사람들의 고통이 되살아나면서 힘들어지기 시작했다. 그리고 그러한 모든 희생과 고난이 그들이 믿는 신들과 황제의 이름으로 이루어졌음을 생각했다.

이러한 생각 끝에 또 다른 질문이 고개를 들기 시작했다. "그들이 믿는 신을 찬양하고 숭배하기 위해 건축된 거대한 성전들, 과연 그 성전들의 위용을 바라보면서 그들의 신은 기뻐했을까?" "그 신들은 자신을 위해 세워지고 바쳐진 성전의 위용을 바라보면서 흐뭇했을까?" 그리고 다른 한편으로 "사람들은 그러한 신을 진정으로 존경하고 또 그 신을 섬기는 것을 기쁨으로 감당했을까?"라는 질문이 일어났다. "나라면 거대한 성전을 지어 바칠 것을 요구하는 신, 그리고 그 과정에서 희생될 수밖에 없는 수많은 사람들의 고통을 아랑곳하지 않는 신을 섬길 것인가?"
　여러 가지 생각들이 나의 머릿속을 스쳐 지나갔다. 과연 우리의 신은 우리의 희생을 거침없이 요구하는 신일까? 희생을 요구하는 신! 자신을 섬기는 인간의 목숨까지도 요구하는 신! 그 신은 생명의 신인가, 혹은 죽음의 신인가? 우리는 오늘 어떤 신을 믿고 있는 것인가?

룩소르의 신전

2. 어떤 신을 믿고 있는가?

서구신학은 신에 대해 말하면서 주로 그의 존재에 대하여 관심을 기울여 왔다. 신의 존재 양식에 대하여 관심을 가져왔다. 어쩌면 서구신학에서 가장 중요한 것은 이처럼 신의 존재에 관한 것인지도 모른다. 신의 존재와 그에 대한 증명과 확신은 서구신학에서 가장 중요한 신학적 주제가 되기도 했다.

이와 같은 맥락에서 신의 부재라는 주제도 신학에 있어서 중요한 과제로 등장하게 된다. 신의 존재와 부재! 이러한 상황에서 미국과 유럽의 신학은 "하나님은 어디에 계시는가? 아우슈비츠를 비롯한 강제수용소에서 수백만 명의 유대인들이 죽어가고 있는데 하나님은 어디에 계시는가?" "이 시대에 어떤 신을 믿을 수 있을까?" 등의 주제가 관심을 끌기도 했다.

그러나 이러한 상황이 라틴아메리카 신학에서는 그다지 중요한 주제로 등장하지 않는다. 라틴아메리카 사람들의 하나님에 대한 생각은 매우 전통적이다. 그들은 설명할 수 없는 고난과 박해, 가난한 삶의 현장 가운데서 "하나님"의 존재에 대한 전통적인 믿음을 보여준다.

라틴아메리카의 가장 억압적인 정권들도 하나님을 믿는다고 말한다. 군사독재 정권에서 자행되었던 수많은 박해, 납치, 불법감금, 인권유린, 고문과 살해 등이 하나님의 이름으로 이루어지곤 했다. 억압정권의 최고 권력자들은 매 주일 미사에 참석하고 지역의 추기경, 주교들과 사귐을 가졌고 그들로부터 훌륭하고 고귀한 가톨릭 신자임을 인정받기도 하였다. 이들에게 하나님의 존재와 부재 문제는 관심의 대상이 되지 못했다.

심지어 아르헨티나의 한 군사독재 정권에 깊숙하게 관여했던 해군 제독은 "나는 두 주인을 섬긴다. 주일에는 하나님을 섬기고 평일에는 군사정권의 대통령을 섬기고 있다."라고 말하기도 했다. 이 군인은 후일 아르헨티나 군사정권의 대통령이 되었다. 그는 자신의 독재 정치와 신앙 사이에서 어떠한 갈등과 모순도 느끼지 않았다.

이처럼 신의 존재와 부재는 라틴아메리카에서 신학적으로 큰 관심을 끌지 못했다. 그러면 라틴아메리카 신학, 다시 말하면 해방신학은 신에 대해 어떤 관점을 가지고 있었을까? 혼 소브리노는 다음과 말했다.

> "신학(theo-logia)은 신(Theo)에 대하여 말하는(Logia) 것이다. 그럼에도 서구신학자들을 비롯한 많은 신학자들은 '신'(Theo)에 대하여 말하는 것보다는 '신학'(theologia)에 대하여 더 많이 말을 한다. 그런 연유로 우리는 그들의 글에서 '하느님'에 대한 언급보다는 다른 '신학자'들에 대한 언급이 더 많음을 보고 있다. 신학은 '신학'에 대해 말하기 보다 '신'에 대해 말해야 한다."

그런 의미에서 라틴아메리카의 해방신학은 신의 존재 혹은 부재에 대한 관심보다는 "어떤 신을 믿고 있는가?"에 그들의 관심을 집중하고 있다. 하나님의 존재를 넘어서서 하나님의 내용에 대하여 묻고 있는 것이다. 초월적인 존재로서의 하나님의 존재 양식 혹은 부재 여부를 묻는 것이 아니라 오히려 인간의 역사 안에서의 하나님의 현존과 그 현존의 내용에 대해 묻는 것이다.

라틴아메리카의 해방신학은 하나님에 대한 매우 독특한 경험을 가

해방신학은 우리가 어떤 신을 믿는가에 대해 질문한다.

지고 있다. 가난한 자들의 삶의 현장에서 만나고 체험한 하나님에 대한 고백이 그것이다. 그들은 가난한 이들의 삶의 현장 한복판에서 하나님을 만난다. 그리고 이러한 현장에서의 경험은 가난한 이들이 하나님이 어떤 분이신지 깨닫게 해주었다.

그러므로 라틴아메리카 해방신학이 중요시하는 것은 하나님의 존재 혹은 부재가 아니라 우상숭배의 문제다. 하나님의 존재를 인정하는 것을 넘어서서 어떤 신(하느님)을 믿고 있느냐 하는 것이다. 생명의 하나님을 믿느냐 혹은 가난한 사람들의 희생과 고통 심지어는 죽음까지도 아랑곳하지 않고 오직 자신만을 섬기고 화려한 성전을 짓고 체제의 안정을 추구하는 죽음의 신을 믿느냐에 대해 문제를 제기하고 있는 것이다.

그렇다면 신의 부재가 아니라 어떤 신을 믿고 있는가에 대해 질문하는 해방신학은 어떤 하나님(신)에 대해서 말하고자 하는 것일까? 해방신학이 말하는 하나님은 어떤 신일까? 어떤 신을 믿고 있느냐 하는 것, 다시 말하자면 내가 믿고 있는 신의 정체와 성격이 어떠하냐 하는 점은 매우 중요하다. 왜냐하면 그 내용이 나의 삶의 방식과 형태를 결정짓기 때문이다. 우리가 의식적이든 무의식적이든 우리가 믿고 있는 하나님에 의해서 우리의 삶의 모습이 만들어져가고 있기 때문이다.

3. 생명의 하나님

가난한 사람들이 그들의 삶의 현장에서 발견한 하나님은 무엇보다도 그들의 생명을 창조하고 보호하고 유지시키는 생명의 하나님이었다. 아니 하나님은 생명의 하나님일 수밖에 없었다. 가난한 사람들의 생명을 가볍게 여기고 그 존엄성을 인정하지 않으면서 자본 축적을 위한 소모품으로 취급하는 신은 그들의 하나님일 수 없었다. 그들에게는 오직 생명의 하나님 외에는 그 어떤 신도 그들의 신이 될 수 없었다. 해방신학은 가난한 사람들이 만나고 경험한 그 하나님을 신학적으로 성찰하였을 뿐이다. 따라서 가난한 사람들의 삶의 현장에서 만나고 체험한 생명의 하나님은 해방신학이 다음과 같이 하나님에 대해 말하도록 했다.

1) 편파적인 하나님(Partial God)

일반적으로 우리는 하나님은 공평하신 분이라고 믿고 있다. 공평은 어느 쪽으로도 치우치지 않는 중간적인 입장(Neutral)으로 이해되었다. 라틴아메리카의 해방신학은 하나님의 공평을 철학적인 개념을 넘어서서 사회학적이며 실천적인(프락시스적) 면에서 이해한다. 공평은 단순한 중립적인 위치를 뛰어넘어야 한다.

사회학적이며 실천적인(프락시스적) 면을 고려하지 않는 공평은 오히려 편파적이다. 하나님의 공평하심은 그가 가난하고 약하고 그리고 소외된 사람들 편에 서 있음으로 진정한 공평함이 이루어진다는 것이다. 편파성으로부터 출발되는 공평은 우리가 믿고 있는 하나님이 죽음의 하나님이 아니라 생명의 하나님임을 보여주고 있다는 것이다. 하나님은 생명의 편에 서 있는 분이시다.

해방신학의 하나님은 자신의 백성들이 죽음의 길에 들어서는 것을 보면서 혹은 죽음이 자신의 백성의 생명을 위협하는 것을 목격하면서도 중립적인 태도를 취하는 무표정하고 무감각적인 공평의 하나님이 아니다. 우리의 하나님은 가난한 사람, 억눌린 사람 그리고 소외된 사람의 편에 서시는 편파성을 통하여 온전한 공평을 이루어 내고 있다. 이런 의미에서 해방신학이 주장하는 하나님의 공평함은 기울어진 공평이다.

영국 케임브리지 대학의 경제학과 장하준 교수는 그의 저서 『나쁜 사마리아인들』(Bad Samaritans)에서 기울어진 운동장이라는 개념을 소개하고 있다. 그는 공평함이라는 개념에 대하여 근본적인 질문을 던진다. 공평한 경쟁이 무엇인가라는 질문이다.

그는 경기를 하는 두 사람 사이에 존재하는 엄청난 차이점을 전혀 고려하지 않은 채 평평한 운동장에서 똑같은 조건으로 경기를 하라는 것은 지극히 불공평한 것이라고 말한다. 그러면서 존재하는 차이를 극복하기 위해서 '기울어진 운동장'에서 약한 사람은 위에서 아래를 향해 공을 차고 그리고 강한 사람은 아래에서 위를 향해 공을 차는 경기를 해야 그것이 진정한 의미에서의 공정함이라고 주장했다.

장하준 교수의 말의 요지는 결국 진정한 자유무역과 공정한 거래는 마치 기울어진 운동장에서 위에서 아래를 향해 가난한 나라가, 아래에서 위를 향해 부자 나라가 축구경기를 하는 것과 같은 것이 되어야 한다며 전 세계가 잘살려면 가난한 나라에서 경쟁을 할 수 있도록 어떤 것을 키울 동안에 부국은 기다려줘야 한다는 것이다.

장 교수의 '기울어진 운동장' 이론은 경제를 향한 것이기는 하지만 오늘 그런 측면에서 생각해 보면 하나님의 공평도 마찬가지다. 하나님의 공평은 상황을 고려하지 않은 냉정하고 차가운 공정함이 아니다. 어찌 보면 하나님의 공평함은 '기울어진 운동장'과 같다.

하나님의 공평하신 은혜도 마찬가지다. 하나님의 공평은 어렵고 힘든 자에게 더욱 가까이 하시고 힘을 주시고 격려해 주시는 것으로 나타난다. 강하고 높은 자리에 있는 사람에게는 더욱 더 많은 것을 주시는 것이 아니라 오히려 그들에게 겸손함을 가르치고 아래로 내려갈 수 있는 겸양을 훈련시킴으로써 결국 이 세상을 공평하게 다스리시는 공평하신 하나님이다.

병든 자에게는 치유의 은총을 베푸신다. 그러나 건강한 자에게는 건강한 몸으로 세상을 향하지 않도록 절제의 은총으로 함께 하신다. 못 가진 사람들에게는 가진 것에 만족하고 그 안에서 하나님의 사랑과 은혜를 발견할 수 있도록 감사와 찬양의 은사를 더해 주신다. 가진 사람들을 향해서는 나눔과 베풂을 위한 포기의 은사를 더해 주신

렘브란트의 〈돌아온 탕자〉. 하나님의 사랑은 우리 사회의 잃어버린 이들에 대한 편파적 관심에 연결되어 있다.

다. 그것이 하나님의 공평하심이다.

하나님의 은혜와 은사는 모두에게 똑같은 형태로 내리는 것이 아니다. 하나님은 우리 모두에게 공평하게 우리의 사정과 형편에 맞추어서 은혜를 베풀어 주신다. 하나님의 공평하심은 이처럼 '기울어진 운동장'에서 경기하는 것과 같다.

하나님의 공평하심은 우리 모두를 살려 주시는 생명의 공평함이다. 하나님의 공평하심과 정의로우심은 결국 악인들이 회개하고 죄에서 돌이켜서 하나님께로 돌아오게 함으로써 그들을 살려주시려는 것이다. 하나님이 공평하신 까닭은 우리가 어떠한 처지에 있든지 우리를 살려 주시고 새로운 생명을 주시기 위함이다.

해방신학의 하나님은 '기울어진 운동장'과 같은 우리 스스로의 공평을 이해하고 우리 삶의 현장에서 진정한 공정함을 모색하며 우리 사회에 존재하는 여러 차별과 차이를 극복해 나갈 것을 요구하고 있다.

2) 무감각의 신(apathetic God)에서 열정적인 신(passionate God)으로

하나님은 자기 백성들의 고통을 팔짱만 낀 채 바라보지 않으신다. 해방신학의 하나님은 자신의 백성들과 함께 울고 웃고 분노하고 즐거워하고 행복해하는 열정의 신이다.

예수의 성육신도 이 같은 하나님의 열정으로부터 이해된다. 하나님은 이집트에서 울부짖는 백성들의 외침을 듣기 위해 귀를 기울였고 그들의 신음소리에 열정적으로 응답했다. 하나님은 직접 백성들의 삶의 한복판에 와서 그들과 함께 걸어가신다. 구름과 불기둥으로 함께 함으로써 자신이 무감각의 신이 아니라 열정의 하나님임을 보여준다.

대부분의 사람들은 하나님에 대해 상상할 때 자기도 모르는 사이에 우리가 오랫동안 학습해 온 남성적 이미지를 하나님께 투영하곤 한다. 그래서 하나님은 강한 신이시며 따라서 어떠한 경우에도 울거나 웃거나 와 같은 감정을 보이지 않는 존재라고 상상한다. 그리스도인들뿐만 아니라 많은 종교인들이 자신들이 믿고 있는 신에 대해 이렇게 생각하고 있다. 울음 혹은 웃음과 감정이 있는 신은 신이 아니며 비록 신이라고 인정한다고 할지라도 그는 유약한 신일 수밖에 없을 것이라고 생각한다.

이처럼 사람들은 자신들이 믿고 있는 신에 대해 무감각한 신, 울거나 웃지 않고 묵묵히 자신의 일만 하는 신이라는 인상을 갖고 있다. 과연 하나님은 눈물도 감정도 없으신 무감각한 분이실까? 만일 하나님께 눈물이 있다면, 언제 눈물을 흘리시며 슬퍼할까?

열정의 하나님을 전제할 때 해방신학은 가난한 사람들의 아픔과 고통에 함께 아파하며 눈물 흘리는 하나님을 고백한다.

① 탄식의 소리를 들으시는 하나님

요셉의 이집트 진출 그리고 야곱의 온 가족이 기근을 피하여 이집트에 와서 살게 된 지도 400년이 넘어서고 있었다. 요셉 이후 이스라엘 백성들은 점차 이집트의 주류 사회에 편입되지 못하고 주변인으로 전락하고 말았다. 그들은 이집트 왕국의 노예가 되어 버렸으며 사회의 궂은일을 담당하는 하층민으로서의 삶을 살아가고 있었다.

그것뿐만 아니다. 이집트 지배층은 이스라엘 사람들의 급속한 번성과 왕성한 생활력에 대해 경계하고 시기하여 여러 형태로 그들을 탄압하고 억압했다. 결국 이집트에서 살아가는 이스라엘 사람들의 삶은 너무나도 비참해지고 말았다.

하나님은 우리의 고통을 함께 아파하시며 눈물을 흘리며 그 울부짖음을 들으신다.

인간의 삶이라고는 도저히 말할 수 없는 그런 상황이었다. 그들은 날마다 신음소리를 내면서 고통의 삶을 살아가고 있었다. 바로 그때 하나님이 이스라엘 백성들의 고통의 소리를 들으시고 이스라엘 백성과 맺은 약속을 기억함과 동시에 그들의 딱한 처지를 돌아보시게 되었다. 해방신학은 가난한 이들의 탄식 소리를 들으시는 하나님의 개념으로부터 그 신론을 전개한다. 가난한 이들의 삶의 현장 밑바닥으로부터 들려오는 외침과 탄식 소리에 귀를 기울이고 응답하고 행동하시는 하나님이 바로 해방신학 하나님 이해의 출발점인 것이다.

② 인간의 고통과 하나님의 눈물

하나님의 눈물은 인간의 고통과 관련이 있다. 성서의 하나님은 인간의 고통 소리에 귀 기울이시는 분이시다. 성서의 말씀에 주의를 기울여 보면 출애굽 당시 이스라엘 사람들이 직접 하나님께 호소한 것 같지는 않다. 어쩌면 이들은 오랜 이집트 생활을 통해 오히려 하나님을 잊은 채 살아왔고 하나님의 백성으로서의 정체성과 자부심을 이미 상실한 상태였을지도 모른다. 그들이 한 일이라고는 "고통스러운 삶의 연속에서 한숨을 쉬는 것뿐"이었다. 그런데 바로 그들이 내는 한숨소리를 하나님이 들으셨던 것이다.

분명한 사실은 그들이 먼저 하나님을 기억하고 하나님께 호소함으로써 하나님이 들으신 것이 아니라는 것이다. 그들의 한숨소리가 하나님에게까지 이르게 된 것은 하나님이 먼저 귀를 기울이셨기 때문이다.(출 2:23~25)

출애굽기의 경우 '하나님이 이스라엘 백성들의 울부짖는 소리를 들으셨다.'라고 간단하게 기록하고 있지만 우리는 그 행간에 놓인 하나님의 마음을 읽을 수 있다. 하나님은 이스라엘 백성들의 울음 소리를 아무런 감각 없이 팔짱만 끼고 듣고 계신 것이 아니었다. 만일 하나님의 들으심이 그런 무감각한, 아무런 감정의 동요도 일어나지 않는 담담한 것이었다면 이스라엘 백성을 구원하기 위한 출애굽 사건은 일어나지도 않았을 것이다. 그리고 이스라엘 백성의 구원뿐만 아니라 오늘 우리의 구원의 가능성은 애초에 존재하지 않았을 것이다.

하나님의 들으심은 그런 것이 아니다. 하나님은 우리의 고통을 함께 아파하시며 눈물을 흘리며 그 울부짖음을 들으신다. 성서는 "이스라엘 자손의 종살이를 보시고 그들의 처지를 생각하셨다."(출 2:24~25)라고 분명하게 기록하면서 이스라엘 백성의 고난에 대한 하나님의 함께 아파하심을 증언하고 있다.

하나님은 이스라엘 백성, 아니 자신의 백성이 고생하는 것을 보면서 그들의 처지를 동정하셨다. 동정은 고통을 함께 나누는 것이다. 아파하는 사람과 함께 아파하고 눈물을 흘리는 것이다. 하나님은 이스라엘 백성의 종살이하는 처지를 동정하셨다.

하나님이 직접 눈물을 흘리셨다는 기록은 성서에서 찾아볼 수 없지만 그것이 우리의 하나님이 무감각한 분이심을 보여주는 것도 아니다. 자녀들이 아파하고 고통당할 때 눈물 흘리지 않는 부모는 없을 것이다. 그러나 그렇다고 자녀들 앞에서 부모로서 눈물을 보이지는 않는다. 아무도 보지 않는 곳에서 가슴에 멍이 들도록 치며 통곡할지언정, 자녀들 앞에서는 눈물을 보이지 않는 것이 부모다. 그런 것처럼 성서의 직접적인 기록은 없다고 하더라도 성서의 곳곳에서 그리고 우리의 고통스런 삶의 현장에서 하나님의 눈물과 그분의 가슴앓이를 우리는 분명히 느끼고 만날 수 있다.

해방신학의 하나님은 이런 가슴앓이로부터 일하신다. 해방신학은 가난한 사람들의 삶의 현장에서 가슴 아파하는 하나님의 모습을 발견하고 그 하나님을 신학의 출발점으로 삼았다. 하나님은 무감각한 분이 아니다. 자신의 자녀들이 고생하는 것을 보면서 아무런 감정의 동요도 없으신 채 철저하게 객관적인 입장으로 그 상황을 판단하고 가만히 내려다보시는 분이 아니다. 하나님은 우리의 고난과 고통을 함께 겪으시면서 한없는 눈물을 흘리시는 분이다. 우리의 하나님은 우시는 하나님, 눈물을 보이시는 하나님이다. 그 눈물은 하나님의 약함을 드러내는 증거가 아니다. 오히려 눈물 속에서 무한한 하나님의 사랑의 힘을 발견하게 된다.

③ 하나님의 웃음, 웃지 않는 하나님?

열정의 하나님에게 있어서 눈물 흘리시는 하나님의 개념은 대부분의 사람들에게 받아들여지곤 한다. 그런데 열정은 슬픔의 감정뿐만 아니라 즐거움의 감정도 내포한다. 다시 말하면 웃으시는 하나님에 대한 생각이다. 그런데도 우리는 성서 어디에도 하나님의 웃음이 언급되지 않고 있음을 발견하고 당황한다. 성서에서 하나님이 웃으셨다는 기록은 찾아볼 수 없다. 예수의 경우에도 마찬가지다. 예루살렘을 바라보시며 또 친구 나사로가 죽었을 때 우셨다는 기록은 있지만 웃으셨다는 기록은 어디에서도 찾아볼 수 없다.

웃는 예수

하나님과 예수님의 활짝 웃으시는 모습은 결코 찾아볼 수 없는 것일까? 웃으시는 하나님의 모습은 존재하지 않는 것일까? 물론 성서가 하나님 혹은 예수님의 웃음에 대한 기록을 남기고 있지 않은 것은 사실이다. 그러나 그것이 하나님은 결코 웃지 않는 분이라는 것을 말하는 것은 아니다.

오히려 성서의 여러 기록에서는 하나님을 기뻐하실 줄 아는 분이라고 묘사하고 있음을 발견한다. 기뻐하시는 하나님의 모습은 곧바로 하나님의 웃음과 연결된다. 하나님은 웃을 줄 아시는 분, 그리고 기뻐하실 줄 아는 분이라는 것이다. 성서는 하나님은 기뻐하기를 좋아하는 분이시며 특히 자신이 자신의 형상으로 만든 인간으로 인해 기뻐하시기를 바라는 분이심을 명백히 하고 있다.

스바냐 3장 17절에는 "주 너의 하나님이 너와 함께 계신다. 구원을 베푸실 전능하신 하나님이시다. 너를 보고서 기뻐하고 반기시고, 너를

10. 생명의 하나님

사랑으로 새롭게 해주시고 너를 보고서 노래하며 기뻐하실 것이다."라고 기록하고 있다. 곧 하나님이 우리로 인해 웃으신다는 말씀이다.

④ 하나님의 웃음을 위한 인간의 노력
종교의 역사는 자신들이 섬기고 있는 신을 기쁘게 하기 위한 인간의 노력 행위들을 전하고 있다. 어떻게 하면 신을 만족시키고 그로 하여금 자신에게 복을 내리게 할 수 있을까를 고민한 역사가 종교사라는 것이다.

"내가 주님 앞에 나아갈 때에, 높으신 하나님께 예배드릴 때에, 무엇을 가지고 가야 합니까? 번제물로 바칠 일 년 된 송아지를 가지고 가면 됩니까? 수천 마리의 양이나, 수만의 강 줄기를 채울 올리브 기름을 드리면, 주님께서 기뻐하시겠습니까? 내 허물을 벗겨 주시기를 빌면서, 내 맏아들이라도 주님께 바쳐야 합니까? 내가 지은 죄를 용서하여 주시기를 빌면서, 이 몸의 열매를 주님께 바쳐야 합니까?" (미 6:6~7)

사람들은 신을 만족시키고 기쁘게 하기 위해 별별 일들을 다했다. 심지어는 사람을 바치기도 했다. 자신의 목숨을 드리기도 했다. 동물 희생 제사를 드림으로써 신을 기쁘게 하려고 했다. 그런데 과연 그런 것들로 하나님을 기쁘게 하고 그 얼굴에 웃음이 떠오르도록 할 수 있을까?

⑤ 하나님을 웃게 만드는 것들
하나님을 기쁘게 또 웃게 하기 위해 하나님이 가장 원하시는 것이 무엇인가를 파악하는 것은 매우 중요하다. 그렇지 않으면 우리의 잘못된

행위가 오히려 하나님께 기쁨과 웃음이 아닌 괴로움과 실망을 드릴 수 있기 때문이다. 예언자 아모스와 말라기는 이러한 하나님의 심정을 다음과 같이 말하고 있다.

"나는, 너희가 벌이는 절기 행사들이 싫다. 역겹다. 너희가 성회로 모여도 도무지 기쁘지 않다. 너희가 나에게 번제물이나 곡식제물을 바친다 해도, 내가 그 제물을 받지 않겠다. 너희가 화목제로 바치는 살진 짐승도 거들떠보지 않겠다. 시끄러운 너의 노랫소리를 나의 앞에서 집어치워라! 너의 거문고 소리도 나는 듣지 않겠다." (암 5:21)
"너희 가운데서라도 누가 성전 문을 닫아 걸어서, 너희들이 내 제단에 헛된 불을 피우지 못하게 하면 좋겠다! 나는 너희들이 싫다. 나 만군의 주가 말한다. 너희가 바치는 제물도 이제 나는 받지 않겠다." (말 1:10)

무엇이 하나님을 웃게 만들까? 특히 예언자 미가는 하나님을 웃게 하는(기쁘시게 하는) 세 가지의 경우를 지적한다. 첫째는 정의를 실천하는 것이고 둘째는 인자(仁慈)를 사랑하는 것이다. 그리고 마지막으로 겸손히 하나님과 함께 행하는 것(미 6:8)이라고 말한다.

무엇보다도 하나님을 기쁘게 해드리는 것은 하나님의 백성들의 올바른 삶이다. 정의를 실천하는 삶이다. 다른 말로 표현하면 하나님의 백성답게 살아가는 것이다. 그것이야말로 가장 하나님을 기쁘게 하고 하나님의 얼굴에 웃음이 사라지지 않게 하는 길이다.

미가가 살던 시대는 정의가 사라지고 온갖 불의가 판치는 세상이었다. 정직하게 살고자 하는 사람들은 오히려 무능하다고 조롱을 받고 무

불의한 시대를 향해 정의의 회복을 촉구하는 미가 예언자

시당했다. 의인들의 삶이 사람들에게 전혀 존경 받지 못했다. 하나님의 뜻을 외면하고 자기 마음대로 살아가는 불의한 사람들이 흥하는 세상이었다.

그런데 우리를 당혹하게 만드는 것은 무엇보다도 이런 불의한 사람들이 아이러니하게도 가장 종교적인 사람으로 살아가고 있었다는 사실이다. 그들은 야웨 종교에 충실했고 하나님께 제사를 드리고 제물을 바치는 데 전혀 인색하지 않은 사람들이었다. 많은 것을 하나님께 제물로 바쳤다.

그들은 표면적으로 하나님께 인정을 받는 사람들처럼 보였다. 사회적으로 성공했고 종교적으로도 흠을 발견하기 어려웠다. 그런데 하나님은 그들을 기뻐하지 않으셨다. 하나님은 그들이 바친 수많은 제물과 희생에 대해 기뻐하지 않으셨고, 그들의 불의한 삶은 오히려 하나님의 얼굴에서 웃음이 사라지게 만들었다. 그 이유는 단 한 가지다. 그들은 정의로운 삶, 하나님의 뜻 가운데서 올바르게 살지 못했던 것이다. 우리가 분명히 알아야 할 것은 정의로운 삶을 실천하지 않은 채 하나님께 드리는 제물과 희생은 결코 하나님을 기쁘게도 웃게 하지도 못한다는 사실이다.

또 미가는 인자(仁慈) 사랑을 강조한다. 인자는 자비를 의미한다. 자비를 베푸는 것을 사랑하는 삶이 하나님을 웃게 만드는 것이라는 지적이다. 자비(慈悲)는 "어머니의 자애로운 사랑으로 슬퍼하는 마음"을 의미한다. 또한 자비는 라틴어로 'misericordia'다. 이 말은 "가슴으로부터 슬퍼하는 상태"를 의미한다. 동양이나 서양이나 자비라는 말이 어원적으로 같은 의미를 갖고 있다는 것은 놀라운 발견이다. 이렇게 보면 자비는 하나님의 마음이 아닐 수 없다.

기쁨과 웃음은 자비로부터 시작된다. 하나님을 기쁘게 하고 그의 얼굴에 웃음이 깃들게 할 수 있는 것은 우리 모두가 이웃을 향하여 자비를 베풀 수 있는 삶을 살아가는 것이다.

미가는 그러한 삶의 모습을 인자를 사랑하는 것, 다시 말하면 자비를 사랑하는 것이라고 말하고 있다(to love mercy). 자비의 삶에 빠져들라고 하는 것이다. 자비를 의무적으로 베푸는 것이 아니라 자비를 베푸는 삶을 사랑하라는 것이다. '자비의 삶과 사랑에 빠지다' (fall in love with mercy)라는 말로 표현할 수 있는 것이다. 이렇게 자비는 마음속 깊은 곳으로부터 저절로 터져 나와서 그렇게 하지 않고서는 견딜 수 없는 그런 것이다.

해방신학은 분명히 말하고 있다. 하나님은 그의 마음속 깊은 곳으로부터 자비의 마음으로 우리를 사랑하신다는 것이다. 그래서 바울은 하나님께서 우리가 아직 죄인 되었을 때 우리를 사랑하셨음(롬 5:8)을 분명히 하고 있는 것이다.

4. 무신론을 넘어서

요즘의 신앙의 문제는 신의 존재에 관한 것이 아니다. 신의 존재나 부재는 더 이상 현대인의 관심이 되지 못하고 있다. 문제는 어떤 신을 믿고 있느냐다. 즉 이 시대 신앙의 문제는 우상 숭배의 문제다. 생명의 하나님을 믿느냐 혹은 맘몬이라는 거짓 신을 믿느냐가 우리의 관심사이다. 오늘 우리는 과연 어떤 신을 믿고 살아가고 있는 것일까?

이런 면에서 가난한 사람을 향한 우선적 선택을 주장하는 해방신학은 분명한 어조로 말한다. "우리는 우리를 죽음으로 몰고 가는 죽음의 신, 맘몬이 아니라 우리에게 진정한 생명, 풍요로운 생명을 주시는 생명의 하나님, 편파적 하나님과 열정의 하나님을 믿는다."

고대 근동에서 유아 희생제물을 받은 우상 몰록(Moloch). 이 이름은 구약성서에서 '바알'('주인'이라는 뜻)을 가리키는 다른 이름으로 종종 사용되었다.

11
해방자 예수

1. 신앙의 중심, 예수 그리스도

　기독교 신앙에서 가장 중요한 주제는 무엇보다도 예수 그리스도에 대한 신앙고백과 관련된 문제일 것이다. 해방신학뿐만 아니라 그리스도론은 기독교 교리사에서 늘 논쟁거리가 되어 왔을 뿐만 아니라 초기 기독교 역사에 나타난 여러 공의회의 신학적 주제이기도 했다.
　초기 교회 공의회들을 통해 결정된 그리스도론은 신구교를 망라하여 기독교의 가장 기본적인 신학적 가르침을 남겼다. 이처럼 기독교의 핵심내용인 예수에 대해 해방신학은 어떤 생각과 주장을 펼치고 있을까?
　사실 초기의 해방신학자들에게 예수의 행적과 위상은 큰 관심거리가 되지 못했다. 그럼에도 여러 뛰어난 해방신학자들에 의해서 예수는 꾸준히 연구되어 왔고 신학의 해석과 실천에 있어서 매우 중요한 주제로 부상했다. 그 후 여러 단계를 거치면서 대부분의 해방신학자들에게 그리스도론은 가장 중요한 신학 주제로 자리 매김을 하게 되었다.

2. 해방자 예수

해방신학의 그리스도론에서 보프의 저서『해방자 예수 그리스도 : 우리 시대의 비판적 그리스도론』(1972)은 독보적인 저술이라고 볼 수 있다. 보프는 이 저서를 통하여 해방의 관점에서 예수에 대한 통전적 시각을 소개함으로써 해방신학 그리스도론 형성에 초석을 놓았다.

보프 이외에도 라울 비달레스(Raul Vidales), 세군도 갈릴레아(Segundo Galilea)와 이그나시오 엘라꾸리아(Ignacio Ellacuria) 등의 저서도 해방자 예수에 대한 시각을 소개하였다. 그중에서도 혼 소브리노의「라틴아메리카의 그리스도론 : 역사적 예수로부터 출발하는 개요」(Cristologia desde America Latina: Esbozo a partir del Jesus Historico, 1976)는 해방신학 그리스도론의 발전에 결정적인 역할을 했다.

『해방자 예수 그리스도』(1972년)

혼 소브리노는 예수는 실질적인 해방의 과정으로부터 이해되어야 한다고 주장했다. 그는 해방의 과정으로부터 출발되는 예수에 대한 이해가 예수의 사역과 그의 생애를 축소적으로 해석하는 것은 아니라고 말하면서 그러나 이 같은 과정 없는 예수에 대한 전반적인 이해는 존재하지 않는다고 말했다. 또 그는 라틴아메리카의 해방의 운동 안에서 그리스도론이 새롭게 해석되어야 한다고 말했다.

3. 새로운 시각의 그리스도론

이처럼 해방신학은 우리가 그리스도에 대해 새로운 관점으로 바라보기를 요구한다. 그것은 다름 아닌 불의하고 가난한 라틴아메리카의 사회 현실에서 희생과 인내를 요구하던 전통적 그리스도의 이미지를 극복할 뿐만 아니라 오히려 그러한 이해로부터의 절연을 통해 예수 그리스도의 모습을 새롭게 성찰해 보자는 요구이다.

불의와 가난으로 점철된 사회 안에 계신 예수 그리스도는 전혀 다른 모습으로 우리에게 다가오는 것이다.

해방신학의 역사적 예수에 대한 관심은 한편으로 혁명가 예수의 이미지를 구축하기도 했다.

해방신학은 "상황의 변화를 위한 그리스도교적 방법의 모색"에 대해 관심을 갖고 그리스도론을 전개한다. 다시 말해 역사적 상황에서 발생하는 구체적인 문제에 대한 실제적이고 의미 있는 답변을 주는 그리스도론을 말하고자 한다. 현실 상황으로부터 출발하는 예수에 대한 생각은 새로운 해석의 방법을 가능케 했다. 다음은 해방신학 그리스도론의 특징들이다.

① 해방신학은 그리스도론의 신학적 주제 선택에 있어서 변화를 가져왔다. 해방신학자들에게 예수의 신성과 인성, 창조 전 존재의 여부, 단성론 등 전통적인 신학논쟁은 그리 중요하지 않다. 전통적 신학주

제 중에서 이들에게 중요하게 등장하는 것은 예수 생애의 신비, 그의 역사적 사역, 불의한 권력을 향한 고발, 그의 죽음과 해방으로서의 부활 등이다.

② 해방신학의 그리스도론은 새로운 선교신학과 선교방법을 가능케 했다. "일그러진 얼굴의 라틴아메리카 대륙의 상황, 억압받는 민중의 삶은 예수 그리스도의 선교와 깊은 연관을 맺고 있다."고 말한다. 이런 의미에서 예수의 선교는 비인간적인 상황에 처해 있는 민중의 해방을 지향하며 따라서 민중은 예수를 해방자로서 생각하고 사랑했다는 것이다. 예수의 선교는 해방적 선교이다.

③ 이러한 접근은 해방신학으로 하여금 역사적 예수에 관심하도록 만들었다. 하나님의 성육신으로서의 나사렛 예수를 가까이 하게 될 때 우리는 그의 가르침만 아니라 구체적인 역사의 현장에서 치열하게 살아온 그의 삶에 대해 묻는 것이 더욱 중요한 과제라는 것을 깨닫는다. 예수는 자신의 역사적 삶을 통해 해방자로서의 분명한 삶의 모습을 우리에게 보여주었다. 해방신학은 역사적 예수에 대한 관심을 통해 우리가 지금까지 알고 있던 "반동적이며, 비성서적, 비역사적 그리고 서구문화의 기수로서 이상화"되어 있는 전통적 예수상을 넘어서서 "혁명적이고 성서적이며 역사적, 상황적으로 토착화"되어 있는 새로운 얼굴의 예수를 보여주었다.

④ 해방신학의 그리스도론은 예수 따르기를 신앙의 가장 구체적인 표현이라고 규정한다. 예수의 역사적 삶을 통해 우리는 그리스도를 새롭게 경험하게 된다. 그리고 역사적 예수의 삶에 대한 기억은 우리로 하여금 우리의 구체적이고 역사적인 상황에서 예수를 믿는다는 것

이 무엇인가에 대해 깊게 성찰하도록 만든다. 예수를 믿는다는 것은 우리의 내면 세계에서 그에 대한 신앙을 고백하는 것을 넘어서는 것이다. 예수는 구체적인 상황에서 억눌리고 가난한 사람들의 외침으로부터 출발해 해방자로서 끊임없이 현실에 대한 도전을 그치지 않았다. 이를 기억하기에 우리가 그리스도를 믿는다는 것은 "해방의 실천을 통한 정치적 자비행위로 나타나야 하며, 그 경험은 가난한 자들의 외침을 들음과 동시에 그들과 연대하는 행위"이다.

⑤ 해방신학의 그리스도론은 가난한 이들의 삶을 신학행위의 현장으로 간주한다. 라틴아메리카 대륙의 가난한 삶의 현실은 역사적 예수가 살아갔던 삶의 정황과 동일시된다. 그러므로 해방자 예수를 이해하기 위해서는 가난한 사람들의 삶의 현장은 신학행위의 직접적인 현장이다. 현장과 결별된 신학자나 종교인은 진정한 의미의 그리스도를 알지 못하고 있다.

해방신학의 그리스도론은 우리에게 진정한 의미의 신앙이 무엇인가를 분명하게 보여주고 있고 오늘의 삶의 현실에서 그리스도인들이 어떤 삶을 살아가야 함을 가르쳐 주고 있다.

4. 혼 소브리노의 그리스도론

혼 소브리노는 라틴아메리카 신학에서 그리스도론 전개에 있어서 독보적인 위치를 차지하고 있는 해방신학자이다. 그는 그리스도론을 그의 전 생애에 걸쳐서 발전시켜 왔다. 그중에서도 그의 그리스도에 대한 생각은 두 권의 저서를 통해 가장 분명하게 나타나 있다.

첫 번째 저서는 『해방자 예수』(*Jesucristo Liberador. Trotta*, 1991년)이고, 두 번째는 『예수 안의 믿음. 피해자로부터의 생각』(*Fe en Jesucristo. Ensayo desde las victimas. Trotta*, 1999년)이다. 그리고 앞에서 언급한 논문, 「라틴아메리카의 그리스도론 : 역사적 예수로부터 출발하는 개요」이다.

소브리노의 그리스도론의 특징은 그리스도인이 되기 위해서 그리스도의 주 되심을 고백하는 것만으로는 충분하지 않다는 것이다. 그에게 그리스도인의 신앙고백은 얼마든지 다른 목적하에 이루어질 수 있다는 것이다. 즉, 그리스도의 이름을 이데올로기적으로 이용할 수도 있을 것이다. 실제로 소브리노는 그리스도에 대한 신앙고백이 많은 경우 일정한 그룹의 이기적인 관심과 이익을 대변하기 위해 잘못 사용되었음을 강하게 지적했다. 그는 다음과 같이 말했다.

"그리스도론은 좋은 목적으로 사용될 수 있다. 그러나 나쁜 목적으로

예수에 대한 관점과 해석은 역사 속에서 다양하게 나타난다.
그림은 라틴아메리카의 해방자로 이미지화 한 예수 그리스도.

도 얼마든지 사용될 수 있음을 기억해야만 한다. 우리는 기독교 역사에서 매우 이단적인 그리스도론들이 존재했음을 기억해야 한다. 이러한 잘못된 그리스도론은 성서가 보여주고 있는 나사렛 예수와는 전혀 다른 모습의 예수를 우리에게 보여주기도 했다."

이제부터 소브리노의 논문, 「라틴아메리카의 그리스도론 : 역사적 예수로부터 출발하는 개요」를 중심으로 그의 그리스도에 대한 생각들을 살펴보자.

5. 해방신학의 그리스도

소브리노는 무엇보다도 해방신학적 시각에서 라틴아메리카의 역사적 상황으로부터 그리스도를 바라보고자 했다. 이런 면에서 소브리노는 유럽신학의 그리스도론의 역사상황적 부적절성을 강하게 비판하였던 구띠에레스, 아스만, 비달 등과 같은 선상에 서 있다. 이들은 라틴아메리카에서의 그리스도론은 해방적 실천의 측면에서 전개되어야 한다고 주장했다.

그렇다. 라틴아메리카의 불의한 상황에서 억울하게 억압받는 민중의 비참한 삶이 무시된 채 이론적으로 전개되는 그리스도론은 아무런 의미를 가질 수 없는 것이다. 이에 대하여 소브리노는 다음과 같이 말했다.

"그리스도론이 라틴아메리카에서 정당성을 가지기 위해서는 무엇보다도 역사적 예수로부터 출발되어야 한다."

역사적 예수가 당면해야 했던 팔레스타인의 상황은 오늘 라틴아메리카 민중이 당면하고 있는 삶의 현실과 동일하다는 것이다. 그것만이 아니다. 성서에 나타나고 있는 다

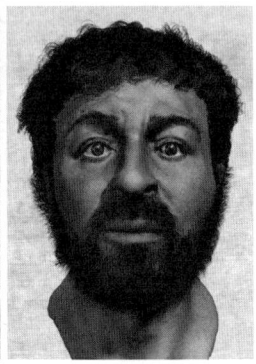

비잔틴 성 소피아 성당의 예수 이미지와 2001년 영국 BBC방송국이 복원한 예수의 얼굴

양한 그리스도론은 당시 민중이 경험했던 다양한 삶의 정황의 반영이다. 그러므로 라틴아메리카에서의 그리스도론이 이 지역 민중의 역사적 정황으로부터 전개되어야 함은 당연한 것이다.

6. 예수 따르기와 해방신학

해방신학의 그리스도론은 형이상학적인 철학적 사유나 대학의 상아탑 안에서 만들어지는 것이 아니며, 오히려 삶의 정황, 바닥, 아래로부터 시작되는 그리스도론임을 짐작할 수 있다. 예수와 삶의 현실은 떨어질래야 떨어질 수 없는 관계이다. 해방신학에서 중요한 것은 그리스도에 대한 존재론적인 논쟁이 아니라 해방적 실천과 그리스도가 어떤 연관성이 있는가 하는 것이다. 예수가 참 하나님이고 참 사람인 것을 깨닫는 것은 이론적인 논쟁을 통해서가 아니라 오직 예수 그리스도를 따라 살아갈 때 깨달아지는 실천의 결과다.

소브리노는 하나님의 신비 자체에 대해 연구하지 않는다. 그의 관심은 예수를 우주적 구원자로 소개함과 동시에 라틴아메리카의 해방과 구원에서 예수의 주도적 위치와 사역을 강조하는 데 있다.

"예수 그리스도의 우주성은 단순히 교리적 설명과 상징을 통해서 보이는 것이 아니다. 오히려 구체적인 실천을 통해 우주적 구원자로서의 예수의 모습이 드러나는 것이다."

그는 그리스도가 우주적 구원자가 되는 것은 이성과 교리를 통해 설명될 때가 아니라 구체적인 변화를 향한 해방적 실천 가운데 이루어진다고 말한다. 즉 해방적 실천을 통해 예수 그리스도의 우주성과 구원자 됨이 확인된다는 것이다. 사람들은 예수 그리스도의 이름으로 불의한 제도

한센병 환자의 손을 직접 잡아 줌으로써 진정한 해방과 치유의 실천을 보여준 예수

11. 해방자 예수

가 무너지고 새로운 사회가 건설되고 억눌린 민중과 가난한 사람들이 해방되는 것을 보면서 예수 그리스도는 진정한 우주적 구원자였음을 고백한다는 것이다. 그것은 마치 로마 백부장이 예수가 십자가에서 죽어가는 모습을 보면서 "과연 그는 하나님의 아들이다."라는 고백을 한 것과 유사하다.

7. 하나님 나라와 해방

해방신학의 그리스도론은 하나님 나라라는 주제와 직접적으로 연관된다. 만일 예수가 해방자이며 구체적인 해방의 실천을 통해 자신이 우주적 구원자 됨을 보이고 있다면 그것은 필연적으로 이 땅 위에서 이루어지는 하나님 나라와 연결된다. 그에게 그리스도를 고백하는 것은 라틴 아메리카의 필요와 상황에서 출발해 이곳에서 어떻게 하나님 나라를 이루어갈 수 있는가를 고민하는 것이다. 그런 의미에서 그의 그리스도론은 매우 실천적이다.

오늘의 현실과 그리스도를 어떻게 연결시킬 수 있느냐가 그의 관심이다. 소브리노는 역사적 예수 연구를 통해 예수가 그의 사역을 하나님 나라와 직접적으로 연결시키고 있음을 강조한다. 그러기에 그는 다른 서구 신학자와는 달리 예수에 대한 비신화(非神化) 작업에 관심을 갖지 않는다.

오히려 민중의 참혹한 현실 앞에서 그들의 고통에 대해서는 무관심하며 오히려 초연한 태도를 보이는 우상적인 모습을 예수에게서 제거하려고 한다. 비-신화를 넘어서는 비-우상화 작업이 이루어져야 한다. 그러므로 어느 누구도 예수의 이름으로 민중의 고통을 외면하거나 그 앞에

복음은 역사적 예수의 삶을 믿고 따르는 것에서부터 출발한다.

서 초연한 모습을 보여서는 안 된다.

라틴아메리카에서 예수를 따르는 일은 역사적 예수의 탐구 이전에 이루어진다. 즉 예수를 따름이 우리로 하여금 역사적 예수 연구의 길에 접어들도록 만드는 것이다. 그럼에도 해방신학 특히 소브리노의 그리스도론에서 두드러지는 것은 그의 통전적 그리스도론이다. 이것은 역사적 예수에 대한 믿음이 그리스도에 대한 신앙고백과 동시에 이루어진다는 의미다. 결론적으로 예수 따름은 우리 스스로 역사적 예수와 신앙의 예수 사이에 존재할 수 있는 불연속성을 충분히 극복하도록 한다.

"그리스도를 안다는 것은 그리스도를 따르는 것이다."(『해방자 예수 : 해방신학으로 본 역사의 예수』, 메디치미디어, 2015, 57쪽)

결론적으로 소브리노는 "역사적 예수를 통하지 않고서 신앙의 그리스도에 도달하는 것은 불가능하다. 그리고 예수 따르기는 우리로 하여금 역사적 예수에 도달하도록 한다."라고 말했다. 소브리노의 이 같은 결론은 라틴아메리카의 상황에서 매우 중요하고 근본적인 의미를 갖는다.

부활의 예수의 영은 나사렛 예수로 하여금 역사 속에서 사역을 감당하도록 하였다.

그러므로 부활의 예수를 말하는 것이 결코 오늘의 역사적 상황에서 우리가 당면하고 있는 실제적인 문제를 외면하는 것이어서는 안 된다. 같은 맥락에서 영광의 예수는 고난당한 예수와 동일하다. 그러므로 영광의 예수 또한 오늘의 상황에서 인간을 비인간화하고 있는 모든 불의한 권력을 고발하는 일을 계속하고 있다. 부활의 예수를 경배하는 것은 역사의 구체적인 상황 속에서 역사적 예수를 따르는 일 없인 불가능하다. 해방신학과 소브리노의 그리스도론은 오늘 우리로 하여금 모든 억압의 역사로부터 우리를 해방시키는 구원자 예수의 구원의 역사를 구체적인 예수 따르기를 통해 지속해 나가기를 촉구하고 있다.

8. 한국 교회와 해방자 예수

필자는 위에서 언급된 해방신학의 해방자 예수로부터 오늘의 한국 교회에 강조되어야 할 그리스도론을 요한복음에 기록된 "나는 ~이다"를 통해 발견해 보려고 한다.

요한복음은 예수 자신의 증언을 통해 "나는 ~이다"(εγο ειμι)의 형식을 통해 예수의 정체성에 대해 다음과 같이 소개하고 있다.

　① "나는 생명의 빵이다."(6:35)
　② "나는 세상의 빛이다."(8:12)
　③ "나는 양의 문이다."(10:7)

④ "나는 선한 목자이다." (10:11)
⑤ "나는 부활이다." (11:25)
⑥ "나는 진리와 생명의 길이다." (14:6)
⑦ "나는 포도나무이다." (15:1)

필자는 그중에서 해방자 예수로서 특히 밥과 선한 목자, 진리와 생명의 길로서의 예수를 말하고자 한다.

1) 밥으로 온 예수

밥이 밥 그대로 있으면 그것은 밥이 아니다. 밥이 그의 올바른 의미를 갖게 될 때는 그것이 먹힐 때다. 먹히지 않는 밥은 아무런 의미도 그 기능도 하지 못하는 무용지물이 되고 만다.

예수는 자신 스스로를 밥이라고 규정하면서 몸소 먹히는 밥이 되고자 십자가에서 고난을 당하고 죽었다. 밥 그대로 있지 않고 먹히는 밥이 되었기에 예수는 오늘 우리에게 희망의 주로 남아 살아있는 것이다. 그는 완벽한 밥으로 와서 자신의 생명을 아낌없이 내놓았다. 그리고 기꺼이 먹히는 밥이 되었다.

오늘 우리가 살아가는 세상은 '내가 너를 밥 삼아서 먹어 치울망정 너에게 밥이 되어 먹히지는 않겠다.'는 세상이다. 서로가 서로에게 밥이 되기를 거부하고 상대방을 밥으로 삼아 먹어버리겠다는 생각 속에 우리끼리의 경쟁은 도를 넘게 되고 서로 먹으려고만 하는 삭막한 세상 속에서 우리 모두는 피곤한 삶을 살아가고 있다.

이러한 세상에서 예수는 먹으려고 온 것이 아니라 오히려 자신을 내어 주어 먹히는 밥으로 오셨다. 그리고 우리보고 "먹히는 밥이 되라."고 한다. 한국 교회가 외쳐야 할 예수는 밥을 먹으러 온 예수가 아

나는 생명의 빵이다.(요 6:35)

니라 먹히고자 온 예수이다. 이 예수를 살아가야 한국 교회라야 살 수 있을 것이다.

밥으로 오셔서 먹히시는 예수는 먹힘과 동시에 나누어진다. 하늘을 혼자 갖지 못하듯이 밥은 서로 나눠 먹는 것, 하늘의 별을 함께 보듯이 밥은 여럿이 같이 먹는 것, 밥이 입으로 들어갈 때에 하늘을 몸 속에 모시는 것이다. 그러므로 밥이 곧 하늘이다. 밥은 모두 서로 나눠 먹는 것이다. 밥이 나누어지지 않고 독점되면 밥이 아니라 독이 된다.

예수는 밥이 되어 먹히고 나누어지기 위해 이 땅으로 오셨다. 밥이 독점되지 않고 나누어질 때 비로소 우리가 사는 세상은 평화로운 세상이 될 것이다. 그것이 하나님 나라의 근본적인 모습 중의 하나이다.

한자에 평화는 크게 세 가지 단어로 구성되어 있다. 평평하고 공평하다는 뜻의 평(平)자와 화합한다는 뜻의 화(和)자로 이루어져 있다. 그런데 화(和)자는 두 가지 단어 벼(禾)와 입 구(口)로 이루어져 있다. 다시 말하면 평화는 사람들의 입(口)에 벼(禾)가 고르게(平) 들어갈 때 이루어지는

것이라는 뜻이다.

　한국 교회는 밥이신 예수님, 그것도 나누어 먹는 밥으로서의 예수를 살아야 한다. 서로 나누어 먹을 수 있는 밥의 여유가 있는 사회를 만들어 가는 것이 오늘의 사회에서 예수를 살아가는 가장 좋은 방법이 될 것이다. 상대방의 밥이 되기보다는 상대방을 밥으로 삼으려고 하는 이 세상에서 그리스도인으로서 서로의 밥으로 그것도 먹히고 나누어지는 밥으로 사는 것은 쉬운 일이 아니다. 그러나 우리 모두가 서로의 밥이 되어 살아가게 될 때 우리는 예수의 삶을 살아가게 되는 것이다.

2) 선한 목자 예수

　예수는 자신을 선한 목자라고 규정한다. 목자는 무엇을 하는 사람인가? 목자는 양을 먹이는 사람(feeder)이다. 쉽게 이야기하면 양들에게 먹이를 주는 사람이다. 그는 선한 목자, 착한 목자, 진실된 목자이다.

　예수는 "선한 목자는 양들을 위하여 자기 목숨을 버린다."라고 분명하게 말한다. 선한 목자는 무엇보다도 "양들을 위하여"라는 말에 표현되어 있듯이 자신의 양의 편에 서 있다는 것이다. 예수는 분명히 자신의 양, 가난하고 억눌린 사람들의 편에 서 있다. 그리고 그것은 무엇보다도 그에게 고난을 주었다. 예수가 선한 목자라는 것은 두 가지 의미, 첫째는 양, 가난한 사람의 편에 서 있다는 것이며, 둘째는 그로 인한 고난을 기꺼이 받았다는 것이다.

　그는 양을 위하여 자신의 목숨을 아끼지 않는다. 항상 그의 편에 서 있다. 예수가 자신의 양을 위하여 받은 고난은 그가 선한 목자임을 증명

선한 목자

해 주고 있다. 해방신학의 예수, 해방자 예수는 이처럼 가난한 사람의 편에 서서 가난한 사람의 해방과 구원을 위하여 고난 받음을 두려워하시 않는 예수이다.

가난한 자의 편에 서 있는 해방자 예수는 우리에게도 다른 사람을 위하여 기꺼이 고난을 받는 삶을 살 것을 요구하고 있다. 그러나 요즘 우리의 신앙 생활의 목적은 그렇지 않은 것 같다. 세상을 위한 고난이나 혹은 헌신을 위한 것이 아니라 오히려 교회나 혹은 하나님을 통해 일정한 혜택을 받기를 바라는 것으로 점차 변질되어 가고 있다.

과연 우리는 오늘 무엇을 바라고 신앙 생활을 하고 있는가? 하나님의 우편 기득권을 버리시고 인간의 몸으로 오셔서 스스로 고난의 길을 택하심으로 우리를 구원하신 선한 목자이신 예수처럼 기득권을 포기하고 예수의 이름으로 고난을 받을 수도 있다는 착한 각오를 가지고 살아가고 있는 것일까?

오늘 한국 교회가 선포하는 예수는 해방자 예수와 어떤 관련이 있는가를 분명히 해야 한다. 만일 우리가 가난한 사람의 편에 서 있지 않고 가진 자와 높은 자의 편에 서 있으며 고난을 멀리하고 오히려 영광을 구하고 있다면 우리는 진정한 예수를 선포하고 있는 것이 아니다. 오늘 한국 교회는 해방자 예수를 회복해야 한다. 그것이 우리 교회의 살 길이다. 그런 의미에서 해방신학은 오늘 한국 교회에 중요한 신학적 성찰의 기회를 제공해 주고 있다.

3) 진리의 길

해방자 예수는 자신이 길이라고 말한다. 길은 이미 만들어져 있는 (ready-made) 것이 아니다. 길은 가는 것이다. 우리는 길을 도로로 이해하는 것에 익숙해 있다. 그래서 도로를 따라가다 보면 목적지에 도착한다는 생각이 우리를 사로잡고 있다. 도로는 지침(manual)이다. 기록된 대로 그리고 기계 혹은 매뉴얼이 지시하는 대로 따라만 가면 되는 것이다. 그러면 목적지에 도달하게 되고 소기의 목적을 달성할 수 있다. 그런데 예수는 도로가 아니라 길이다.

길과 도로의 차이는 무엇인가? 도로는 이미 만들어져 있는 것으로서 그냥 가면 된다. 그러나 길은 그렇지 않다. 길은 만들어야 하고 실제로 걸어야 길이 된다. 스스로 걸어가면서 만들어가야 한다. 실패와 좌절도 경험한다. 어찌하다 보면 길을 잘못 들어서 어렵게 갔던 길을 되돌아와 새로운 길로 가야 한다. 길은 완성품으로 우리에게 주어지는 것이 아니라 스스로 과정을 경험하면서 만들어지는 것이다.

도로는 가다 보면 아무런 감흥도 감격도 없다. 그저 빨리 목적지에 도착하고 싶은 욕망만 더해진다. 옆을 보아서도 안 된다. 도로는 우리로 하여금 옆 사람에 대하여 경쟁심을 갖게 만들어서 그보다 먼저 빨리 가도록 재촉하기도 한다.

반면에 길은 그렇지 않다. 길을 가다 보면 길가에 핀 이름 모를 들꽃과 풀들이 우리의 발걸음을 멈추게 하고 그 꽃을 바라보면서 감격하게 만든다. 같이 길을 가는 사람들과 함께 웃기도 하고 담소를 나누기도 한다. 같이 길을 가는 사람들은 서로서로에게 길벗이 되기도 한다.

'길' 되시는 해방자 예수는 우리를 하나님 나라로 빨리 가도록 해주는 도로가 아니다. 예수는 GPS와 같은 도로 안내자도 아니다. 해방자 예수는 길 자체이다. 그러므로 우리는 해방자 예수 안에서 그를 길로 이해하면서 우리 스스로가 성령의 인도함을 받아 스스로의 길을 가면서 예수를 체험하고 해방의 기쁨과 감격을 누리면서 하나님 나라를 향해 나아가야 하는 것이다.

길로서의 해방자 예수와 함께 길을 걸으며 가난한 사람들의 편에 서서 그들과 함께 함께 길벗이 되어 하나님 나라를 향해 가고 있다는 생각을 해 보면 얼마나 신나는 일인가?

가다가 조금 힘들다 싶으면 잠시 길에 있는 돌 위에 앉아 쉴 수도 있을 것이고 함께 어우러져 한바탕 노래와 연대의 춤을 춘다면 힘도 새롭게 솟구칠 것이다. 길에 피어 있는 이름 모를 들꽃을 바라보면서 그리고 함께 길 가는 가난한 사람들과의 연대를 통해 우리는 희망을 볼 수 있을 것이다. 해방신학의 예수는 우리에게 용기와 힘과 희망을 준다.

그리고 해방자 예수는 진리의 길이다. 해방신학에서 예수를 이해한다는 것은 진리의 길에 들어서는 것을 의미한다. 진리와 예수는 동의어다. 예수는 우리를 진리로 인도하는 길이 된다. 예수의 사역과 삶을 통해 우리는 하나님의 진리를 경험하고 깨닫는다. 그런데 진리는 무엇인가? 우리는 많은 경우 그리고 무의식적인 가운데 진리가 우리의 현실과는 직접적인 상관이 없는 것처럼 생각한다.

진리(ἀ-λήθεια)라는 단어는 그리스어 어원으로 살피면 '아무것도 숨겨져 있지 않은 상태'(the state of not being hidden) 혹은 모든 것이 분명한 상태(the state of being evident)를 의미한다. 그런 의미에서 진리는 결코 추상적이지 않으며 매우 현실적이고 구체적이다.

진리는 구체적인 현실에서 확실하게 그리고 분명하게 드러나는 것이다. 진리는 추상적으로 우리가 머리에 그리는 것이 아니다. 사랑이 진리라고 할 때 그 사랑은 머리로만 하는 것이 아니라 구체적이고 분명하게 직접 자신을 바쳐 행동하는 것을 의미한다.

해방신학이 보여주고 있는 해방자 예수는 스스로의 삶의 구체적인 모습을 통해 진리가 무엇인가를 우리에게 보여주었다. 그러기에 해방신학은 이론이 아닌 실천(Praxis)을 통해 성서적 진리를 이해하게 된다고 말한다. 그것은 예수의 사역과 가르침을 가난한 사람들의 삶의 현장에서 구체적으로 실행할 때 진리가 무엇인지를 알게 된다는 것을 의미한다.

4) 생명의 길

해방신학의 해방자 예수는 생명의 길이다. 그리스어는 생명을 지칭하는 단어로 '조에'와 '비오스'라는 단어가 있다. 그중에서 '조에'는 생명력 자체를 의미하고 있다. '비오스'가 각 개체의 생명을 말한다고 하면 '조에'는 생명의 원초적인 모양을 말하고 있다. '조에'는 '그 자체가 파멸하는 경험을 인정하지 않으며 영생처럼 끝이 없는 생명력을 의미하고 있는데 다른 말로 하면 '진정한 생명'(true life)이라는 것이다. 해방자 예수의 생명은 조에, 진정한 생명, 참 생명이다.

해방자 예수는 진정한 의미의 생명을 위해 왔다. 사람이 숨쉬고 산다고 해서 사는 것이 아니다. 한동안 안락사 혹은 존엄사에 대한 논쟁이 활발한 적이 있었다. 그 논쟁의 핵심에는 바로 산다는 것이 무엇인가라는 주제가 놓여 있지 않았던가? 난순히 숨쉬고 있다고 해서 살아 있는 것이냐 아니냐 하는 논쟁이 아니었던가?

그냥 사는 것이 아니라 진짜로 살아야 사는 것이다. 어떻게 살아야

리우데자네이루의 예수상

진짜로 살아가는 것인가? 하나님의 형상으로 창조된 인간다운 삶을 살아가는 것, 그것이야말로 진짜로 사는 것이다. 그것이 생명이다. 진짜 생명이다. 해방자 예수는 진짜 삶과 진짜 생명을 위해 이 땅에 왔다. 그러기에 해방자 예수에게 가장 중요한 것은 이 땅 위에서 인간다운 삶을 살지 못하고 있는 가난한 사람들에게 진정한 생명을 되돌려주는 일이다. 해방자 예수는 죽임의 세력에 사로잡혀 진짜 생명을 잃고 살아가는 가난한 사람들을 해방시켜 생명의 세계로 이끌어 주기 위해 왔다.

해방신학의 해방자 예수는 진정한 생명의 주인으로 가난한 사람들에게 진짜 생명을 되돌려 주려고 오늘도 고난 받고 있고 죽임의 세력에 대항해 싸우고 있다. 그것이 예수 부활의 목적이고 의미이다. 그 예수가 해방신학이 전하고자 하는 예수이다. 오늘 한국 교회는 해방신학으로부터 들어야 한다. 해방자 예수의 목소리를!

12
해방의 성령

1. 성령과 은사운동

최근 30여 년간의 라틴아메리카 지역에서의 종교적 상황을 한마디로 요약해 본다면 성령운동을 통한 개신교와 가톨릭 교회의 급격한 변화라 말할 수 있다. 이것은 비단 이 지역에서 빠르게 성장하고 있는 기독교 내의 신생교회들에만 국한되는 이야기는 아니다. 기존의 전통적이고 역사적인 교회들에서도 일반적으로 나타나고 있는 현상이다.

전통적으로 라틴아메리카에서 우위적 위치를 차지하고 있던 가톨릭 교회의 주도적 위치가 위협을 받게 된 것도 이 지역에서 최근 놀라운 속도로 성장하고 있는 성령운동의 결과로서 은사적 개신교 교회의 확산 때문이다. 그러나 성령운동에서 비롯된 은사적 교회는 개신교뿐만 아니라 기존의 가톨릭 교회에도 지대한 영향을 미쳐 은사적 가톨릭 교회가 등장하기도 했다.

최근 라틴아메리카에 확산되고 있는 성령운동

　이러한 현상은 억압되어 있던 라틴아메리카 민중에게는 해방구의 역할을 감당하기도 했다. 역사에서 한 번도 주도적 역할을 감당하지 못했던 민중에게 누구에게나 자유롭게 임하는 성령의 역사는 놀라운 것이었으며 비로소 그들은 신앙과 삶의 주체로서 자기 자신을 새롭게 경험하게 되었던 것이다.

　이러한 의미와 더불어 성령운동과 은사운동은 이 지역에서 빠른 성장을 보이고 있다. 라틴아메리카에서 은사운동의 성장과 확산은 이 지역뿐만 아니라 전 세계에 성령론에 대한 관심을 불러일으키기에 충분했다. 물론 은사적 교회의 성령론이 삼위일체적인 관점보다는 성령론적 환원주의에 빠질 위험이 다분하다는 것에 대한 경고도 있기는 하지만 전체적으로 기독교 내에서 전통적인 서구 신학에서 소홀하게 취급되었던 성령에 대해 성찰하도록 계기를 만들어 주었음은 틀림없다.

1) 성령 – 아래로부터 불어오는 바람

라틴아메리카에서의 성령에 대한 성찰은 무엇보다도 제2차 바티칸 공의회의 영향으로부터 시작한다. 교종 바오로 6세는 그리스도론과 교회론이 성령에 대한 연구와 성찰과 연관되어 이루어질 것을 요구한 바 있다. 그럼에도 서구에서의 성령에 대한 연구는 사회적이고 정치적이며 역사적인 차원에서의 성령의 존재와 사역보다는 개인적이고 교회적인 차원에서의 성령연구에 치중되고 있었다. 이들은 성령은 우주를 가득 채우고 있으며 자의대로 불어옴에 대해 강조했다.

서구신학은 성령의 바람은 어디서 불어오는지 모르지만 자신의 뜻대로 불어오며 가고 싶은 곳으로 흘러감에 대해 강조하곤 했다. 이런 의미에서 서구신학은 성령이 어디서부터 불어오는지에 대하여서는 침묵하였고 이에 대한 무지를 드러내곤 했다.

그러나 성령의 바람의 원천에 대한 물음에 답변하는 신학적 행위에서 변화가 일어나기 시작하였다. 그 변화는 1970~80년대 라틴아메리카에서부터 시작되었다. 이 지역에서 경험된 성령의 바람이 그것이었다. 이 경험은 라틴아메리카 그리스도인들로 하여금 성령의 바람은 "아래, 가난한 사람들로부터 불어오는 것"임을 확신하게 만들었다.

2) 성령의 바람 – 가난한 자의 외침

1968년 콜롬비아의 메델린에서 그리고 1979년 멕시코의 푸에블라에서 주교들은 가난한 사람들의 피 끓는 외침의 목소리를 들었고 그들의 호소에서 성령의 탄식 소리를 경험했다. 그리고 이러한 가난한 사람들의 외침 속에서 들리는 성령의 소리는 그들로 하여금 성령의 바람이 어디서부터 시작되는가에 대한 단초(端初)를 제공해 주었다.

성령의 바람은 위가 아닌 아래, 가난한 사람들로부터 불어오는 바람이었다. 그리고 그 바람은 그리스도인들로 하여금 불의한 사회와 정치제도를 대항하여 투쟁할 힘을 주었고 그들로 하여금 "가난한 자를 위한 우선적 선택"을 신앙과 신학의 가장 핵심적인 주제로 삼게 했다. 성령은 아래로부터 불어오는 바람이다. 이 바람은 가난하고 억압받는 민중의 외침에서 들리고 있으며 그 바람은 우리가 좀 더 나은 세계를 향해 우리의 발걸음을 옮기도록 용기를 불어넣는 바람이다.

그러면 아래로부터 불어오는 성령은 우리의 신앙과 신학에 어떤 공헌을 하고 있는 것일까?

3) 정의의 성령

무엇보다도 아래로부터 불어오는 성령은 정의의 영이다. 구약의 전통에서부터 정의의 개념은 단순한 법의 집행이 아니었다. 그것은 사회의 가난한 사람들을 향한 정의의 실천이었고 가난한 사람들의 인권 보장과 그들의 생명에 대한 보호를 향한 것이었다. 그것이 출애굽 사건에서 야웨가 보여준 정의의 개념이었으며 그것이 이스라엘의 사사들과 예언자들이 감당했던 역할이었다.

이들의 행위는 모두가 정의의 성령에 의한 것이었다.(사 28; 미 3:8~10; 사 11:1~9; 겔 36:27~28; 렘 3:1s) 세례 시 예수에게 임한 성령이 바로 이 정의의 영이며 그로 하여금 구원의 사역을 계속하도록 한 영이다. 아래에서부터, 가난한 사람으로부터 불어오는 성령은 정의의 영이며 우리가 정의의 사역을 지속해 나가도록 촉구하고 있다.

4) 생명의 영 – 혼돈과 죽음을 극복하는 생기

라틴아메리카의 삶의 현장, 혼돈과 죽음의 기운이 감도는 삶의 현장에서 만난 성령은 단순한 생명 창조의 영만은 아니었다. 성령은 창조의 영이었을 뿐만 아니라 죽임의 현장에서 생명을 이끌어내는 투쟁의 영이었다. 죽임의 세력과 맞서서 투쟁함으로써 생명의 호흡을 이어가도록 하는 생명의 영이다. 해방신학의 성령은 역동적으로 날마다 죽음의 삶의 현장에서 생명의 기운을 북돋아 주고 우리가 존엄성을 가지고 살아가도록 힘을 주는 영이다. 해방신학이 만난 성령은 죽임의 현장에서 우리와 함께 하며 함께 투쟁하는 영이다.

오늘 우리는 성령의 열매로서의 풍요로운 생명을 누리고 즐거워함에 머물러서는 안 된다. 아직도 이 세상의 가난한 사람들이 풍요의 생명을 누리지 못하고 있는 오늘의 상황에서 혼돈과 죽음의 상황을 극복하도록 우리와 함께 하면서 투쟁하면서 생명을 이끌어내고 있는 성령의 바람을 경험해야 한다. 생명, 그것은 나 혼자만이 누리는 것으로 끝나는 것이 아니라 우리 모두가 함께 누려야 할 성령의 열매이기 때문이다.

5) 성령 – 가난한 사람들의 어머니 아버지

성령은 가난한 사람들의 외침소리를 외면하지 않는다. 해방신학이 만난 성령은 가난하고 작은 사람들을 향하여 어머니 아버지의 사랑으로 귀를 기울이며 그들의 아픔을 안고 가슴 아파하는 영이다. 이집트에서 히브리 민중이 억압당하고 있을 때 내려와서 그들의 외침을 듣고 안아주던 바로 그 영이다. 가난한 사람들의 어머니 아버지 보호자로서 나타났던 바로 그 영이다(출 4:3).

그럼에도 해방신학에서 성령론은 큰 비중으로 다루어지지 않았음을 인정해야 한다. 최근에 이르러서야 호세 꼼블린(J. Comblin), 레오나르도 보프(L. Boff), 마리아 클라라 루케티(Mª Clara Luccheti de Bingemer), 마리아 호세 카람(Mª J. Caram) 등의 해방신학적 성령론에 대한 연구에 의해 상당한 진척이 있었다.

오순절의 성령 체험

이들에 의하면 성령의 활동은 단지 교회와 개인뿐만 아니라 세계 안에서 발견된다는 것이다. 창조와 진화 그리고 구체적으로는 가난한 사람들의 역사 안에서 적극적인 성령의 활동이 목격된다는 것이다. 가난한 사람들의 외침과 그들의 자유와 해방, 존엄성과 생명을 향한 투쟁에서 성령의 활동은 지속되고 있다. 지금도 성령의 바람은 아래로부터 불어와서 우리를 죽음의 현장에서 해방시켜 생명의 세계로 이끌고 있다.

해방신학의 성령론은 가난한 사람, 다양한 문화와 종교, 여성, 토착민 그리고 지구의 생태적 위기를 향하여 우리의 닫힌 마음을 열도록 만든다. 아래로부터 불어오는 성령의 바람은 가난한 사람들을 향한 사랑으로부터 출발해 온 세계를 안으시는 삼위일체 하나님의 위대한 계획인 사랑과 연대의 하나님 나라에 참여하도록 우리를 이끄신다.

그런 의미에서 라틴아메리카의 변방에서부터 온 교종 프란치스코는 우리가 거리로 직접 나가 성령을 만나고 가난한 이들의 교회로 오늘의 교회를 개혁할 것을 촉구하고 있다. 거리로 나가 아래로부터 불어오는 성령의 바람을 경험하라고 촉구하는 것이다. 전통적으로 성령은 가난한 이들의 어머니 아버지이기 때문이다.

2. 해방신학의 성령론과 감성 중심의 교회

쿠바 출신 역사 신학자 곤잘레스(Justo Gonzalez)는 그의 저서에서 세계 기독교회의 지도가 변화되고 있음을 말한다. 그는 이제 세계 교회 선교의 중심축이 유럽 교회 등 북반구의 서구 교회에서 아시아, 아프리카 그리고 라틴아메리카 등 남반구의 교회로 이동하고 있다고 말했다.

그런데 기독교 선교축의 이동과정에서 '신앙의 오순절화'를 말하지 않을 수 없다. 한국을 비롯한 세계 교회에서 오순절화(pentecostalization)는 가장 중요한 화두다. 특히 한국에서의 신앙의 오순절화 현상은 오순절 계통의 교회에서만 관찰되는 것이 아니다. 이 현상은 교파와 교단을 막론하고 파급되는 현상으로서 오순절 운동의 세계화(globalization of pentecostalism)를 말해야 할 정도다.

신앙의 오순절화와 더불어 한국 교회 신앙의 감성화 현상에도 주목해야 한다. 이 두 가지 현상은 영성이라는 이름하에 서로 혼합되어 최근 한국 교회의 신앙양태를 결정지었다. 한국 교회의 영성 다시 말해 성령론은 어떤 형태로 이루어져 있는가? 필자는 다음과 같이 정리해 본다.

첫째는 주관적인 영성의 모습이다. 성령은 개인의 진리 추구에 의한 결과이며 자신의 노력에 의해 추구되는 진리와의 만남의 열매이다. 주관적인 영성에서 진리는 개인의 주관적이고 체험적인 경험에 의해서 그 가치가 측정된다. 그러므로 성령 체험은 매우 개인화되고 주관화된다. 두 번째는 감성적 영성이다. 지금까지의 영성과 성령 체험이 "논리 중심적"이었다면 신앙의 오순절화 과정을 통해 "감성 중심적"으로 변하고 있다. 우리는 현재 감정이 우선시되는 시대를 살고 있다. 개인의 감정과 감수성을 논리적 생각이나 이성보다 중요시하는 시대인 것이다. 이 감수성은 직관을 지식의 가장 중요하고 근본적인 가치로 여기며 다른 형태의 지식은 상대적으로 소홀히 하며 심지어는 그 지식의 정당성을 거부하려는 경향도 보인다.

세 번째, 부족적인 영성을 말하지 않을 수 없다. 감성적 공동체의 형성과 관련하여 관찰되는 결과적 현상으로서 부족화 현상을 말할 수 있겠

후스토 곤잘레스

다. 부족화(tribalization)는 지역공동체의 신성화(divinization) 현상을 발생케 하고 있다. 이러한 부족화 문화와 그 아류문화는 자기 자신을 신성화하는 데 매우 신속한 모습을 보이고 있으며 또 자기 공동체를 가장 도덕적 영적인 것으로 고려하게 된다. 그리고 이러한 현상은 주로 카리스마적인 지도자를 중심으로 이루어진다. 이로써 카리스마적 지도자를 중심으로 그 사회는 점차 부족화하게 되는 것이다.

네 번째는 무관심의 혼합적 영성이다. 다양성과 차이의 인정이라는 가치에 의해서 특징 지어지는 '가벼운 감성'의 등장이 이루어진다. 원시적인 신앙, 귀신론의 성행, 점성술, 마술적 요소 및 샤머니즘적 종교 행위 등이 다양하게 얽혀 나타나고 있으며 서로 간에 상반되는 요소가 존재하더라도 그것들이 아무런 갈등 없이 공존하는 형태로 나타나고 있다. 이렇게 다양성에 무관심한 혼합주의 내에서 유일하게 통용되는 가치척도는 어떠한 권위체제나 이성이 아니라 한 개인의 신비적인 체험이 된다.

탈근대적 종교성의 부활은 오히려 우리가 복잡하고 혼란스러운 종교적 현실에 직면하도록 만들고 있다. 그뿐만 아니다. 사회의 급격한 변화도 미래 세대의 삶의 모습에 결정적인 영향을 미치고 있다.

3. 영적 전쟁과 한국 교회

후기 근대 사회는 가상현실과 사이버 공간의 사회이다. 보드리야르

(Baudrillard)가 지적한 것처럼 모든 사회공간이 마치 거대한 시뮬레이션(simulation)화된 것 같은 착각을 일으키게 할 정도이다. 그에 의하면 시뮬레이션 현상은 현실에 대한 잘못된 해석이 아니라 현실이 더 이상 현실이 아님을 숨기려는 시도이다. 후기 근대적인 사이버 공간과 가상현실의 개념이 신 은사운동에 와서는 영적 전쟁의 모양으로 나타나고 있다.

영적 전쟁은 전쟁놀이와 그 속에서의 자신의 역할에 대한 확고한 의식과 더불어 거대한 시뮬레이션 현상을 일으킨다. 영적 전쟁이론은 가상적인 거대한 전쟁에 대한 환상을(신은사운동가들의 용어를 빌리자면 인간이 지금까지 한 번도 경험한 바 없는 거대한 전쟁이다) 갖게 만들며 이에 따라 추종자들에게 가상현실과 사이버 공간을 제공한다.

영적 전쟁이론은 현재까지 신은사운동에 있어서 가장 핵심적인 가르침이며 교리적인 구심점의 역할을 감당하고 있다.

신은사운동의 영적 전쟁은 마치 비디오 게임처럼 가상현실의 공간에서 느껴지는 전쟁이며 이 전쟁의 참여자들에게는 전쟁에 적극적으로 참여할 수 있는 사이버 공간이 주어지게 된다. 이런 의미에서 영적 전쟁이론은 지극히 후기 근대적이다. 사이버 공간이 인간에게 무한한 가능성을 제공해 주는 것과 마찬가지로 영적 전쟁에서의 승리는 이미 보장되어 있다.

이 전쟁은 만일 하나님 안에 있다고 확신만 하고 있으며 이미 승리가 주어진 전쟁이다. 이 전쟁은 우리 눈에는 보이지는 않고 다만 "영적 텔레비전"의 중계를 통하여서만 보이는 전쟁이다.

4. 해방을 향한 영성

1) 해방의 영성

예수 그리스도의 삶에서 두드러지는 영성은 무엇보다도 한 사회에서 가장 연약하고 가난하며 아무런 사회적 보호 장치도 갖지 못하는 사람들에게 행해지는 모든 종류의 억압과 얽매임으로부터의 해방이다. 예수는 가난하고 억눌린 사람들과 자신을 동일시했으며 이에 따라서 그들을 위한 우선적 선택의 삶을 살아왔다.

해방의 영성에서 양심은 단순한 특정 상황에 대한 도덕적 원리의 적용만을 의미하는 것을 넘어서서 가난하고 억압당하는 사람들의 목소리에 귀 기울이고 그들의 표정에 대한 응시와 아픔을 함께 하는 답변을 포함하고 있다. 해방의 영성의 측면에서 한국 교회의 자선 행위에 대한 성찰이 이루어져야 할 것이다.

2) 정의와 평화의 영성

오늘의 경제문제를 단순하게 경제적 측면 혹은 도덕적 측면에서만 다루어서는 안 된다. 오늘의 경제문제는 우리 사회가 안고 있는 정치 사회적 모순과 불의와 직접적인 관련을 맺고 있기 때문에 정치 사회적인 접근을 배제해서는 안 될 것이다. 마찬가지로 오늘의 목회 현장에서 다시금 사회 정의와 평화에 대한 강조나 교육과 실천이 이루어져야 함은 너무나도 당연하다.

3) 도전과 예언적 비판의 영성

도전과 갈등은 예수의 윤리적 영성에서 매우 중요한 위치를 차지하고 있다. 예수가 살던 당시의 사회는 다원화된 사회였으며 또한 여러 분야에서 갈등의 요소를 다분히 소지하고 있었다. 예수는 당시 사회의 갈등에 대하여 외면하지 않고 정면으로 대응하기도 했고 심지어는 갈등을 유발함으로써 문제의식을 만들어내기도 했다. 예수는 수많은 질문과 충돌 그리고 갈등을 유발하면서 당시 사회에 도전했다.

오늘 우리에게 시급하게 회복되어야 할 목회적 기획과 시도는 이 같은 충돌, 예언자적 비판과 갈등 유발의 영성을 반드시 포함하는 것이 되어야 할 것이다.

해방의 영성은 가난하고 억압당하는 이들의 목소리에 귀 기울이고 그들의 아픔에 응답하는 것이다.

4) 비양립성의 영성

예수의 가르침에서 하나님과 돈(맘몬)의 비양립성(Incompatibility)은 매우 과격하게(radical) 주장되어 왔고 이에 대한 어떠한 예외도 용인되지 않았다. 그러나 예수와 그의 제자들이 보여주었던 비양립성은 후대 교회에 의하여 왜곡되었고 "만족의 문화"에 안주하는 그리스도인들에 의해 그 실효성을 상실하게 되었다. 불행하게도 현대의 많은 그리스도인들은 하나님 나라와 맘몬 사이에 존재하는 비양립성에 대한 성서적 그리고 역사적 교훈을 소홀히 하고 말았다.

오늘의 그리스도인들은 삶의 스타일이 어떠한가를 스스로 성찰해 보아야 한다. 그리고 가장 가난한 사람들과의 연대를 포함한 하나님 나라의 가치관들과 오늘 우리의 삶이 얼마나 일관성을 유지하고 있는가에 대해 진지하게 생각해 보아야 할 것이다. 그것은 하나님과 맘몬 사이에 존재하는 비 양립성에서부터 출발될 것이다.

5. 이웃을 향한 영성

1) 이웃의 영성

보프(Boff)는 그의 최근의 저서 『다른 세상의 가능성을 위한 덕목 II』에서 신자유주의적 세계의 대안이 되는 좀 더 나은 세상을 가능케 하기 위한 덕목으로 친절함(베풂), 더불어 삶(상생), 존중 그리고 관용을 지목하고 있다. 그는 존중의 덕목을 실현하기 위한 중요한 개념으로서 "이웃"을 강조했다. 이웃의 존재에 대한 인정 없이 "더 나은 세상"은 불가능하다는 것이다.

"더 나은 세상"은 이웃에 대한 인정, 각 인간 존재의 내재된 소중한 가치에 대한 인정과 이웃에 대한 무조건적인 존중으로부터 출발된다고 강조한다. 교회의 목회가 "더 나은 세상"을 가능케 하기 위해 가져야 할 영성의 모습은 보프가 지적하는 "이웃의 영성"이다. 이웃의 영성은 우리로 하여금 나와 다른 존재에 대한 인정, '섞어짐'의 실천, 받아들임, 인종 간의 교제와 소통, 문화 간의 대화 그리고 무엇보다도 지금까지 잊혀져 있던 억눌리고 소외 받는 이웃, 침묵을 강요당하고, 모욕당하며 억압당하는 이웃들에게 우리의 관심을 집중하도록 만들 것이다.

2) 동정과 자비의 영성

이러한 사회를 향한 기독교 목회의 영성은 어디서 출발해야 하는 것일까? 기독교 목회는 동정적인 행동, 다시 말하면 피해자의 고통에 대한 동참과 나눔의 행동으로 표현되는 신학적 그리고 인간론적 원리인 자비의 영성으로부터 출발되어야 한다. 동정과 자비의 영성에 기

고흐의 〈착한 사마리아인〉

초한 목회만이 끊임없이 피해자들을 양산해 내는 신자유주의 세계에서 정당성을 가지게 될 것이다. 그것만이 오늘의 세계와는 다른 대안적 세상이 가능하다는 것을 보여줄 수 있을 것이다.

예수에게서도 이러한 동정과 자비의 영성은 쉽게 발견된다.(마 9:13, 12:7) 하나님께 유일하게 유효한 희생은 마음으로부터 터져 나오는 진정한 회개와 변화다. 예수는 선한 사마리아 사람의 비유를 통해 동정과 자비의 영성을 강조했다.(눅 10:29~37) 그리고 말한다. "가서 너도 이같이 하라."

3) 친절과 받아들임의 영성

친절은 인간 존재의 인간화에 있어서 가장 근본적인 요소다. 보프는 친절함의 덕목을 실현하기 위하여서 그 기초로서 "다른 사람들"(Others)의 "되찾음"을 언급한다. 대안적 모델은 "다른 사람들"을 회복하는 친절함과 받아들임의 영성으로부터 시작될 것이다. 잃어버린 "다른 사람들"의 회복을 위한 친절과 받아들임의 영성을 위한 보프의 제안은 우리에게 많은 것을 시사하고 있다.

세계화의 현장에서 친절함과 받아들임을 실천하는 데 있어서 우리는 다양한 장애와 한계에 부딪히게 될 것이다. 그러나 이러한 장애와 한계에도 불구하고 나는 여기서 실현될 수 있다고 생각하는 몇 가지 제안을 하고자 한다.
① 무조건적인 실천 의지 배양하기

② 풍요로움으로 다름을 받아들이기
③ 다른 사람의 소리에 신중하게 귀 기울이기
④ 솔직하게 대화하기
⑤ 정직하게 거래하기
⑥ 공동체를 위해 이기적인 관심을 포기하기
⑦ 의식적으로 책임 있는 행동하기
⑧ 용감하게 자신의 생각과 의견의 상대성을 인정하기
⑨ 지혜롭게 상황의 변화를 도모하기

4) 연대와 공동체의 영성

이방인에 대해 차별적인 유대교의 사회적 상황에서 예수는 "내가 너희에게 말한다. 많은 사람이 동과 서에서 와서, 하늘나라에서 아브라함과 이삭과 야곱과 함께 잔치 자리에 앉을 것이다. 그러나 이 나라의 시민들은 바깥 어두운 데로 쫓겨나서, 거기서 울며 이를 갈 것이다."(마 8:11~12)라고 외치면서 서로 다른 사람이 어울려 살아가는 연대와 공동체의 사회를 가르쳤다. 오늘 한국 교회는 어떤 영성을 외치고 있는 것일까?

예수의 가르침과 실천은 그의 영성이 연대와 공동체를 지향하는 "포함의 영성"(inclusive spirituality)이었음을 말하고 있다. "포함의 영성"은 신부족사회를 극복할 수 있는 대안 마련을 위한 한국 교회의 목회 모델을 형성하도록 기본적인 틀을 제공해 줄 것이다.

6. 본질 회복을 향한 영성

1) 은혜의 영성(값을 치르지 않음)

오늘의 세계는 "계산의 문화"가 지배하고 있다. 값을 치르지 않고서는 어떠한 혜택도 누릴 수 없는 문화가 지배하는 것이다. "계산의 문화"는 최소한의 경비와 시간으로 최대의 이익을 추구한다. "계산의 문화"는 휴식을 용인하지 않는다. "공짜"(은혜)가 사라진 사회며 오직 "이윤 추구"의 가치관이 지배하는 사회다.

예수는 그의 제자들에게 거저 주었으니 거저 주라는 은혜(값을 치르지 않음)의 삶에 대해 강조했다.(마 10:8) 삶 자체에 값을 매기면서 값을 치르기를 요구하는 신자유주의적인 삶의 정황 속에서 오늘 한국 교회는 어떤 영성을 선포할 것인가? 오늘 한국 교회 목회 구조 속에서도 "계산의 문화", '값을 치름'(필연적인 희생) 없이는 구원 없음이 확대 재생산되고 있는 것은 아닐까? 계산의 문화에 의해 지배되는 신자유주의 사회에서 한국 교회가 회복할 것이 있다고 한다면 은혜의 영성일 것이다.

2) 생명의 영성

성서로부터 발견할 수 있는 선교에 대한 다양한 개념 중에서 우리에게 중요한 의미를 주는 것은 예수의 선교의 현장의 한가운데에서 생명의 개념이 차지하고 있는 위치다. 예수님은 "나는 양들이 생명을 얻고 또 넘치게 더 얻게 하려고 왔다."(요 10:10b)고 말씀하셨다.

풍성한 생명, 생명의 풍요함! 하나님과 예수 그리스도에 대한 인정과 믿음 없이 – 아들 예수 그리스도를 통한 하나님과의 인격적인 관계없이 – 풍요로운 생명은 주어지지 않는다. '번영의 신학'(현 소비사회가 생산해 낸 또 다른 소비재이다)의 옹호자들을 대항하여 우리는 예수님이 제시하시는 풍요로운 생명은 물질이 풍성한 생명이 아니라 '생명의 빵'이신 예수님 안에서 진정한 가치와 생명의 보존을 발견하는 생명임을 분명히 밝혀야 할 것이다.

3) 약함의 영성

권력에 대한 유혹만큼 강력하면서도 섬세한 모습으로 다가오는 유혹은 없을 것이다. 권력 남용에 대하여 예수는 매우 비판적인 태도를 견지하고 있다. 그는 부패한 권력을 비판할 뿐만 아니라 무시하기도 한다. 그러면서 예수는 독점적이고 폭력적인 권력의 대안으로서 섬김과 약함의 신학을 소개한다.

4) 멈춤의 영성

오늘 우리의 삶을 크게 위협하고 있는 신자유주의 경제체제의 맹점이 바로 욕망에 기반한 삶과 제도라는 것이다. 그리고 그 욕망은 한없는 발전을 약속하는 데 있다. 그 욕망은 한계를 모르고 한없이 뻗어만 가려 한다.

노자는 이러한 사회는 "치빙전렵 영인심발광"(馳騁田獵 令人心發狂)

즉 "모두가 사방으로 말을 달려서 사냥질하는 데만 여념이 없게 됨으로써 모든 사람의 마음이 미쳐 버린 세상"이라고 표현했다. 오늘 우리의 신자유주의 사회를 이보다 더 정확하게 묘사할 수 있을까.

다시 한 번 하나님 앞에서 멈출 줄 아는 능력에 대해 생각하면 좋겠다. 진정한 부자는 많은 것을 소유한 사람이 아니라 '필요를 느끼지 않는 사람'이라는 말이 있듯이 끝없는 소유에 의해 삶의 행복이 결정되는 것이 아니라 오히려 멈출 때를 아는 지혜가 우리를 행복하게 한다는 하나님 나라의 법칙을 기초로 살아갈 때 진정한 행복이 우리에게 찾아올 것이다.

7. 실천을 위한 꿈의 영성

윤리, 영성, 희망 그리고 유토피아는 기독교와 분리될 수 없는 중요한 개념들이다. 특별히 윤리와 영성은 '좀 더 나은 세상'의 실현을 위하여 구체적으로 행동하도록 우리를 부추기는 요소들이다. 희망은 윤리와 영성 그리고 유토피아를 유기적으로 연결시켜 주는 역할을 담당한다.

이러한 요소들의 조합을 우리는 예수의 생애에서 발견한다. 윤리와 영성의 사람 예수는 희망과 꿈을 품은 사람이었을 뿐 아니라 자신의 부활을 통해 희망 자체가 되었다. 그는 하나님 나라에 대한 유토피아적인 희망과 꿈을 버리지 않았다. 그럼에도 오늘의 상황은 우리로 하여금 유토피아적인 희망과 꿈을 포기하도록 종용하고 있다. 오늘의 상황은 우리가 원하든 원치 않든 현 체제만이 현실에서 가능한 유일한 것이라 주장하고 있다.

이러한 절망적인 상황 앞에서 하나님의 말씀은 우리로 하여금 '예언자적인 상상력'(Walter Brueggemann)을 동원하도록 촉구하고 있다. '예언자적인 상상력'은 우리가 생명의 하나님을 향한 신뢰를 바탕으로 미래에 대한 새로운 가능성을 설정하도록 용기를 북돋아 주고 있다.

우리는 다시 한 번 예수가 꿈꿨던 하나님 나라에 대한 꿈을 꾸어야 한다. 우리의 상상력을 동원해 그렇게 해야 한다. 신자유주의가 종언을 고하면서 혼란기에 접어들고 있는 요즘과 같은 시기야말로 하나님 나라에 대한 꿈을 살려내는 좋은 기회가 아니겠는가.

수적 성장을 이루기 위해 이 시대의 풍조를 반영하는 갖가지 방법론이 동원되고 있음을 보게 된다. 종교시장에도 자유시장의 물결이 넘쳐나고 있다. 경쟁이 치열해짐에 따라 이제 예배는 'show'로, 설교는 행복을 얻기 위한 값싼 처방전, 육체적 안정과 물질적 번영을 향한 초대로 전락하고 말았다.

이제 복음은 소비재로 변질되었으며 믿음은 정치·경제·사회적 삶과는 별개의 것으로서 아무런 헌신도 요구하지 않으며 순전히 개인적인 차원의 종교 경험(private religious experience)으로 변질되고 말았다.

자본 지배의 세계 속에서 복음도 소비재로 전락하고 있다.

이러한 상황에서 우리에게 시급하게 요구되는 것은 소비사회를 지배하고 있는 흑암의 세력으로부터 해방을 선포하는 복음의 능력의 회복이다. 교회의 사역은 '대형교회'를 추구하는 것이 아니다. 교회의 사역은 적그리스도의 가치관이 지배하고 있는 사회의 한복판에서 사랑, 정의, 평화, 진리와 자유라고 하는 하나님 나라의 가치관을 바탕으로 대안적인 사회모델을 추구하는 것이다.

8. 직관의 회복과 직관의 신학

탈근대는 무엇보다도 지금까지 근대의 영향을 받고 그 안에서 선교적 모델을 형성해 왔던 기존 교회들에 의해 무시되거나 혹은 억압되어 왔던 감성적인 신앙의 가치와 그것이 기독교 신학에서 차지하는 위치를 재발견하도록 하고 있다. 탈근대의 기계적이고 획일적인 과학적 이성에 대한 불신은 종교적 경험에 강한 애착을 갖도록 한다.

과학적 이성은 신앙을 교리에 대한 반복 혹은 그것에 동의하는 것으로 간주해 왔다. 그런 의미에서 탈근대는 과학적 이성이 소홀히 해 왔던 신앙과 신학의 직관적 차원과 감성의 차원을 회복하고자 한다. 미래시대의 신학은 신앙과 신학의 감성적 그리고 직관적 차원을 반영해야 한다.

근대가 객관적 이성을 최고의 가치로 여겼다면 탈근대는 감성을 최고의 가치로 여긴다. 이성적 신학이 기독교로 하여금 신비의 영역을 소홀히 하거나 무시하게 만들었던 반면, 감성적 영성은 기독교를 지극히 주관적인 종교로 만들어갈 위험을 가지고 있다. 이러한 상황에서 미래세대를 위한 신학은 직관(intuition)의 창조적 신학이 되어야 할 것이다.

특히 직관적 신학은 영성을 중심으로 생명의 근원인 하나님과의 깊은 관계를 맺는 신학이다. 직관의 신학은 우리로 하여금 이성과 감성을 넘어서 깨달음의 종교를 경험하게 만들 것이다. 직관은 우리로 하여금 새로운 차원의 의식을 일깨워 줄 것이다. 그 경험은 감성적인 경험을 넘어선다.

야곱은 꿈에서 깨어나 비로소 깨닫는다. "주님께서 분명히 이 곳에 계시는데도, 내가 미처 그것을 몰랐구나."(창 28:16) 과연 우리의 신학이 그리스도인들로 하여금 이러한 하나님과의 만남을 체험하도록 만들고 있을까? 토머스 머튼은 이러한 깨달음의 경지를 "존재의 중앙에 문이 열리고 그 문을 통해 끝없는 심연 속으로 들어가는 것 같다."라고 표현했다.

직관(깨달음)의 신학은 우리를 단순하게 만들고 우리를 이기심에서 끌어내 자유와 기쁨의 무한한 공간으로 이끌고 있다. 직관의 신학은 우리의 상상력을 자극하며 창조적인 신앙을 갖도록 할 것이다. 미래신학은 이처럼 이성과 감정을 아우르는 직관과 창조의 신학, 즉 성령의 신학이 되어야 한다.

9. 해방신학의 삼위일체론

해방신학의 신론, 그리스도론 그리고 성령론에 대한 소개를 마치면서 기독교의 가장 중요한 가르침 중의 하나인 삼위일체론에 대해 언급하지 않을 수 없다. 해방신학에서 삼위일체론의 중요성은 환 루이스 세군도, 호세 꼼블린, 레오나르도 보프, 로날도 무뇨스 등에 의해 강조되어 왔다.

특히 환 루이스 세군도는 카파도키아 교부들의 삼위일체 전통을 존중하면서 기본적으로 삼위일체는 하나님의 삼위 사이에 존재하는 소통의 관계를 의미한다고 지적했다. 레오나르도 보프는 그의 저서 『삼위일체, 사회 그리고 해방』을 통해 하나님의 삼위일체는 근본적으로 '아버지와 아들과 그리고 성령 사이에 존재하는 영원한 대화, 사랑의 교제 그리고 섭리의 일치와 행동의 통일'의 측면에서 이해된다고 말했다.

해방신학자들에게 '삼위일체'는 해방사역의 진행에서 특별한 의미를 갖는다. 삼위일체 안에서 우리의 하나님은 서로 다르고 구별되는 위격이지만 삼위는 완벽한 평등과 소통의 관계를 유지한다. 삼위일체의 하나님이 보여주는 모습은 작금의 억압의 사회가 변화와 혁명을 통해 추구해야 할 소통적이며 참여적인 사회의 모델을 보여주고 있다. 이처럼 삼위일체 하나님 안에서 가난한 사람들과 억눌린 사람들은 상상을 초월하는 하나님 나라의 임재를 경험하게 된다.

삼위일체의 본질이 소통에 있다고 한다면 그것은 사회와 교회 안에 존재하고 있는 모든 종류의 소외와 배제 현상을 비판한다. 그뿐만 아니라 삼위일체의 하나님은 우리의 사회가 소통과 참여가 있는 공동체로 변화되어야 함을 촉구하고 있다. 그런 의미에서 삼위일체는 해방 사역에 있어서 최고의 신학적 계기를 마련해 주고 있다.

호세 미게스 보니노 박사 또한 라틴아메리카 개신교 신학의 특징을 지적하면서 삼위일체론의 중요성을 강조했다. 그에 의하면 라틴아메리카 개신교는 그의 신학 특히 구원론에 있어서 개인적이고 주관적인 탈역사적 차원만을 강조함으로써 교리적으로는 삼위일체를 고백하나 실질적으로는 단일 신론적 그리스도론으로 축소되었다고 비판했다.

미게스 보니노는 삼위일체론은 우리로 하여금 창조 세계 안에, 우리의 역사 안에 그리고 인간의 죄의 용서와 새로운 세계를 향한 변화의 사역 안에서 만나지는 하나님은 아버지, 아들 그리고 성령의 하나님이심을 깨닫게 해준다고 말했다. 그뿐만 아니라 우리의 존재 이전에 이미 평화와 정의의 세계를 만드시고 지탱하시는 삼위일체의 하나님은 우리가 오늘 이 세계 안에서 평화와 정의를 만들어가는 신적인 사역에 동참하도록 촉구하고 있다.

해방신학자들이 구체적으로 삼위일체론을 강조하고 있지는 않아도 오랜 교회의 전통 위에 서 있는 그들의 신학적 성찰과 행위는 지극히 삼위일체적인 측면에서 이루어지고 있다.

13
당신이 교회입니다

1. 믿을 수 없는 교회

1993년, 루이스 페레스 아기르레(Luis Perez Aguierre, 1941~2001년)라는 우루과이 출신 예수회 사제는 『믿을 수 없는 교회』(La Iglesia Increible)라는 책을 출간했다. 그는 이 책에서 오늘의 교회가 진정한 의미의 교회됨, 즉 하나님 나라의 전조로서의 기능과 의무를 잃어버렸다고 주장했다.

그리고 그 원인은 무엇보다도 가난한 사람들의 삶의 현장을 외면하고 오직 자신들만의 세계를 이룬 데에 있음을 지적했다. 그 결과로 더 이상 교회는 사람들로부터 "믿을 수 없는 교회"가 되었다고 비판했다. 그의 비판은 옳았다. 그리고 그의 비판이 비록 라틴아메리카라고 하는 특정한 지역의 상황에서 출발한 것이기는 하지만 오늘 한국 교회의 상황과 무관하지 않다는 것을 우리는 알 수 있다.

오늘의 한국 교회의 상황을 한마디로 표현한다면(개신교 혹은 가톨릭교를 막론하고) 위기 상황이라고 말할 수 있다. 그 위기는 양적 성장이 둔화

되었다는 것만으로 국한시킬 수 없다. 오히려 진정한 위기는 교회가 오늘의 한국 사회에서 신뢰를 잃어버렸다는 것에서 오고 있다. 최근 프란치스코 교종의 획기적인 행보로 인해 교회를 향한 사람들의 신뢰가 약간은 회복되는 기미가 보이기는 했지만 전체적인 면에서 교회는 신뢰를 잃어버리고 말았다.

『믿을 수 없는 교회』 표지

2. 해방신학과 교회

어떻게 잃어버린 교회의 신뢰를 회복할 수 있을까? 해방신학은 교회에 대해 어떤 생각을 하고 있을까? 과연 해방신학은 교회를 위한 신학인가?

해방신학을 향한 많은 오해 중의 하나가 해방신학은 교회의 선교와 사역을 망친다는 것이다. 그리고 해방신학을 하는 사역자가 오면 그 교회는 쇠퇴일로를 겪게 되고 정치적 집단으로 변질된다고 한다. 필자 또한 그런 오해 때문에 여러 교회에서 배척을 받은 경험이 있다. 과연 그럴까? 해방신학은 정말로 교회를 망하게 하는 신학일까? 해방신학은 교회를 어떻게 이해하고 있을까?

1) 구원과 역사적 해방의 성례(sacrament)로서의 교회

구원을 단순히 죽음 이후의 세계를 향하는 전 단계로 이해해서는 안 된다. 교회는 구원을 역사적 해방의 관점에서 이해함으로 그 존재 의미를 가질 수 있다. 교회의 선교는 구원과 역사의 변혁을 향해 가난한 사람들과 함께 하면서 하나님 나라로 나아가는 역사적 행위이다.(구스따보 구띠에레스) 그리고 교회는 그러한 구원의 행위의 성례전적 장소가 된다. 결국 "가난한 사람을 위한 우선적 선택"은 교회의 존재 이유이며 출발점이 된다. (1979, 푸에블라 주교회의)

역사적 해방의 성례로서 교회는 가난한 사람들을 향한 사랑의 행위가 주님을 닮아감에 있어서 가장 중요한 요소임을 인식하도록 이끈다. 그리고 그러한 교회는 순교적 믿음과 행위를 요구한다. 역사적 해방의 길에 서 있는 교회는 순교적일 수밖에 없으며 박해를 받을 수밖에 없다. 자신의 체제와 구조를 강화하고 권력을 확대하는 교회가 아니라 오히려 자신을 바쳐서 가난한 사람들을 역사적 해방의 길로 인도하는 교회, 그것은 죽음을 각오한 교회다.

오스카 로메로의 초상

"형제자매 여러분, 나는 우리의 교회가 가난한 사람들을 위한 우선적 선택과 그들의 권리 회복과 보호를 교회 사목의 가장 중요한 주제로 삼았음으로 인하여 박해 받는 교회가 된 것을 기뻐합니다." (오스카 로메로 주교, 1979년 7월 15일 강론)

오늘 교회가 신뢰를 잃게 된 것은 교회가 박해받는 교회가 아니라 역사의 해방을 위해 투쟁하는 이들을 오히려 박해하는 교회가 되었기 때문이 아닐까? 구원과 역사적 해방의 성례로서의 교회에 대해 말하는 해방신학이 과연 교회를 위하지 않는 신학이라고 말할 수 있을까?

2) 기초공동체와 민중공동체로서의 교회

해방신학은 무엇보다도 민중이 기반이 된 기초공동체로서의 교회를 주장한다. 교회의 기초단위는 민중의 공동체이다. 그러므로 해방신학에서 신앙교육, 사도적 전승의 개혁, 예전 그리고 복음 전파에 있어서 민중성과 공동체성은 기본적인 요소가 된다.

교회는 하나님의 백성으로 이루어진 것으로서 그 자체가 민중적이다. 민중 차원에서의 교회에 대한 이해는 많은 해방신학자들이 "문화적 공동체"에서 "민중지혜적 공동체"로 교회를 새롭게 인식하도록 만들었다.(환 까를로스 스카노네 J. C. Scannone와 루이스 게라 L. Gera) 지배적 문화 혹은 가진 자의 문화에서 이해되던 계급적 교회에서 민중의 애환과 가난한 이들의 삶으로부터 이해되는 교회는 새로운 교회의 패러다임을 제시해 주었다.

오늘 한국 사회에서 성직자 중심의 계급적인 교회로 환원하는 모습 속에서 해방신학의 민중적 교회의 시도는 다시금 주목하지 않을 수 없다. 또 다른 한편으로 환 루이스 세군도가 이해한 교회는 상징적 공동체, 즉 역사적 해방의 상징으로서의 교회로도 이어진다.

그렇다. 교회는 가난한 이들의 해방을 위한 가난한 이들의 지혜의 상징이다. 이러한 이해는 다양하게 해석되어 혼 소브리노는 '가난한 사람의 교회', 레오나르도 보프와 엘라꾸리아 등은 '공동체의 네트워크로서의 교회'를 주장하기도 했다. 한편 민중적 공동체로서의 교회에 대한 이해는 민중 문화에 대한 새로운 발견과 존중으로 이어졌다.

3) 연대와 소통을 향한 길 위의 교회

해방신학의 교회론에서 중요한 주제들 중의 하나는 연대와 소통이다. 경제의 세계화와 신자유주의 경제는 빈부격차를 심화시키고 있으며 더욱이 무관심의 세계화는 인류의 미래를 심각하게 위협하고 있다.

이러한 상황에 대해 교종 프란치스코는 그의 문서 〈복음의 기쁨〉을 통해 경고하기도 했다. 해방신학은 무엇보다도 가난한 사람의 삶의 현장으로부터의 성찰로 시작되었다. 그러기에 시작부터 교회를 연대와 소통의 장소로 이해해 왔다. 교회 내부의 삶에 있어서 가장 중요한 것은 연대였다. 하나님은 가난한 사람, 억눌린 사람의 외침을 듣고 이 땅으로 내려오셔서 그들과 연대하심으로 가난과 억압의 쇠사슬을 끊고자 하셨다.

예수의 성육신은 이러한 하나님의 인간과의 연대를 의미할 뿐만 아니라 인간과의 소통도 의미했다. 가난한 사람들과의 연대와 소통은 무엇보다도 그들의 해방을 향한 것으로 이해되었다.

그러므로 교회는 또다시 연대와 소통을 통해 역사적 해방으로 향하는 길 위의 공동체로 이해된다. 해방신학을 향한 오해 중의 하나는 해방신학이 이데올로기적이라는 것이다. 물론 해방신학의 전개에 있어서 어떤 특정한 이데올로기와 대화하기도 했다. 그러나 근본적으로 해방신학은 길 위의 신학이다. 해방신학은 늘 신학 자체를 포함한 그 신학의 실천

해방신학은 그리스도와 모든 억눌리고 가난한 이들이 연대한 성육신적 공동체를 지향한다.

과 행위에 대해 지속적인 비판적 성찰을 통해 신학의 생동감과 새로움을 모색하고 있다. 해방신학이 말하는 해방의 과정은 그 자신인 해방신학을 향한 것이기도 하다.

그런 의미에서 길 위의 영성은 해방신학의 중요한 요소 중 하나다. 교회는 길 위의 공동체다. 해방의 과정 위에 서 있는 길 위의 공동체로서 교회는 늘 자신을 새롭게 개혁하도록 요구 받는다.

어쩌면 한국 교회의 위기는 이 같은 연대와 소통, 길 위의 영성을 상실한 것에서 기인한 것이 아닐까? 그런 의미에서 해방신학의 교회론은 위기의 한국 교회를 향해 귀중한 개혁의 원리를 제공하고 있다. 과연 해방신학이 교회를 외면하는 신학인가? 아니다. 해방신학은 지금도 진정한 교회의 의미를 회복하기 위해 길 위에 서 있는 신학이다.

3. 해방신학 교회론의 가능성과 비전

1) 교회 존재의 의미와 구원

해방신학의 교회론은 우리가 교회의 진정한 의미가 무엇인가를 성찰하도록 했다. 이는 교회의 존재 목적에 대한 질문이라고 볼 수 있나. 그리고 이 질문은 교회의 역사적 사명이 무엇인가에 대하여 생각하도록 만들었고 대다수의 민중이 착취를 당하고 죽음의 위협에 처해 있는 라틴아메리카의 현실과 구원의 긴급성 앞에서 교회의 사역이 어떠해야 할지에 대해 성찰하도록 해 주었다.

그런 의미에서 해방신학의 교회론은 라틴아메리카의 교회들이 구원의 질적, 역사적 차원에 대해 집중하도록 만들었다. 구원은 무엇인가? 그리고 교회는 구원의 통로로서 어떠한 역할을 감당해야 하는가에 대한 질문은 오늘의 상황에서 교회가 사역의 방향과 내용을 스스로 결정하게 만들고 있다.

이처럼 억압과 가난의 상황에서 교회는 해방적 실천이라는 측면에서 구원의 질적인 의미를 생각하지 않을 수 없다. 라틴아메리카의 상황에서뿐만 아니다. 오늘 신자유주의 경제체제로부터 발생한 불의하고 공정치 못한 사회 속에서 교회의 사역은 구체적 행동과 실천으로부터 출발하는 해방과 정의로운 사회의 건설이라는 구원의 질적인 면을 지향하지 않을 수 없다.

그런 의미에서 해방신학의 교회론은 초자연적이며 초역사적인 구원론에 집중되어 있는 우리의 교회 사역에 대해 의문을 제기하고 있다. 그것은 교회 중심적 혹은 초역사적인 종말론 중심의 구원론에 대한 의문 제기인 것이다. 무엇보다도 해방신학의 교회론은 기독교적 구원의 통전적 측면을 회복하도록 만들고

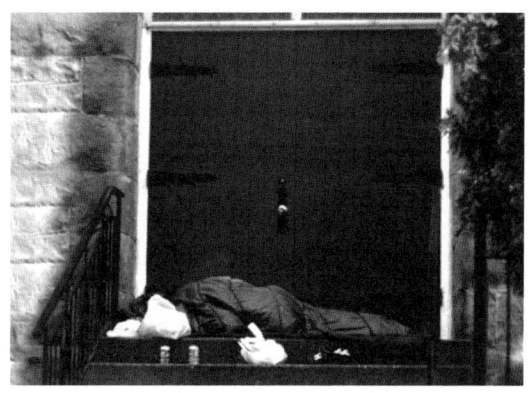

가난한 이들에게 문을 굳게 닫은 교회는 진정 해방적 교회일까?

있으며 따라서 오늘의 교회는 연대와 자유, 생명 평화의 공동체를 이룩하는 역사적 사역에 참여해야 함을 가르쳐주고 있다.

교회는 해방적 실천과 행동을 통해 진정한 의미의 구원 사역을 실행해 나갈 때 비로소 그 존재 의미를 회복할 것이다. 가난하고 억눌린 사람들과의 연대를 통해 그리고 성령의 역동적인 행위와 더불어 이 땅 위에서 진정한 해방과 구원을 이루어 갈 때 교회의 존재 가치는 더욱 빛나게 될 것이다.

해방신학의 교회론은 이미 귀족화되고 특권화됨으로써 가난하고 억눌린 사람들과의 연대로부터 멀어져 있는 오늘의 교회를 향해 교회 존재의 의미가 무엇인가를 상기시켜 주고 있다. 뿐만 아니라 불의에 대한 고발, 권력의 욕망에 대한 포기와 가난한 사람들을 향한 하나님 나라의 선포가 진정한 복음 선포임을 깨닫게 해주고 있다.

2) 하나님의 백성과 그리스도의 몸으로서의 교회

해방신학은 무엇보다 교회를 하나님의 백성, 특별히 가난하고 억눌린 백성들의 공동체로 이해하고 있다. 그리고 이 공동체는 그리스도의 몸으로서 교회를 이룬다. 이러한 교회의 이해는 라틴아메리카에서 기초공동체라는 형태로 구현되었다. 기초공동체는 성직체계를 중심으로 교회를 이해하고 있던 당시 가톨릭 교회에 큰 충격을 던져주었으며 교황청으로부터 박해를 받는 주요 원인이 되기도 했다.

이와 함께 해방신학은 교회를 성령의 역동적인 활동의 장으로 생각했다. 특히 성령은 생명의 영으로서 가난하고 억눌린 사람들 사이에서 활동하면서 그들을 해방의 세계로 이끌어 내고 있다고 주장한다. 하나님의 백성, 그리스도의 몸 그리고 성령의 활동의 장으로서의 교회는 교회의 본질적인 모습이 무엇인가를 깨닫게 해준다.

해방신학은 교회가 특정하고 전문화된 소수의 사람들 혹은 성직 체계 등 조직과 체제로서가 아니라 역사의 현장 속에서 복음으로 새로운 생명을 찾고자 하는 사람들의 모임임을 보여주고 있다. 해방신학이 전하는 교회는 생명의 영, 예수의 영이 만들어 내는 하나의 작품이다.

3) 해방신학과 교회의 표지들

초기 교회의 교부들은 교회는 하나이고 사도적이며 우주적이고 거룩하다고 설명해 왔다. 교회의 표지에 대한 전통적인 이해에 대하여 해방신학은 새로운 해석을 시도하였다.

① 일치성 : 교회의 하나됨은 정통 교리(orthodoxia)가 말하는 일치성을 넘어서야 한다. 오히려 교회의 하나됨은 역사를 향한 '정통 실천'(ortho praxis)의 측면에서 이루어져야 한다. 역사 안에서 보다 정의롭고 연대적인 사회의 건설을 향한 실천으로 해석되어야 하는 것이다.

② 우주성 : '정통 실천'으로부터 이해되는 교회의 하나됨은 교회의 우주성을 가난하고 억눌린 사람들과의 연대성으로 이해하도록 한다. 교회의 진정한 우주성과 초월성은 오직 연대에 기초하고 있어야 한다. 역사 안에서 소외되고 억압받아 온 하나님의 백성들과의 연대는 교회가 진정한 우주성을 회복하도록 만든다.

③ 거룩성 : 교회의 거룩함은 단순한 윤리적인 이해를 넘어서야 한다. 그것은 다름으로부터 시작되어야 한다. 그리고 그 다름은 항시적이며 구체적인 변화, 즉 거듭남의 경험으로부터 발생하는 것이다. 교회의 거룩성은 억압의 권력으로부터 자유로워지며 가난하고 억눌린 사람들 가운데 계시는 예수 그리스도를 발견하고 그리스도와 함께 살아감으로써 이루어진다.

교회의 거룩성은 단지 거룩한 하나님에 대해 긍정적인 응답을 하는 것뿐만 아니라 죄와 이기주의에 대해 거부하는 모습으로 나타나야 한다. 그러나 거기에 그쳐서는 안 된다. 교회의 거룩성은 오히려 이 사회로부터 억압받고 소외되고 인간으로서 대우를 받지 못하는 사람들과 함께 함으로써 더욱 강화되어 갈 것이다.

④ 사도성 : 교회의 사도성은 교회의 사명에 대한 역사적 신실함으로 이해되어야 한다. 교회의 사도성을 폐쇄적으로 이해해서는 안 된다. 오히려 사도성은 교회의 사명에 대한 역사적 승계와 연관하여 이해되어야

한다. 사도적 교회는 지금까지 교회의 체제에서 소외되고 무시되었던 다수의 가난한 사람들을 포함하는 교회로 이해되어야 한다. 교회는 가난하고 억눌린 사람들을 구원의 역사적 주체로 인식하고 그들과 함께 연대하면서 구원의 사역을 이루어 나가고자 할 때 진정한 의미의 사도성을 갖게 될 것이다.

게르하르트 로핑크(Gerhard Lohfink)는 그의 저서 『예수님이 원하셨던 교회』에서 다음과 같이 교회의 모습을 설명하고 있다.

① 하나님의 백성으로서의 교회
② 성령의 현존이 드러나는 교회
③ 모든 사회적 차별과 편견이 사라지는 교회
④ 함께 나누고 사는 삶이 실천되는 교회
⑤ 형제 사랑이 기본이 되는 교회
⑥ 지배를 포기하고 서로 섬기는 교회
⑦ 세상의 문화를 거슬러 올라가는 교회
⑧ 사회를 향한 하나님 나라의 상징이 되는 교회

예수님이 원하셨던 교회의 모습은 체제, 교리 혹은 자신의 기득권 유지에서 벗어나 해방의 실천과 행동으로부터 출발해 가난하고 억눌린 사람들과 연대하면서 구원의 사역을 감당해 나갈 때 이루어질 것이다. 그리하면 그 교회는 이 사회의 희망의 상징으로 온전히 서게 될 것이다.

14
해방신학의 종말론

1. 종말을 기다린다는 것은?

전통적인 기독교 신학에서 종말론은 일반적으로 세상과 역사의 끝에 발생할 일들에 대한 입장들이다. 전통적인 기독교 신학은 인간의 역사는 종말을 향해 나아가고 있고 그 역사의 끝에서 완전한 하나님 나라가 이루어진다고 주장한다. 해방신학의 경우에서도 비록 체계적인 가르침은 아니더라도 역사의 종말과 관련된 생각들이 형성되어 있다.

그러면 해방신학이 말하는 종말론의 주요한 신학적 특징은 무엇일까? 해방신학이 주장하는 "새로운 세계"와 "새로운 인간"에 대한 주장은 초역사적일까 혹은 역사 내재적일까? 또 그 과정은 어떠할까?

해방신학의 종말론을 살펴보기 위해 필자는 구띠에레스가 그의 저서 『해방신학』에서 언급하고 있는 "종말의 정치적 차원"과 레오나르도 보프의 저서 『또 다른 삶에 대하여 말해보자』를 통해 전통적 기독교 신학의 종말론적 주제들이 어떻게 해석되고 있는가를 알아보고자 한다.

마지막으로 *Mysterium libertionis*에 수록되어 있는 혼 소브리노의 하나님 나라 개념에서 출발하는 종말론에 대해서도 살펴보고자 한다.

2. 일반적인 특징

해방신학의 종말론은 전통적인 종말론과 다음과 같은 차이를 보이고 있다.

첫째는 해방신학의 종말론은 전통적인 신학의 전제에 앞서 사회학적 전제로부터 출발한다. 즉 현재의 상황이 종말론의 전제가 되고 있다는 의미다. 불의하고 억압적인 현 상황을 염두에 두지 않은 채 역사 저편으로 향하는 종말론에는 의미를 두지 않는다. 그러므로 해방적 종말론은 불의한 현 사회 구조에 대한 극복이 전제되고 있다.

이러한 해방신학의 종말론은 내세적 종말론에 경도되어 불의한 현실의 극복과 새로운 세계의 건설에는 무관심한 것이 진정한 신앙의 모습이라고 오해하고 있는 대다수의 교회들에게 새로운 시각을 던져주고 있다. 그리고 이러한 해방적 종말론은 인간에게는 행동과 실천을 통한 희망으로 나타난다. 그러므로 해방신학의 종말론은 역사의 종말은 억압과 불의와 가난이 극복되어 새로운 시작을 의미하는 희망론이라고 바꿔 부를 수 있다.

둘째, 종말의 역사에서 예수의 사역은 당시의 불의한 유대사회의 변혁을 위한 해방의 사역으로 이해된다. 그것은 사회의 변혁을 의미한다. 예수의 사회 변혁으로부터 이해되는 종말론은 역사 내재적인 성격을 갖고 있다. 따라서 해방적 종말론은 인류가 당면하고 있는 갈등적 상황을 외면하지 않고 오히려 깊숙이 참여함으로써 변혁을 이루어내는 구체적인 행동을 위한 믿음이다.

사회 변혁을 향한 교회의 선교행위는 종말론적이며 그리고 그것은 종국에는 정치적 행위로 연결된다. 오늘 많은 교회들이 보여주는 정치적 행위와 기독교 신앙의 분리 시도에 대해서 해방신학은 비판적이다. 해방의 종말론은 기독교 신앙의 핵심적인 내용이며 인류가 당면하고 있는 가난과 억압의 암울한 상황을 극복하고자 하는 희망의 신학이다. 그것이 하나님 나라의 실현이며 역사의 실현이기도 하다. 그러므로 예수의 변혁을 향한 해방의 사역은 지극히 종말론적이다.

셋째, 해방신학의 종말론적 메시지는 가난하고 억압받는 사람들의 삶의 자리에서부터 형성된다. 종말이 결국 가난과 억압으로부터 해방되어 하나님 나라로 향하는 것이라면 그 출발점은 가난하고 억압받는 사람들의 삶의 자리여야 한다. 그들의 삶의 자리에서 역사의 실현과 하나님 나라를 생각하지 않을 수 없는 것이다. 그러한 삶의 자리에서 출발하는 종말은 해방을 향한 하나의 과정으로 이해된다.

넷째, 해방적 종말은 이론을 넘어서서 행위와 실천의 특징을 갖고 있다. 이론에 앞서 실천의 우선순위를 주장한다. 하나님 나라는 역사 안에 내재하고 있으며 그의 현존은 해방을 향한 종말론적 실천으로 표현된다. 성서 읽기와 그를 통한 종말론적 이해는 실천의 빛에 의해 이루어진다. 성서의 종말론적 내용은 상황적이고 역사적 성격을 띠고 있다.

그러므로 우리는 삶의 현장에서 실천을 통해 하나님 나라의 종말론적 성격을 체험하고 이해할 수 있다. 하나님 나라의 실현은 해방의 수단으로서의 정치적 행위를 통해 가능하기 때문이다.

다섯째, 해방적 종말론은 정치적이다. 해방적 종말의 정치적 차원은 해방신학에 있어서 핵심적이다. 해방신학에서 종말론적인 삶을 산다는 것은 가난한 사람들의 정치·사회적 복원을 향해 산다는 것이다. 그리고 그것은 구체적으로 불의한 체제를 변혁하는 것을 의미한다. 이는 해방적 종말론의 핵심이다. 가난과 억압을 확대 재생산해 내고 있는 불의한 사회·정치적 구조와 체제의 변혁, 그것은 자본주의 체제를 넘어서는 사회주의적 체제를 지향하기도 한다. 기본적으로 해방적 종말론은 사회주의적 체제를 향하고 있다.

해방신학 종말론적인 삶을 산다는 것은 가난한 사람들의 정치·경제·사회적 복원을 위해 산다는 것이다.

여섯째, 해방적 종말론은 사회적 지원을 넘어서서 참여적이다. 가난한 사람들의 자신들이 처해 있는 종말론적 상황의 이해와 의식을 넘어서 자신들의 해방을 위한 투쟁에 참여해야 한다. 종말론적 해방의 역사에 참여함으로써 그들은 비로소 "새로운 인간"으로 거듭날 수 있다.

그리고 참여는 그들로 하여금 "새로운 세상"의 건설이 가능하다는 것을 알게 해준다. 정의로운 사회, 하나님 나라를 기대하는 것으로는 충분하지 않다. 정의를 실현하는 것이 시급하다. 이를 위해 해방적 종말론이 주는 기대와 희망은 참여적이며 주체적이다.

일곱째, 해방적 종말론은 유토피아적이다. 역사적 지평은 종말적 유토피아에 의해 규정된다. 유토피아는 예수에 의해 시작된 종말의 역사를 실현하는 데 있어 원동력이 되고 있다. 구원과 정의로운 삶을 향한 부활은 오직 이 같은 종말론적 유토피아의 건설로부터 이해된다.

해방신학의 종말론은 가톨릭 교회와 개신교의 전통적 신학으로부터 많은 비판을 받아왔다. 이들의 비판은 다음과 같은 면에서 이루어졌다. 첫째는 해방신학의 종말론이 신 중심이 아니라 인간 중심, 그것도 가난한 사람을 종말의 해석학의 주체로 간주하고 있다는 것이다. 그런 까닭에 해방의 종말론이 아니라 해방의 사회학이라는 비판이다. 둘째는 가난한 사람들로부터 출발하는 종말론은 역사 안에서의 하나님의 섭리활동을 거부하거나 상대화할 위험이 있다는 것이며 가난한 사람들이 종말의 온전한 지평으로 떠오르는 위험성을 안고 있다는 것이다. 이러한 이해는 역사 안의 하나님의 섭리활동에 대해 잘못된 이해를 갖게 됨으로 하나님의 인간화로 귀결될 것이라고 비판한다.

이러한 비판에도 불구하고 해방신학의 종말론은 종말을 죽음 이후의 세계에서 현 세계로 당겨왔다. 현재의 삶의 현장은 미래의 출발점임을 다시 한 번 상기시켜 주었을 뿐만 아니라 하나님은 결코 불의와 가난을 용인하는 하나님이 아님을 보여주었다.

전통적인 신학은 해방신학의 종말론을 통해 자신들이 얼마나 현재의 삶, 정치·경제·사회적 현실과 종말을 분리시켜 왔으며 이를 통해 불의하고 억압된 현실을 유지시켜 나가고 사회변혁의 동력을 상실하는 데 일조해 왔는지 깨닫게 된다.

신학은 그리스도인들의 현재의 삶에 종말이 좀 더 그 모습을 구체적으로 드러내도록 도와주어야 한다. 신학은 기독교 신앙의 종말론적 차원이 죽음 이후 혹은 역사 너머만을 향하는 것이 아니라 오히려 오늘의 상황에서 가난과 억압의 삶의 자리에서 고통을 받고 있는 사람들의 삶에서 구체적인 의미를 가질 수 있도록 도와주어야 한다. 진정한 그리스도교적 종말론은 역사와 초역사의 관계에서 구체적으로 우리의 삶의 모습을 변혁시켜 나가도록 도와주어야 할 것이다.

3. 구띠에레스가 본 종말의 정치적 차원

구띠에레스는 종말은 보다 더 정의로운 사회의 건설을 향한 헌신과 관련되어 있으며 그것은 종국에는 새로운 인간의 출현을 의미한다고 말했다. 그리고 이러한 종말론적인 생각은 미래에 대한 확신으로부터 출발됨을 강조했다.

역사적 종말은 새로운 사회 의식의 창출로서 해방적 유토피아를 향하게 된다. 해방적 역사의 종말은 생산수단의 사회적 공유를 넘어서서 문화적 혁명과 자유로운 사회로의 이양을 위한 정치적 변화를 의미한다. 해방의 종말은 결국 전혀 새로운 사회의 건설과 그 사회로부터 발생되는 인간론으로 귀결된다. 그것은 유토피아의 실현이기도 하다.

그에 의하면 선진 국가들에게 있어서 미래를 향한 종말은 과학과 기술 발전에 의한 자연의 정복을 통한 그들의 사회 안정을 향하게 될 것이다. 그러나 서방국가에 의해 억압당하고 종속되어 있는 라틴아메리카인들에게 이같은 종말론적 미래는 억압의 심화과정으로 이해될 것이다. 또

샤갈의 〈출애굽〉

그러한 미래는 다양한 형태로 그들의 삶을 짓누르는 억압과 가난으로 인해 더욱 암울해질 것이다. 그러므로 라틴아메리카 상황에서의 종말에 대한 언급은 불의한 현실의 유지에 대한 극복을 전제로 하는 정치적 차원을 가질 수밖에 없다.

　라틴아메리카 민중에게 종말론적 희망은 인간적인 삶을 살 수 없게 만드는 모든 억압적인 권력과 경제적 구조로부터의 벗어남에서 출발된다. 구띠에레스의 종말론적 전망은 역사적 투쟁의 의무를 회피하지 않고 구체적인 사회 실천을 통해 정치적 차원에 영향을 미치는 행동으로부터 전개된다. 그런 의미에서 복음 선포가 지닌 정치적 차원과 역사적 유토피아에 대한 믿음은 매우 밀접한 관계에 놓인다.

4. 레오나르도 보프의 종말론 이해

보프는 종말에 대하여 "미래의 전망에서 현재를 말하기"로 정의한다. 그는 칼 라너의 생각을 지지하면서 "종말은 미래에 발생할 사건에 대한 예지적인 기록이 아니며, 오늘의 현실에서 우리가 경험하고 있는 불충분하고 불완전한 현실 삶의 온전한 실현이다."라고 주장한다. 즉 보프에게 종말은 현재의 역사적인 삶과 분리해서 생각할 수 없는 것이다.

보프는 전통적인 종말론에 대해 두 가지 측면에서 비판했다. 전통적인 종말론의 현실적 삶에 대한 배제와 교회 중심성이다. 그는 전통적인 종말론이 현재를 소외시키며 오직 미래만을 지향한다고 비판했다. 그리고 그것이 교회 혹은 기독교 중심으로 이해되고 있다고 비판했다.

보프는 그의 저서 『다른 삶에 대하여 말하기』(*Hablemos de la Otra Vida* 10a. edicion Editorial Sal Terrae Santander)를 통해 전통적인 종말론적 주제에 대해 미래의 전망으로부터 성찰되는 현재적 의미를 부여했다. 다음은 위의 저서에 나타난 보프의 종말론적 주제에 대한 생각을 요약한 것이다.

1) 죽음

그는 로마서 6장 23절의 죄의 삯으로의 부정적인 죽음 이해와는 거리를 두면서 죽음을 "삶의 온전한 종말"로 이해한다. 보프는 삶의 종말을 끝으로 이해하기보다는 도달점이라고 이해한다. 어떤 의미에서 하이데거의 영향을 받은 것으로 보이는 그는 죽음을 일반적인 의미의 육체와 영혼의 분리라고 받아들이지 않는다. 그에게 있어서 인간의 생명은 육과 영으로 분리될 수 있는 존재가 아니기 때문이다.

2) 부활

떼야르 드 샤르댕의 견해를 따라서 보프에게 부활은 "인간화의 마지막 정점"이다. 그는 이렇게 말한다. "부활은 인간화의 정점으로 이해될 수 있다. 부활은 인간 유토피아의 실현이며 희망의 원리 안에서 창조된 인간의 꽃피움이다." 부활은 단순한 생명

샤갈의 〈부활〉

의 깨어남을 넘어서서 진정한 인간이 되는 것으로 이해된다.

3) 최후의 심판

최후의 심판은 인간에게 새롭게 주어지는 최종적인 구원의 기회로 이해된다. "인간은 언젠가는 하느님과 그리고 부활의 예수와 만나게 될 것이다. 그가 비록 그의 생애에서 하느님에 대해서 전혀 듣거나 알고 있지 못했다고 하더라도 말이다. 그리고 그 만남은 그에게 하느님과 그리스도를 선택할 기회가 될 것이다." 그는 최후의 심판을 저주와 징벌의 시간이 아니라 오히려 구원과 희망의 시간으로 이해하고 있다. 그런 의미에서 그에게

연옥의 존재는 "하느님 앞에 서기 위하여 온전한 성숙의 과정"이다.

4) 천국과 지옥

그는 그의 저서 마지막 부분에서 천국과 지옥에 대하여 언급한다. 천국은 "하느님 안에서 인간 존재의 온전하고 최종적인 존재의 실현이다." 그것은 지리적 장소가 아니라 하느님과 그리스도의 온전한 사랑을 만나고 체험하는 상황이다. 그러므로 천국은 이미 이 땅 위에서 전개되고 실현되고 있는 것이다. 물론 그의 온전한 실현은 아직 완벽하게 이루어지지는 않았지만 말이다.

지옥에 대해서 보프는 그 존재를 인정하기는 하지만 그것을 "뿔 달린 악마와 같은 모습"으로 바라보아서는 안 된다고 말한다. 그것은 사람들을 공포로 몰아넣는 수많은 종교적 상상과 환상에 의해서 주입된 생각이라고 비판한다. 지옥도 천국과 마찬가지로 지리적인 개념이 아니라 상황적인 의미로서 "상태"로 이해되어야 한다.

지옥은 온전한 인간적 삶의 실현의 실패를 의미한다. 이처럼 보프는 전통적인 종말론의 주재를 철저하게 현실적 상황과 연결하여 생각한다. 그리고 종말은 불충분한 현실의 삶의 모습이 온전한 변화를 경험하는 것과 연결하여 생각해야 한다. 현재가 소외되는 미래의 종말은 그에게 큰 의미를 가지지 못하고 있다.

5. 혼 소브리노의 종말론 이해

신학에서 진정한 변화와 개혁은 기독교 신앙과 관련되는 최종 목표에 대한 질문에 답변하는 것으로부터 출발된다. 신앙의 도달점이 무엇인가라는 질문이다. 이 질문에 대해 어떻게 답변하는가가 신학의 내용과 방향을 결정짓는다. 이것은 예수가 전한 메시지가 지극히 종말론적이었음을 발견하게 될 때 더욱 절실해질 것이다.

예수의 종말론적 메시지는 하나님 나라를 향하고 있다. 해방신학은 그런 의미에서 종말론적인 질문과 그에 대한 답변을 하는 신학이다. 해방신학이 추구하는 종말은 무엇인가?

그것은 그 신학의 이름이 말해주듯 '해방'이다. 가난한 사람들의 해방이다. 그런 의미에서 해방신학은 근본적으로 종말론적 신학이다. 종말론적인 신학으로서 해방신학에서 가장 중요한 종말론적 주제는 의심의 여지없이 하나님 나라이다.

하나님 나라는 불의한 정치·경제적 체제의 현실 안에서 구체적으로 그 모습을 드러낸다. 해방신학의 종말론적인 측면에서의 하나님 나라의 강조는 그리스도론과 밀접하게 연관되어 주장된다. 혼 소브리노에게 해방신학은 역사적 예수와 하나님 나라에 대한 그의 메시지를 회복함으로써 현재를 역사화하는 시도라고 이해된다.

그에게 라틴아메리카에서 보이는 반 하나님 나라적인 모습은 단순한 "아직도 이루어지지 않은 하나님 나라"(not-yet-kingdom)를 반영하는 것이 아니다. 이곳의 현실은 "분명하게 하나님 나라가 아니다"(clearly not Kingdom)라는 것을 보여주고 있다.

사갈의 〈해방〉

그러므로 혼 소브리노에게 종말은 불의한 반(反) 하나님 나라에 대항하는 투쟁을 통해 온다. 종말론적 하나님 나라는 단순하게 "좋은 것들"로 가득한 세상을 넘어서서 "악한 것들"로부터의 해방을 의미한다.

지금까지 해방신학의 종말론적인 시각에 대하여 살펴보았다. 이에 대하여 여러 다양한 의견이 존재하고 있을지라도 공통적으로 분명하게 보이는 것은 해방신학의 종말론은 초월적 시간의 차원을 넘어서서 현재적 역사 안에서 발생하는 실제적 사건을 향하고 있으며 이 땅 위에서 이루어지는 하나님 나라의 지평을 향하고 있다는 것이다. 그것과 더불어 종말은 가난한 사람들의 삶의 현장에서부터 출발한다.

오늘 우리 교회의 종말론적 기대는 어디로 향하고 있을까? 현실에 눈을 감게 하고 초월적 역사를 바라보게만 만들고 있다면 그것은 하나의 환각제 역할에 머물 수도 있다. 우리의 믿음은 우리의 시각과 현실을 넘어서 하나님 나라를 향하게 함으로써 유토피아적 꿈을 회복하게 만드는 것이 되어야 한다. 그런 의미에서 해방신학의 종말론은 유토피아를 상실한 오늘의 세대를 향해 외치고 있다. "승리의 그날까지 언제나"(Hasta la victoria siempre!).

6. 해방과 구원

해방신학은 태동 시초부터 다음과 같은 질문을 가지고 있었다. 그것은 그리스도에 의한 구원과 인간의 역사 속에서 이루어지고 있는 개인 혹은 구조적 해방을 위한 역사적 투쟁과의 관계는 무엇인가라는 질문이다. 이 질문은 다름 아닌 인간의 역사 속에서 나타난 보다 자유롭고 공의로운 사회와 새로운 인간의 건설을 위한 역사적 과정을 신앙의 눈으로 어떤 구원론적인 의미를 부여할 수 있느냐 하는 문제로 귀결된다.

이 질문은 기독교의 구원은 하나님과의 교제와 참여 안에서 이루어지는 죄로부터의 해방이라는 기본적인 이해와 개인적인 차원과 사회구조적인 차원에서 이루어진 역사적 해방과정 사이에 존재하는 연관성에 대한 질문이다. 이것에 대하여 구띠에레스는 해방의 세 가지 의미를 주장한다.

첫째, 정치적 해방이다. 이것은 경제 사회 정치 그리고 이데올로기적인 사회구조 전반에서 이루어지는 해방이다.

둘째, 역사의 전 과정을 통하여 발생하는 인간 해방이다. 이 차원은 자유롭고 새로운 인간이 되기 위한 내면적, 심리적, 그리고 인간관계에서 발생하는 모든 해방의 과정과 관련된다.

셋째, 신학적 해방이다. 이 차원은 죄로부터의 해방이다. 하나님과의 관계에서 발생하는 모든 죄와 그의 결과로부터의 해방이다.

이러한 전제로부터 해방신학은 구원을 해방적 차원에서 다음과 같이 이해하고 있다고 요약할 수 있다.

1) 노예됨으로부터의 역사적 해방

성서에 기록된 하나님의 구원 행위는 모든 노예됨으로부터의 역사적 해방이며 약하고 억눌린 사람의 편에 서서 인간들 사이의 정의를 실현하기 위한 것이며 이것이 구원 행위의 가장 중요하고 근본적인 상징이다.

해방신학은 출애굽 사건을 역사에서 나타난 하나님의 구원 행위의 범례로 간주한다. 출애굽은 하나님의 구원을 위한 계시적 행위이다. 그것은 하나님의 구원이 어떤 모습을 갖추고 있는 것인가를 보여주는 구체적 행위이다.

해방과 구원의 구약적인 의미는 이것에 대한 신약의 종말론적 전망을 결코 손상시키지 않는다. 예수에 의해 선포된 구원은 초역사적 차원에만 머물지 않는다. 오히려 예수의 구원은 이웃 사랑의 명령과 정의 실현을 통하여 확인되고 또한 실제적으로 이루어지는 사랑의 행위를 통하여 육화되고 역사적인 표현으로 자리 잡게 된다.

2) 창조의 완성으로서의 구원

예수 그리스도의 구원사역은 재창조사역이며 창조의 완성이다. 성서적 관점에서 창조는 하나님의 유일한 구원계획 안에 위치하고 있다.

창조는 그리스도 안에서 그리스도를 통하여 그리고 그리스도를 위한 것이다. 그러므로 그리스도의 구원사역은 새로운 창조를 향하고 있다. 예수가 전한 기쁜 소식은 풍요로운 생명의 힘으로 해방된 새 창조에 대한 선포이다.

구원사역은 창조사역을 초월하거나 혹은 소외시키는 것이 아니라 오히려 그것을 은혜로 풍요롭게 만들어간다. 그러므로 창조와 구원의 역동적인 관계는 구원과 창조의 역사와 그리고 모든 억압으로부터의 해방의 역사와 죄로부터의 해방의 역사를 구분하는 모든 이분법적 오류를 극복하게 만든다.

이처럼 해방신학은 예수에 의해 이루어지는 구원의 사역을 통전적으로 이해하고자 한다. 이런 의미에서 인간의 해방과 자유를 행하고 진정한 정의를 이룩하기 위한 행위는 하나님의 역동적인 구원섭리와 계획 안에 위치하고 있다고 이해한다.

3) 사회 해방을 위한 소명과 책임적 참여

성서적 전통의 종말론적 약속(자유, 평화, 정의, 형제애 등)에 대한 신실성은 사회의 해방을 위한 역사적 소명과 책임적 참여를 촉구한다.

해방신학은 하나님의 구원의 섭리에 대한 구체적인 표현으로서의 성서의 종말론적 약속은 결코 개인화되거나 거짓된 영적 이미지화 혹은 비역사화되어서는 안 된다는 것을 분명히 하고 있다. 해방신학은 종말론적 약속들의 역사적 현존으로서 정치사회적이며 실제적인 삶의 현장에서의 실현을 강조한다.

따라서 그 약속의 성취는 단지 역사의 종말의 시대에서만 실현되는 것이 아니다. 그것은 역사의 과정 안에서 이에 대한 인간의 자유로운 응답과 참여를 통해 실제적으로 이루어져 가는 것이다.

결론적으로 기독교적 구원은 인간의 존엄성을 확실하게 그리고 구체적으로 보장해 주는 사회, 정치 그리고 경제적인 해방이 배재된 채 온전해질 수 없음을 분명히 하고 있다.

15
해방하는 어머니의 사랑

1. 매듭 푸는 성모 마리아

파라과이에서 살 때의 일이다. 파라과이에는 가톨릭 교회의 유명한 마리아 성지가 있는데 수도 아순시온에서 약 60km 떨어진 까아꾸뻬(Caacupe)라는 지역에 자리 잡고 있다. 이곳은 라틴아메리카 4대 성지 중

까아꾸뻬의 성모 마리아와 성모 축제 광경

의 하나로서 매년 12월 8일 마리아 축일이 되면 전국 각지에서 신자들이 모여들어서 성대한 축제를 벌이곤 한다.

무려 한 달 이전부터 자신이 살고 있는 곳에서부터 걸어오는 사람, 성지 가까운 곳에 이르러서는 무릎으로 성지까지 오는 사람, 갖가지의 모양으로 온갖 정성을 다하면서 까아꾸뻬 성지로 몰려드는 사람들을 수없이 볼 수 있다. 축일이 가까이 오면 성부는 순례자들을 보호하기 위해 교통 통제를 하기도 하고 각종 편의 시설을 제공하기도 한다.

청년 시절의 필자에게 이러한 광경은 장관으로 느껴졌다. 물론 개신교 신자인 나에게 그런 모습이 약간은 생소하게 다가오기도 했지만 "무엇이 이들로 하여금 저런 희생과 정성을 드리도록 하는가?"라는 질문과 함께 마음속으로는 경이로움을 느끼게 되었다.

아르헨티나 부에노스아이레스 근교의 탈라르 성 요셉(San Jose de Talar) 성당에서는 "매듭 푸는 마리아"를 모시고 있다. 이 성당은 매월 8일 축일이 되면 3만 명 이상의 신자들이 몰려오곤 한다. 삶에 매듭이 맺혀 있는 사람들이 몰려오는 것이다. 매듭이 풀리기를 기대하면서…. "매듭 푸는 마리아"를 향한 기도는 1700년경 독일에서 시작되었다고 알려져 있는데 아르헨티나에서는 한 신부에 의해

아르헨티나 탈라르 성 요셉 성당의 매듭 푸는 마리아

1984년부터 시작되었고 1998년 프란치스코 교종이 베르골리오 추기경 시절 권장하면서 많은 가톨릭 신자에게 널리 알려지게 되었다고 한다.

이처럼 라틴아메리카 가톨릭 신자들에게 성모 마리아는 매우 큰 의미를 가지고 있다. 이 지역의 가톨릭을 언급하면서 성모 마리아에 대해 말하지 않을 수 없는 이유다. 그러면 해방신학에서 성모 마리아가 차지하고 있는 위치와 의미는 무엇일까?

2. 라틴아메리카 가톨릭과 민중 종교성

종교성에 대해 말할 때 우리는 '믿음'과 '종교성'을 구분해서 말해야 한다. 복음의 관점에서 볼 때 '믿음'이란 그리스도를 통해 나타나는 하나님의 계시를 받아들이고 예수와 그의 나라를 위해 헌신을 다짐하는 인간의 행위라고 말할 수 있다. 반면 일반적으로 '종교성'(Religiosity)이란 여러 방법을 통해 신성(Divinity)에 접근하고 또 인간적인 다양한 수단으로 그 종교적 경험을 표현하고 살아가는 인간의 행위라고 볼 수 있다.

그러면 구체적으로 민중 종교성(Popular Religiosity)이란 무엇을 말하는 것인가? 이 질문에 답변하는 것은 결코 쉬운 일이 아니다. 세군도 갈릴레아(Segundo Galilea)는 "민중 종교성은 매우 복잡하고 다양한 현실이다. 그러므로 어떤 특정한 과학적인 정확성을 가지고 그 한계를 규정한다는 것은 극히 어려운 일이다."라고 말한다. 그에 의하면 민중 종교성을 "정의"하는 것을 포기하고 다만 그에 가까운 개념만을 설정하는 것을 시도할 뿐이다.(Segundo Galilea, *Religiosidad popular y pastoral*(민중 종교성과 목회), Madrid: Cristiandad, 1979, 79~88.)

민중 종교성에 대해 교종 바오로 6세(1897~1978)는 "그것은 민중 속에서 발견되는 믿음의 특이한 표현이며 또한 신을 찾고자 하는 심정의 특별한 표현이다. 그것은 어쩌면 진리(믿음)와 선에 대한 추구의 자연스럽고 자발적인 표현일 수 있다."라고 정의하고 있으며(Evangelii Nuntiadi, 48. 1), 1976년 라틴아메리카 주교회의(CELAM)가 주최한 "민중 종교성과의 만남"에서는 "한 특정한 인종 사이에서 발생하는 특별한 종교조직 형태, 종교의식, 신앙 등의 집합"이라고 민중 종교성에 대해 정의하고 있다.(CELAM, Iglesia y Religiosidad Popular(교회와 민중 종교성), 33.) 또 라틴아메리카 가톨릭 교회의 주요 문서 중의 하나인 〈푸에블라(Puebla) 문서〉(444)는 "민중 종교성은 한 종교가 어떤 특정한 민족 사이에서 취하게 되는 문화적인 현존이나 혹은 문화적 형태이다."라고 말하고 있다.

이처럼 민중 종교성은 민중의 일상생활에서 얻어지는 여러 생활 경험들과 밀접하게 연결되어 있고 인간의 필요에 의존하게 된다. 민중 종교성이란 각 민족 사이에서 발생한 종교적 전통을 통해 다음 세대로 전수되는 종교적 표현이나 혹은 종교적 사상이다. 라틴아메리카에서의 민중 종교성은 매우 다양한 모양으로 나타나고 있다. 라틴아메리카 민중 종교성은 어떤 면에서는 그리스도적이며, 때로는 세미(semi) 그리스도교적인 모습으로도 나타난다.

3. 민중 종교성과 성모 마리아

이러한 역사적 배경과 민중 종교성의 혼합주의적인 성격하에서 라틴아메리카 지역에서는 많은 대중의 인기를 얻고 있는 독특한 종교행사가 여러 형태로 발전했다. 모든 종교에서 볼 수 있는 순례행렬은 특히 라틴아메리카에서 크게 성행하고 있다. 성모 마리아가 발현했다는 성지 등에 대한 순례의 행렬은 특정한 날에는 줄을 잇고 있으며 전국적인 행사로 온 나라가 들끓는다.

마리아에 대한 숭배는 이곳 라틴아메리카 민중 종교성의 가장 중요한 특징 중의 하나다. 이것은 이 지역에서 세대와 세대를 걸쳐 내려온 역사적인 숭배 사상이다. 마리아 숭배에 대해 이해하지 않고선 라틴아메리카 가톨릭을 이해하기 어려울 것이다. 정복 초기부터 지금까지 500여 년 동안 이곳에서 마리아는 모든 예술 작품의 초점이 되어 왔다. 미술, 문학, 음악 그리고 대중가요 등 라틴아메리카 민중의 삶과 깊게 연관되어 있다.

라틴아메리카에서의 마리아에 대한 숭배의 기원을 유럽의 전통으로부터 생각하는 경향도 있다. 그러나 그것보다는 오히려 유럽에서부터 시작된 마리아 숭배사상이 이 지역에서 새로운 의미를 갖게 되었고 더 성행하게 되었다고 보는 것이 타당하다. 토착민(인디오)들의 마리아 상에 대한 애착은 어쩌면 마리아 상의 얼굴 모습과 피부 색깔을 그들의 그것과 동일시하는 것으로부터 시작되었다고 볼 수 있다. 그들은 마리아 상을 만들면서 자신들의 얼굴과 피부색을 거기에 새겨 넣었다. 이러한 시도들은 마리아 숭배사상을 대중화하는 데 큰 역할을 담당하였다.

게다가 흥미로운 것은 라틴아메리카에서 마리아 성지, 즉 마리아가 발현했다고 전해지는 성지들이 일반적으로 정복 시대 이전 토착민들의 종교적 성지와 밀접한 관계를 지니고 있다는 것은 매우 주목할 만하다. 마리아 성지는 다른 어떤 성지보다도 건강을 회복하고 치유를 받는 중심지로서 소외된 사람들에게 크게 각광받았다. 라틴아메리카에는 적어도

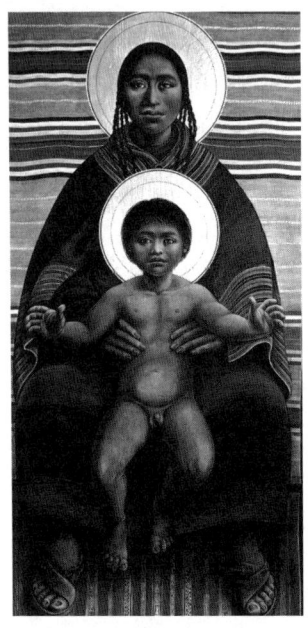

아메리카 원주민 여성의 얼굴로 표현된 성모 마리아. 라틴아메리카 사람들에게 마리아 숭배는 일종의 인간 존엄성의 회복이며, 해방과 위로의 매개가 되었다.

238개에 달하는 마리아 성지가 있으며 그 외에 마리아 숭배를 위한 기도처 등은 수천 곳에 달한다.

스페인 정복자들에 의해 억압 받고 있던 토착민들은 "피부색이 비슷한 마리아"의 얼굴상에서 토속적인 경배와 위로를 발견하였던 것이다. 그들에게 마리아 숭배는 일종의 인간 존엄성의 회복이며 해방과 위로의 매개가 되었다.

아이러니한 것은 현대 라틴아메리카 가톨릭에서 발생한 해방신학에서도 마리아를 '해방의 어머니'라고 언급하고 있으며 그 반대편에 있는 전체주의적인 정부와 보수적 교회도 그들 정부와 교회에 대한 충성심의 고취 목적으로 마리아 숭배를 장려하고 있다는 것이다. 1980년대 라틴아메리카의 독재 정부들은 예외 없이 마리아 숭배를 장려했으며 그들의 군사혁명에 영감을 준 수호신으로 경배했다. 거의 모든 라틴아메리카 국가에서는 마리아 성지를 공식화했으며 각 국가마다 적어도 한 곳 이상의 마리아 성지를 가지고 있다.

4. 마리아 숭배에 대한 문화인류학적인 접근

라틴아메리카 민중 종교성의 형성, 특별히 마리아 숭배가 라틴아메리카에서 독특한 의미를 가지게 된 것은 라틴아메리카 가정의 역사적 형태와 구조 그리고 가정 내 부모의 역할과 기능의 문제와 매우 깊은 관련이 있음을 많은 사회학자와 인류학자들은 지적하고 있다. 특히 라틴아메리카 가정에서 여성이 차지하는 위상과 깊은 관련이 있다.

라틴아메리카 사회에서 여성은 가족 내 감성의 중심이 되고 있다. 라틴아메리카에서 대부분의 남성들은 혼외정사에 익숙해 있을 뿐만 아니라 여러 여성들과 동거 생활을 하는 것을 공공연한 사실로 여기고 있었다. 그런 의미에서 라틴아메리카에서 남성의 권위(?)는 그가 소유하고 있는 물질적 부를 넘어서서 여성편력의 경험으로부터 비롯된다는 왜곡되고 병적인 사회적 통념이 지배하게 되었다. 역사적으로 라틴아메리카 남성들은 이러한 왜곡된 여성편력으로 인해 한 가족 내에서 감성적 위치를 상실하였으며 결과적으로 자녀들은 아버지보다는 어머니에게 감성적으로 더욱 의존하는 현상을 보이게 된다.

많은 경우 남편(남성, 아버지)들은 자신의 아내(여성, 어머니)들에게 이러한 라틴아메리카 남성들의 전횡을 일방적으로 이해하고 참아낼 것을 요구한다. 반면에 여성에 대한 순결의 요구는 매우 강하다는 것이 라틴아메리카 사회의 모순적인 모습이다.

많은 라틴아메리카 가정에서 남성우월주의와 가부장적 권위로 무장되어 있는 아버지(남성)는 자녀들에게 엄격하고 권위주의적인 모습을 보이는 반면 어머니(여성)는 자녀들에 대해 따뜻한 이해와 포용의 상징으로 받아들여지고 있다. 자녀들은 아버지에 대해 공포심을 느끼고 있으며 어머니의 온정과 포용 속에서 보호받고자 하는 정서를 갖게 된다.

이런 상황에서 자녀들은 아버지와의 관계 성립에 있어서 어머니를 중재자로 간주한다. 어머니와 자녀들 사이의 중재적 의존 관계가 성립되는 것이다. 반면 아버지는 멀리 있으며 가까이 할 수 없는 존재로 받아들여진다. 이런 상황은 종교성에도 그대로 적용되는 모습을 보이면서 남성(아버지)으로 표현되는 신보다는 따뜻하게 느껴지는 여성(어머니)에게 더욱 친근함을 느끼는 현상으로 나타난다.

그런 의미에서 라틴아메리카 민중은 여성인 동정녀 마리아에게 엎드려 기도하면서 그 어머니가 하늘에 있는 엄한 아버지를 부드럽게 설득하여 자신들이 원하는 것을 얻을 수 있게 한다고 확신하게 된다.

라틴아메리카에서의 마리아 숭배는 단순한 교리 혹은 제도적인 교회의 가르침만을 의미하지 않는다. 그것은 라틴아메리카 민중의 생애 초기부터 이루어지는 감성 형성의 상징적 확산으로 이해되어야 한다. 이들의 마리아 숭배는 생애 초기부터 형성되는 어머니(여성)에 대한 감성적 의존관계로부터 시작되는 보다 심층적인 종교성이라는 것을 이해해야 한다.

이런 의미에서 마리아 숭배는

라틴아메리카의 성모 마리아

라틴아메리카 민중의 삶과 문화에 내재되어 있는 현상으로 받아들여야 할 것이다. 라틴아메리카에서 마리아에 대한 공격은 단순한 교리의 차이가 아니라 자신의 어머니, 자신의 가정과 가족의 사랑에 대한 공격으로 받아들여지고 있다는 것을 유의해 보아야 할 것이다.

많은 경우 라틴아메리카에 온 개신교 선교사들은 마리아 숭배를 신앙과 교리적 차원으로만 이해하고 문화적 차원을 무시하기도 했다. 그러나 마리아 숭배에 대한 공격은 라틴아메리카 가톨릭 신자들에게 효과를 발휘하지 못하고 있다. 그것은 이들이 마리아 숭배를 교리와 신학 그리고 신앙적 차원에서 이해하고 받아들인 것이 아니라 역사와 문화 감성적 차원에서 받아들였기 때문이다.

라틴아메리카 민중에게 마리아는 해방의 공간으로 받아들여진다. 마리아는 기계적이고 이성적이며 가부장적이고 제도적인 권력과 권위에 의해 억압받고 있는 라틴아메리카 민중에게 해방의 공간과 감성을 제공하기 때문이다. 그들은 마리아에게서 지금까지 경험하지 못한 따뜻함, 부드러움, 포용의 신비를 체험하고 있다.

5. 라틴아메리카 주교회의의 마리아론

지금까지 라틴아메리카의 상황과 민중 종교성의 측면에서 마리아론에 대하여 생각해 보았다. 이제는 해방신학의 입장에서 마리아에 대한 생각을 정리해 보고자 한다. 그러기 위해 우선적으로 1955년 제1차 라틴아메리카 주교회의(CELAM)부터 시작하여 2007년 아파레시다(APARECIDA) 회의까지 발표된 주교 문서에 나타난 내용들을 정리해 보려고 한다.

그 후에 이 문서들을 중심으로 하여 해방신학에서 마리아론이 차지하고 있는 의미를 살펴볼 것이다.

1) 제1차 주교회의(CELAM 1 RIO DE JANEIRO, 1955년)

1955년 리우데자네이루의 제1차 주교회의의 문서는 마리아론에 대해 별다른 언급을 하지 않을 뿐만 아니라 극히 적은 부분에서 언급된 마리아론에 대해서도 깊은 신학적 의미를 부여하지는 않는다. 1차 회의 문서의 한 조항에서 "예수의 성심과 죄 없으신 성처녀 마리아, 아메리카의 여왕 마리아를 믿으며"라고 언급할 뿐이다. 심지어 이 문서가 또 다른 조항에서 언급하고 있는 "스텔라 마리스 마리아"(Virgin Maria Stella Maris)에 대한 구절은 오히려 나중에 신학적으로 크게 비판받기도 했다.

2) 제2차 주교회의(CELAM 2 MEDELLIN, 1968년)

1968년 콜롬비아의 메델린에서 제2차 주교회의가 개최되었다. 이 회의 문서는 마리아에 대하여 아무런 언급을 하지 않는다. 단지 주교문서를 발표할 때 이 문서를 보호해 달라는 요청을 마리아에게 할 뿐이다.

3) 제3차 주교회의(CELAM 3 PUEBLA, 1979년)

멕시코 푸에블라에서 제3차 주교회의가 개최되었다. 이 대회의 문서는 이전의 다른 문서들과는 달리 마리아에 대한 언급이 여러 차례 나타나고 있으며 언급의 횟수뿐만 아니라 마리아에 대한 중요한 신학적 표현들도 나타나게 된다.

먼저 본 문서는 마리아를 '교회의 전형이자 어머니'라고 소개하고 있다. 마리아는 모든 인간에게 가족적 마음을 일으키게 하는 '어머니와 여성'임을 강조한다.(푸에블라 문서 295항) 그녀는 라틴아메리카의 복음 선포에 있어서의 교사이다.(290항) 푸에블라 문서는 교회가 마리아를 어머니로 여기는 한 가족공동체임을 확인한다.(285항) 마리아는 "자신의 역동적인 삶을 통해 하나님의 말씀에 자신의 삶을 열고 참여하는 신자와 제자의 완벽한 형상"으로 여겨진다.(296항) 또한 마리아는 "그리스도와의 가장 밀접하고 친근하고 거룩하고 그리고 유일한 진정한 사랑, 결국에는 영광으로 종결되는 사랑의 이야기를 엮어나감"으로써 소통의 전형으로 여겨지기도 한다.(292장)

본 문서는 우리 모두가 그리스도와 마리아 안에서 "남성과 여성의 진정한 형상을 발견"할 수 있다고 지적한다.(330항) 그뿐만 아니라 이 문서는 바오로 6세의 글(EN 81)을 인용하면서 새로운 복음화와 성령강림 사건의 과정에서 "마리아는 쇄신된 복음화의 별"이 된다고 표현하기도 했다. 이처럼 푸에블라 문서는 이전의 문서들과는 달리 마리아에 대해 상

과테말라의 토착 여성의 모습으로 표현된 성모

15. 해방하는 어머니의 사랑 **235**

당히 많은 언급을 하고 있다. 결국 이 문서를 통해 마리아가 라틴아메리카 사람들의 신앙에서 핵심적이며, 가톨릭 교회가 이를 인정하고 있음을 알수 있다.

4) 제4차 주교회의(CELAM 4. SANTO DOMINGO, 1992년)

본 대회의 문서는 무엇보다도 마리아를 문화 복음화에 있어서의 전형으로 소개하고 있다. 그녀는 라틴아메리카 민중의 가톨릭 정체성의 기본이 되며 '신실한 신앙과 헌신의 전형'이기도 하다.(283항과 85항) 본 문서는 이전의 문서에서 더 나아가서 마리아가 "사역에 있어서 그리스도와 함께 자유로운 의사를 가지고 최대한 참여함으로써 역사의 주역이며 주체자가 된다."라고 언급하고 있다.(15항과 53항)

5) 제5차 주교회의(CELAM 5 APARECIDA, 2007년)

본 문서에서 마리아는 선교적 제자로 또 모든 선교적 제자들의 양성자로 묘사되고 있다. 그녀는 라틴아메리카와 카리브 지역이 당면하고 있는 여러 문제들 앞에서 그리스도와 함께 구원의 계획과 사역을 함께 한다.(25항) 그녀의 역할은 "그녀의 아들 예수의 선교사와 제자 형제 아들로서의 민중의 출현에 있어서 결정적이고 뺄 수 없는 모성적 존재"로서 민중들을 화해시키고 연합시키는 것이다.(43항)

특히 본 문서는 그리스도를 따름에 있어서 강하고 자유로운 여성으로서의 마리아를 강조한다.(266항과 269항) 또한 마리아의 노래(MAGNIFI-

CAT)는 자신의 실재를 향해 스스로를 헌신하며 그것에 예언자적으로 임하는 한 여인의 모습이라고 말한다.(451항) 마리아의 노래로부터 교회는 다양한 형태의 배척과 온갖 종류의 폭력에 지배당하고 있는 여성들의 울부짖음에 귀 기울여야 함을 강조한다.(454항) 이런 의미에서 마리아는 여성의 정체성과 가치를 회복하는 데 있어서 근본적인 존재다.(451항) 본 문서에서는 마리아의 보다 적극적이고 역사변혁적인 역할에 대해 강조하고 있다.

이상의 문서들의 발전과정에서 살펴본 마리아는 억압받는 이들에게 그들의 정체성과 존엄성 회복에 있어서 핵심적인 위치를 차지하고 있음을 알 수 있다.

6. 해방신학의 마리아

라틴아메리카 가톨릭 교회의 경우 언제나 마리아를 소극적으로 해석하려는 역사적 시도들이 있어 왔다. '죄인들의 피난처' 혹은 '고난 받는 이들의 위로' 등으로 그 역할과 기능을 축소하려는 움직임이었다.

이러한 마리아론은 결국 라틴아메리카 문화의 저변에 깔려 있는 여성 가치에 대한 저평가, 남성 중심적 세계관, 민중의 패배주의 등에 대해 아무런 영향을 미치지 못하는 연약한 이론이었다. 더욱이 이러한 마리아론은 이 지역의 억압적인 권력들에 의해 이용당하는 모습을 보이기도 했다. 이러한 소극적 마리아론에 대항하여 해방신학의 해방자로서의 마리아가 주목받기 시작한 것이다.

무엇보다도 먼저 라틴아메리카의 억압과 해방의 이중적인 사회정치 경제구조는 레오나르도 보프가 마리아에 대한 새로운 해석학적 접근을 하도록 자극했다. 그는 마리아에 대해서 "해방자로서의 우리의 숙녀 마리아"라고 말했다.

이러한 새로운 마리아의 발견은 라틴아메리카의 억압적 상황으로부터 자연스럽게 발생하는 민중적 발견이었다. 그러나 다른 한편으로는 해석학으로부터 출발하는 신학적 발견이기도 했다. 그럼에도 해방적 마리아에 대한 이해는 민중적 이해와 신학적 이해의 유기적 연관성 속에서 이루어졌다고 볼 수 있다.

해방의 마리아론은 사회구조의 변혁을 향한 역사적 시도와 모색에서만 기능하는 것이 아니다. 해방자 예수의 그리스도론과 해방적 마리아론의 차이가 여기에 있다. 마리아론은 라틴아메리카 민중 종교성에서 매우 중요한 위치를 차지하고 있다. 우리는 해방적 마리아론이 전통적 대중문화의 억압으로부터 해방을 이끌어 내고 있음을 발견하게 된다. 그리고 그것은 믿음으로부터 출발하는 변화의 과정 속에서 민중을 적극적인 참여로 이끌어 준다.

그러면 해방적 마리아론은 해방신학이 지향하는 가난한 이들을 위한 우선적 선택에서 어떤 영성적 기능을 하는 것일까? 무엇보다도 해방의 마리아는 자신의 신앙과 삶을 통해 민중을 해방의 깊은 차원으

성모 마리아

로 이끌어가는 역할을 한다.

마리아가 해방의 과정에서 차지하는 위치는 보다 심오하다. 그녀는 자신의 삶의 증언을 통해 해방의 과정에 참여하는 하나님의 백성들의 투쟁적 삶의 전형을 보여주고 있다. 그녀의 삶 자체가 민중의 삶이었다. 그녀는 이 땅의 가장 가난하고 연약한 사람들과 자신을 동일시했다. 마리아가 보여준 가난한 사람들과의 연대 자체가 해방의 과정의 시작이었다. 왜냐하면 해방은 가난한 이들의 존엄성에 대한 인정과 연대를 통해 시작되고 지속적인 힘을 공급받기 때문이다. 마리아는 자신의 아들 예수를 향한 지극한 모성애를 통해 정의와 해방 사역의 참여자들에게 영감과 동기를 부여해주었다. 그녀는 모든 가난하고 고통당하는 이들의 해방 사역을 향한 희망의 원천이다. 그녀는 가난하고 겸손한 평생의 삶을 통해 진정한 자유와 해방은 부의 축적과 권력의 소유가 아니라 가난하고 소외된 이들을 섬기며 연대 속에서 살아가는 것임을 증언하고 있다. 해방신학은 그런 면에서 민중의 삶을 살아온 마리아를 진정한 해방의 과정에 참여한 삶의 전형으로 이해한 것이다.

두 번째로 중요한 것은 마리아에게서 나타나는 가난한 이들을 향한 우선적 선택과 가난한 이들의 마리아를 향한 우선적 선택이라는 양면성이다. 마리아는 자기 스스로가 가난한 삶을 살아옴으로써 가난한 이들에 대한 우선적 선택을 몸소 실천했다. 그러나 다른 한편으로 마리아는 가난한 사람들이 고통의 순간에 가장 우선적으로 선택하는 존재가 되었다는 사실이다.

라틴아메리카의 민중 종교성에서 마리아는 가난하고 힘없는 대중에게 그 어떤 신적인 존재보다 그들에게 가까운 존재로 인식되고 있다.

라틴아메리카의 마리아 성지를 중심으로 존재하는 전설(?)에서 마리아는 언제나 가난하고 고통받는 이들 앞에 나타난다.(과달루페, 루르데스 화티마 성지 등) 또 마리아 성지는 주로 가난한 이들이 방문하고 경배를 표하는 곳이다. 이러한 사실은 라틴아메리카에서 마리아는 가난하고 억압받는 사람들의 어머니로 인정받고 있으며 그녀를 통해 가난한 사람들이 스스로의 존엄과 연대를 회복하고 있다는 사실을 보여준다.

그러나 해방신학에서 마리아가 차지하고 있는 위치는 단순히 이론적이고 신학적인 의미만을 갖는 것은 아니다. 실질적인 민중의 해방 사건에서 마리아는 중심적인 역할을 감당한다. 라틴아메리카 농민들의 토지개혁을 위한 투쟁에서 마리아 형상은 그들을 하나로 묶고 연대하도록 하는 결정적인 매개와 상징이 되었다. 바하 캘리포니아(Baja California) 주 멕시코 농민들의 토지개혁 투쟁에서 등장한 과달루페(Guadalupe) 마리아의 형상은 그들의 투쟁에 마리아가 영감과 동기를 부여하고 지속적인 투쟁의 에너지 공급원이 되었음을 보여준다. 이제 마리아는 라틴아메리카에서 정복의 상징에서 억압받는 민중의 자유와 해방의 상징으로 자리매김하고 있으며 라틴아메리카 민중 종교성에서 빼놓을 수 없는 핵심적인 이미지가 되었다.

3부
해방신학, 어떻게 할 것인가?

16
해방신학하기 1 — 왜 해방신학인가?

1. 교회의 위기와 해방신학

　필자는 2014년 성정모 교수의 저서, 『욕망 시장 그리고 종교』의 증보 번역 출판을 맞아 저자인 성정모 교수와 한국의 여러 곳을 방문해 강연할 기회를 얻은 적이 있다. 그때 필자의 오랜 친구이자 신학교 동기가 연락해 식사를 대접하고 싶다고 했다. 비록 여유가 없어 식사는 못했지만 차를 마시면서 제법 오랫동안 대화를 나눌 수 있었다. 그는 나에게 몇 가지 궁금한 것을 물어왔다.

　첫 번째는 어떻게 여전히 젊은 시절의 신념을 놓지 않고 혁명적인 생각과 삶을 지속하고 있는가였다. 두 번째는 해방신학에 대해 많이 궁금하고 배우고 싶다고 했다. 세 번째는 해방신학이 오늘 위기를 맞고 있는 한국 교회의 개혁과 변혁을 위해 신학적인 기초가 될 수 있을 거라는 어렴풋한 생각이 든다고 하였다.

　대체적으로 사람들은 해방신학에 대해 막연한 이해를 가지고 있다.

그럼에도 이에 대한 반응과 오해는 크게 두 가지 형태로 나타난다.

한편에서는 해방신학에 대해 격렬하게 반대하면서 공산주의적 신학이라고 치부하며 교회를 위해 하등 도움이 되지 못할 뿐만 아니라 오히려 교회 파괴적인 신학이라고 거부한다. 한마디로 해방신학은 좌파라는 것이다.

필자는 개인적으로 오랜 세월 동안 이런 반대와 거부로 인해 어려움을 겪어야 했다. 언젠가 필자는 이러한 개인적인 경험을 "신학적 주홍글씨"가 내 이마에 찍혀 있다고 고백적으로 말하기도 했다.

그러나 또 다른 소수의 집단에서는 해방신학에 대해 호의적인 반응을 보이기도 했다. 이들은 해방신학의 독특성과 상황성을 인정하면서 다양한 신학들 중의 하나라고 받아들였다. 그리고 해방신학을 통해 기독교의 새로운 측면과 방법론을 살펴볼 수 있는 유용에 대해 말한다.

그런데 최근 들어서 해방신학에 대한 거부와 인정의 반응과는 사뭇 다른 새로운 반응들이 나오고 있음을 경험하게 된다. 그것은 작금의 교회 위기와 관련되어 나오는 반응들이다. 이미 주지하는 바와 같이 한국교회는 위기상황이다. 그것은 가톨릭 혹은 개신교의 구분을 넘어서는 전반적인 위기다. 많은 사람들이 이러한 위기에 대처하기 위해 여러 방안들을 강구하고 연구해 왔다. 가나안 교인(교회 안 나가는 교인)과 또 이에 반해 갈릴리 교인됨을 포기한 교인 등에 대한 연구, 또 위기 극복을 위한 대안적 교회에 대한 연구도 상당히 많이 진척되고 있는 것을 볼 수 있다. 과연 위기는 어디서부터 오고 있는 것일까? 그런데 이러한 실제적, 실용적인 접근 외에 많은 사람들은 교회 위기의 원인을 신학적인 면에서 찾아보아야 한다고 주장하고 있다.

2. 신학 뒤집기

이러한 분위기 속에서 해방신학에 대한 새로운 관심이 대두되고 있다. 오늘의 교회 위기 극복에 해방신학이 가지고 있는 신학방법론이 신학적 대안이 될 수 있다는 생각들이다. 해방신학의 "가난한 자들로부터 출발하는 신학 방법론"에 대한 관심이다. 위로부터의 신학에서 아래로부터의 신학으로의 달바꿈이 어쩌면 우리의 믿음의 내용과 목회의 방향 그리고 성서 해석에 새로운 관점을 갖게 함으로써 오늘의 위기를 극복해 갈 수 있지 않을까에 대한 기대를 갖게 된 것이다. 즉 '신학의 해방'을 통해 새로운 길을 모색할 수 있지 않겠느냐 하는 관심이다. 신학이 바뀌면 성서 해석도 바뀔 것이고 이에 따라 설교와 목회, 교회에 대한 생각도 바뀌기 때문이다.

실제로 필자는 한국에서 목회하는 5년 동안 동료목사들과 함께 한 달에 한 번씩 정기 모임을 통해 "성서 뒤집어 읽기"를 인도해 본 경험이 있다. 그때 필자는 "하나님의 뜻이 어디에 있는지 모호할 경우에는 우선적으로 한국 교회가 하고 있는 일을 거꾸로 해 보면 오히려 하나님의 뜻과 가까울 수 있을 것이다."라고 말한 적이 있다. 필자는 우리가 즐겨 읽어 왔던 성서본문에 대해 한국 교회가 갖고 있는 대체적인 해석과 이해를 뒤집어서 생각해 보자는 취지에서 모임의 이름을 "성서 뒤집어 읽어 보기"로 정했다. 이 기간 동안 꽤 많은 성서본문을 함께 읽으면서 뒤집어 읽기 혹은 거꾸로 이해하기를 시도해 보았는데 함께 한 분들이 자신의 실제적인 목회에 얼마나 적용을 해왔는지는 잘 모르겠다. 아마 한국의 기성 목회 현장에서 힘들지 않았겠나 하는 짐작을 해 볼 뿐이다.

3. 참혹한 현실 속에서 그리스도인으로 살아간다는 것

지금까지 조직신학적인 측면에서 해방신학의 거시적인 내용들을 살펴보았으니 이제부터는 '해방신학 실제로 하기'라는 주제로 그 방법론의 구체적인 모습들을 미시적인 측면에서 다루어보고자 한다. 이를 위해 필자는 레오나르도 보프와 클로도비스 보프 두 형제의 저서『해방신학 하기』(*Como hace la teologia de liberacion*)를 중심으로 이야기를 풀어보려고 한다.

그리고 해방신학의 성서 읽기의 적용에 있어서 핵심적인 방법인 "민중성서 읽기"(La Lectura Popular de la Biblia)의 실제에 대하여 이야기를 함으로써 해방신학에 대한 이야기를 마무리하려고 한다.

브라질의 한 지방도시에서 있었던 일이다. 미사에 참석하고 있던 70대쯤으로 보이는 남루한 행색의 한 여인 – 사실 이 여성은 40대였다 – 이 본당 신부에게 다가왔다. 그리고 이렇게 말한다. "신부님, 제가 고해성사도 하지 않은 채 성체를 받았습니다." "어떻게 그럴 수가 있었죠?" 신부가 물었다. 그녀는 고개를 들지 못한 채 이렇게 대답했다. "신부님, 제가 오늘 미사에 늦게 도착했는데 이미 성례가 진행되고 있었습니다. 저는 3일째 아무것도 먹지 못했습니다. 배가 고파서 죽을 지경이었습니다. 그런데 신부님은 이미 성체(빵)를 나누어주고 있었

성체

습니다. 그래서 저는 조금이라도 배고픔을 잊기 위해 그것을 받아 먹었습니다." 그 말을 들은 신부는 한없는 눈물을 흘렸다. 그리고 그의 머릿속에서는 "내 살은 참된 양식이다. 나를 먹는 사람은 나 때문에 살 것이다."(요 6:55, 57)라는 예수의 말씀이 실제적인 의미로 다가왔다.

    브라질의 북동부 지방에서 있었던 일이다. 이 지역은 가뭄이 심해 식량부족 현상이 세계에서 가장 심한 곳 중의 하나이다. 이 지역에서 사목하는 한 주교가 목격한 일이다. 그는 어느 날 가정 방문을 마치고 본당으로 돌아오는 과정에서 엄청난 충격으로 혼돈에 빠져 있었다. 보좌수사가 그에게 물었다. "주교님, 무슨 일이 있었습니까?" "말할 수 없는 참혹한 광경을 목격했다네. 방금 대성당 앞에 세 자녀를 안고 있는 한 부인을 보았네. 그들은 한눈에도 배고픔에 시달리고 있는 것이 뚜렷했네. 한 아이는 부인의 가슴에 안겨 있었는데 이미 죽은 것처럼 보였지. 나는 그 부인에게 이렇게 말을 했어. 아이에게 젖을 좀 먹이시지요. 그러자 부인이 이렇게 답변했네. '주교님, 그럴 수 없습니다.' 그래서 나는 그녀에게 그러지 말고 아이에게 젖을 먹이라고 몇 차례나 이야기했네. 그런데 부인은 그럴 수 없다고 계속해서 같은 답변을 했다네."

    이런 상황이 지속되자 마침내 부인은 할 수 없이 가슴을 열어보였다. 부인의 가슴을 본 주교는 소스라치게 놀라지 않을 수 없었다. 그녀의 가슴은 온통 붉게 물들어 있었다. 그녀의 가슴은 피로 물들어 있었던 것이다. 그녀의 가슴에 매달려 있던 아이는 부인의 젖에서 피를 빨아먹고 있었던 것이다. 그녀는 자신의 아이에게 자신의 목숨(피)을 주고 있었던 것이다. 주교는 부인 앞에 무릎을 꿇고 그녀의 아이의 머리에 손을 얹었다. 그리고 그는 하나님께 기도하면서 약속했다. 이런 비참한 현실이 지

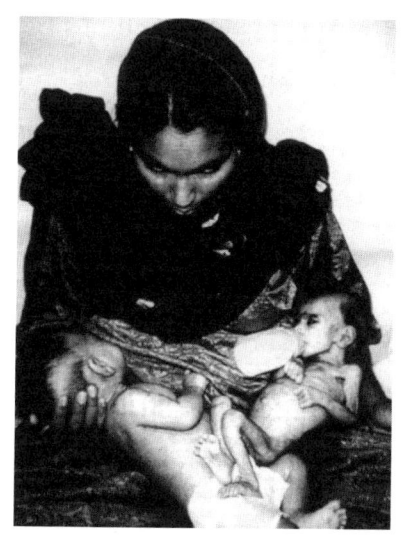
라틴아메리카의 가난한 여인과 아이들

속되는 한 매일매일 한 어린아이에게 먹을 것을 주겠노라고. 그날 밤 외딴 곳에 자리 잡고 있는 기초공동체의 한 지도자가 다음과 같이 보고했다.

"주교님, 이 지역의 모임이 더 이상 지속될 수 없을 것 같습니다. 사람들이 아무것도 먹지 못해 기운이 없어 모임 장소까지 걸어올 수 없기 때문입니다. 사람들이 먹을 것이 없어서 죽어가고 있습니다." 이 말을 들은 주교는 또다시 가슴이 미어지고 흐르는 눈물을 주체할 수 없었다. 이 주교는 가난한 민중을 위해 평생을 바쳐 결국 순교한 브라질 헤시페의 돔 헬더 까마라 신부였다. 그는 평생 동안 가난한 사람들을 향한 자비와 동정의 마음으로 사목하였고 이런 비참한 상황 속에서 그리스도인으로 살아간다는 것이 무엇을 의미하는지를 스스로에게 물으면서 살았다. 그리고 그는 지금도 우리에게 똑같은 질문을 던지고 있다.

4. 해방신학의 출발점 – 자비, 분노 그리고 연대

해방신학은 위의 사례에서 보듯이 가난한 사람들에 대한 한없는 자비와 동정으로부터 출발한다. 세계의 많은 가난한 사람들이 경험하고 있는 비참하고 암울한 현실에 대한 동정과 자비의 마음 없이는 어느 누구도 해방신학을 이해하거나 혹은 실천할 수 없다. 해방신학의 배경에는 이같은 가난한 현실에 대한 철저한 이해와 그러한 상황을 변화시키고자 하는 투쟁의 과정에서 생명을 향한 연대감이 자연스럽게 자리 잡게 된 것이다. 가난한 사람들에 대한 연민과 동정의 마음은 목자 없이 방황하는 백성들을 보면서 불쌍히 여겼던 예수의 마음을 품는 것이다.

해방신학의 전개에 있어서 가장 중요한 것은 이러한 동정과 자비의 마음을 품는 것이다. 그리고 이러한 자비의 마음은 현장에 대한 정확한 이해로부터 출발한다. 현장에 대한 정확한 이해 없이 품는 자비는 값싼 시혜적 베풂으로 변질될 수도 있기 때문이다. 이는 오히려 마약과 같이 독이 될 수도 있다.

현실에 대한 정확한 이해와 더불어 시작되는 자비의 마음은 윤리적 분노를 동반하게 된다. 윤리적 분노는 무엇인가? 그것은 정확한 현장 이해와 더불어 발생한 자비의 마음을 가진 사람들이 가난한 사람들의 상황을 객관적인 상태로 받아들이고 관망할 수 없을 때 발생한다. 그들의 마음에는 가난한 사람들에 대한 가슴 깊은 곳으로부터 터져 나오는 자비의 마음과 더불어 이러한 상황을 야기하는 현실에 대한 분노가 동시에 터져 나온다. 그리고 이러한 분노는 그들이 더 이상 양비론(兩非論)의 입장에 서 있을 수 없도록 만든다. 객관적이고 양비론적인 공평의 개념을 그들에게서는 찾아볼 수 없다.

해방신학이 말하는 편파적인 하나님에 대한 생각은 바로 이러한 윤리적 분노감으로부터 발생한다고 볼 수 있다. 참혹한 상황에 대한 윤리적 분노는 해방신학으로 하여금 상황을 변화시킬 수 없는 자비와 동정은 아무런 의미를 가질 수 없다는 것을 깨닫게 만들었다. 가난한 사람들의 상황은 단순한 자선행위를 통해 해결될 수 있는 문제가 아니라는 사실을 경험하게 한 것이다.

해방신학은 생명 자체를 위협받는 가난한 이들의 현실로부터 출발했다.

따라서 윤리적 분노는 상황변화를 위한 연대의 행위로 자연스럽게 이어지게 된다. 가난한 사람들과의 연대는 해방신학자들을 상아탑에서 벗어나 가난한 사람들의 상황과 삶의 현장으로 내려가도록 만들었다. 그리고 이러한 내려감은 그들로 하여금 신학을 가난한 사람의 자리로부터 바라보도록 만들었다. 가난한 사람들과 연대하고 윤리적 분노와 더불어 자비의 행동을 하면서 그들은 성서를 성찰하기 시작했다. 행동과 실천으로 시작되는 해방신학의 해석학적 순환구조가 형성되는 순간이다.

해방신학은 조직적이고 사변적인 신학성찰로부터 시작된 것이 아니다. 해방신학의 발생 배경에는 자비의 영성과 마음 그리고 참혹한 현실을 향한 윤리적 분노와 더불어 상황변화를 위한 연대의 영성이 자리 잡고 있다. 해방신학은 구체적인 삶의 현장, 무엇보다도 생명 자체를 위협하는 가난한 사람들의 삶의 상황으로부터 출발했다.

17
해방신학하기 2 – 헌신과 참여

필자는 해방신학이 자비, 윤리적 분노, 연대로부터 출발점을 삼는다고 말했다. 그리고 이러한 출발점은 가난한 이들과 그들의 삶의 정황으로부터 비롯된다. 즉 해방신학은 신학의 전개현장을 가난한 이들의 삶의 자리로 삼고 있으며 그들에 대한 자비와 참혹한 가난의 현실에 대한 윤리적 분노와 마침내 그 상황을 하나님 나라의 가치관 속에서 변화시키려는 구체적인 연대와 행동으로부터 시작되는 신학적 방법론임을 분명히 했다.

이제 해방신학의 방법론과 그 신학의 근간을 이루고 있는 가난에 대해서 언급하려고 한다. 해방신학을 하기 위해서는 신학적 출발점과 더불어 신학의 방법론, 라틴아메리카의 가난의 현실에 대한 철저한 이해가 선행되어야 할 것이다.

1. 헌신의 다짐과 약속

해방신학의 전 단계적인 특성은 가난한 이들과의 연대와 헌신에 대한 다짐과 약속이다. 그것은 가난한 이들의 삶의 현실을 향한 깊숙한 참여와 연대를 통한 해방 과정의 동참에 대한 헌신과 약속을 의미한다. 현장을 떠난 신학은 더 이상 참 신학이 아니라 하나의 지적 유희이며 문학적 행위일 뿐이라는 것이다.

여기서 중요한 것은 해방신학의 전개가 프락시스(행위와 실천)에 대한 신학적 성찰로 끝나서는 안 된다는 것이다. 그것은 실제적인 해방의 과정에 참여하고 이에 대한 실천을 요구하는 것이다. 구체적인 삶의 현실과의 직접적인 접촉과 참여 없이 가난한 사람, 억압, 혁명, 새로운 사회와 해방에 대해 말하는 것은 한낱 '말잔치'에 불과할 것이라는 지적이다.

이처럼 해방신학의 신학적 방법론에 있어서 절대적인(?) 전제는 현장참여이다. 어쩌면 이러한 전(前)신학적인 전제는 해방신학이 급격한 사회의 변화에도 불구하고 아직도 그 건재를 과시하고 특히 신자유주의의 세계화로 인해 인류와 온 우주의 삶이 황폐해질 대로 황폐해진 요즘 사회에서 또다시 새로운 인간과 사회 건설을 위한 신학적 대안으로 떠오르게 되는 계기를 마련해 주고 있는지도 모른다. 신앙과 신학 그리고 삶의 행위가 유기적으로 연결되어 있고 분리되지 않는 모습을 해방신학은 보여주고 있었던 것이다.

필자는 아르헨티나, 브라질, 페루, 볼리비아 등에서 만났고 함께 활동했던 많은 해방신학자들과 또 해방신학적 목회를 하는 신부와 목회자들의 삶을 잊지 못한다. 학문적으로 많은 명성을 얻었음에도 불구하고 극소수를 제외하고서는 여전히 자기가 해방신학을 전개했던 가난한 이들의 삶의 자리를 떠나지 않고 수십 년 동안 열악한 현장을 지켜오는 그 사람들의 겸손하고 검소한 모습과 그 미소들을 잊을 수 없다.

수십 년 된 낡은 소형 피아트 차를 타고 다니는 브라질의 친구 학자들과 신부, 나의 선생님이셨던 고(故) 미게스 보니노 박사의 낡은 양복 윗도리, 앞니가 그대로 빠져 있는 모습을 드러내고 웃던 페루 빈민촌의 친구 학자, 브라질 상파울루 근교에서 만났던 40년 동안 사역을 이어오는 아일랜드 출신의 노인 신부 등 가난의 현장을 떠나지 않고 여전히 자신의 신학을 전개하는 이들로 인해서 일시적인 상황적 신학으로 사라지는 것이 아니라 아직도 그 건재함을 과시하고 있는 것이다.

오늘 우리에게 필요한 신학은 바로 가난한 현실과의 직접적인 접촉과 참여와 연대 그리고 행동을 통해 전개되는 신학이다. 해방신학은 이처럼 이론(신앙)과 프락시스(행위와 실천) 사이에서 변증법적 관계로 전개된다. 그럼에도 해방신학의 방법론에서 우선적인 것은 "자비의 행위"(갈 5:6)이다. 자비의 행위(프락시스)가 첫 번째 신학적 행위이며 신학적 성찰은 두 번째 행위라는 것이다.

이 같은 방법론적인 특성이 해방신학이 새로운 영성과 새로운 신학을 전개하도록 이끄는 것이며, 결국 우리의 신학을 새롭게 함으로써 신학의 해방을 가져온다. 해방신학은 새로운 신학적 방법을 전개하는 것이 아니다. 오히려 해방신학은 기존 신학에 새로운 정신 생명력을 넣어주고자 하는 노력이며 우리가 새롭게 신학을 하도록 이끈다. 이렇듯 정론(ortho-doxia)은 정행(ortho-praxis) 뒤에 오고 있다는 사실을 해방신학은 다시금 상기시켜 준다.

2. 가난한 사람들과 헌신의 형태

해방신학의 전개는 가난의 현장에서 비롯된다. 가난의 현장과의 직접적이고 지속적인 접촉 없이 해방신학은 존재할 수 없기 때문이다. 탁월한 신학의 생산에 있어서 현장 경험은 필연적인 요소이다. 그런 의미에서 많은 경우 라틴아메리카의 해방신학자들은 어떤 이유에서든지 라틴아메리카라는 가난의 현장을 떠나 다른 곳에 체류하게 될 때는 스스로 라틴아메리카 해방신학자로 칭하는 것을 삼가는 모습을 보이기도 한다.

실제로 나의 친구들 중에는 라틴아메리카 현장을 떠나 미국 신학대학으로 옮겨간 사람들도 있다. 그러나 그들은 스스로를 해방신학자로 부르는 것을 조심스러워하며 또 자신의 신학을 유지하기 위해서 매년 몇 차례씩 라틴아메리카 현장을 방문해 강연을 하기도 한다. 그럼에도 해방의 과정과 현장에 직접적인 참여를 하지 못하는 관계로 현직의 해방신학자로 불리기를 거부하는 겸손한 태도를 보이기도 한다.

그만큼 해방신학에서 중요하게 생각하는 것은 현장을 향한 직접적인 참여와 헌신이다. 참여와 헌신은 해방신학이 날마다 새로운 신학적 감수성을 갖도록 하여 신학의 해방을 이루어가게 하기 때문이다. 그러면 이러한 현장과의 관계에 있어서 참여와 헌신은 어떠한 형태로 이루어지는 것일까? 그것은 각자의 처해 있는 삶의 정황 속에서 다양한 모습으로 나타난다.

먼저 해방적 신학과 목회를 하는 사람들 중에서는 직접 가난한 삶의 현장에서 살아가면서 해방의 과정에 직접적으로 투신하고 헌신하는 경우도 있다. 해방신학의 태동 초기에는 대부분의 사람들이 이러한 형태로

아르헨티나 차코 지역의 토착민들

참여하고 헌신했다. 그러나 오늘에 이르러 이러한 직접적인 형태의 해방적 신학과 목회의 형태는 감소되었다. 그것은 사회의 변화와 민중의식의 발전에 의한 자발적인 민중조직들의 생성이 활발해졌고 또 다른 측면으로는 해방적 성격을 가진 다양한 시민단체들의 조직으로 인해 상대적으로 직접적인 참여와 헌신의 필요성이 줄어들었기 때문이다.

두 번째는 정기적인 현장 방문을 통해 해방적 신학과 목회를 전개하는 것이다. 이러한 형태의 참여와 헌신은 방문, 강연, 사목적 동행과 상담, 민중적 운동과 공동체에 대한 지속적인 신학적·목회적 지원을 통해 이루어지고 있다. 필자의 경우에도 아르헨티나의 신학대학에서 가르치고 있을 때 정기적으로 한 달에 한 번 5일 동안 부에노스아이레스에서 약 1,500km 떨어진 차코 지방을 방문하여 그 지역의 토착민 공동체를 위한 신학 강의와 민중성서 읽기로 토착민들과 함께 생활하기도 했다. 그것은 거의 모든 교수들에게 공통적으로 부여된 의무 같은 것이었다. 어떤 교수들은 도시빈민 공동체를 정기적으로 방문했고, 또 일부 교수들은 학대

받는 여성과 이민자들을 위한 현장 프로그램에 참여했다. 당시 내가 가르치고 있었던 신학대학 소속 교수들은 모두 하나의 현장을 가지고 있었다. 그 현장을 통해 우리는 우리의 신학에 대한 감수성을 키워갔고 또 현장의 프락시스 경험을 통해 우리의 신학을 매 순간 새롭게 성찰하고 전개하는 노력을 기울일 수 있었다.

이외에 다른 형태로는 정기적인 방문을 통한 참여와 헌신 그리고 현장의 삶을 통한 참여와 헌신의 방법을 반복하는 것이 있다. 일정기간 동안에 가난한 삶의 현장에 직접 들어가 살기도 한다. 그러나 한편으로 일정기간 동안 교회의 목회현장을 돌보며 현장에 대한 정기적인 방문을 통해 사역을 지속하는 이들도 있다.

3. 가난한 이들의 의자에 앉기

이제 해방신학하기의 질문에 대한 답변은 확실해졌다. 그것은 가난한 이들의 억압받는 삶의 현장에 대한 참여와 헌신이다. 그 형태는 다양할 수 있지만 누구라도 해방신학을 하고자 하는 사람들은 이 같은 가난한 이들을 향한 참여와 헌신의 첫 관문을 반드시 통과해야 한다.

누구든지 해방신학의 방법론을 배우고 이를 통해 선교하고자 하는 사람들은 가난한 이의 삶의 의자에 앉아 보아야 한다. 가난한 이들의 삶의 현장을 체험하고 또 지속적으로 관계를 갖지 못한다면 그에게 해방신학은 불가능한 신학 작업이 되고 말 것이다. 최근 필자는 다시 라틴아메리카로 돌아와 가난한 이들의 삶의 현장에서 지낸 적이 있다. 그 당시 페이스북에 다음과 같은 글을 올렸다.

"여러 가지 이유(그중에서 경제적인 이유가 가장 큰 것이기는 하지만 그래서 자발적인 자동차 소유 거부가 아니라 어찌 보면 반 강제적인 자동차 무소유이기는 하지만)로 차를 갖고 있지 못한 나는 멕시코시티에서 늘 만원인 지하철과 버스를 타고 다닌다. 그러면서 지금까지 내가 얼마나 고통 중에도 치열하게 살아가는 우리 이웃의 삶의 현장에서 거리가 있는 생각을 해 왔던가를 깨달았다. 그래서 나도 고(故) 김근태 의원의 말처럼 '솔직히 지금이 더 좋다.' 차가 없어서 걸어다니거나 혹은 땀 냄새 나는 지저분한 멕시코시티 지하철을 타고 다니는 것이 더 좋다.

그러면서 반성한다. 내가 목사로서 또 신학 선생으로서 너무 큰 것만 생각하고 있었던 것은 아닌가. 멕시코시티에서 차가 없음으로 인해 이웃의 작은 고통을 보게 되고 그 치열한 삶의 현장으로 내려가서 신학과 목회를 생각하게 된 것은 때늦은 감이 있지만 감사하다. 그래서 난 지금이 더 좋다. 차도 없고 가끔은 생활비 걱정도 하는 지금이 생활비 걱정 없고 타고 다닐 차가 있던 시절보다 더 좋다. 그래서 감사하다. 아, 나는 지금이 더 좋다."

해방신학은 결코 창문 너머 바라보는 가난한 사람들의 삶의 현장을 통하여 이루어지지 않는다. 차에서 내려서 현장으로 들어가서 직접 경험하고 바라보는 그것을 통하여 이루어진다. 해방신학하기와 그 신학방법론은 결코 이론적이고 사변적인 것이 아니다. 지극히 실천적이고 경험적이며 행동적(praxis)이다.

18
해방신학하기 3 – 보고 판단하고 행동하기

1. 해방신학하기의 기초적 구조

해방신학은 이론에서가 아닌 분명하고 명백한 현실 상황과 그 인식에서 출발한다. 그러므로 해방신학하기는 무엇보다 상황을 바라보고(파악 ver), 바라본 상황에 대하여 판단하고(성찰, juzgar), 그 상황 안에서 상황의 변화를 위해 행동하는(실천, actuar) 것으로 이루어진다. 해방신학의 방법론에서 가장 중요한 것은 이 같은 현장과의 연계이다. 현장과 함께 호흡하고 현장을 떠나지 않는 신학이 바른 신학이다.

바른 신학의 내용은 바른 신학하기의 방법에 의해서 이루어진다. 이 점에서 해방신학은 서구신학과 분명한 차이를 보인다. 서구신학이 다양한 신학방법론에도 불구하고 불변하는 신학내용의 존재를 주장한다면 해방신학은 어떤 방법론을 취하냐에 따라서 그 신학의 내용이 달라진다고 주장한다. 이는 신학이 그 자체의 내용으로부터 늘 해방된다는 것을 의미한다. 상황과 연계된 그리고 상황으로부터 출발하는 방법론으로 인해 신학의 내용도 변할 수 있다는 것이다.

오늘 한국 교회는 위기를 말하고 있다. 위기는 어디서 오는 것일까? 사람들은 위기를 극복하고 다시 한국 교회가 살아날 방법에 대해 많은 이야기를 나누고 있다. 이런 가운데 주목할 것은 위기에 대한 진단이다. 어느 누구도 잘못된 신학에 대해서는 감히 이야기하지 못하고 있는 현실이다. 그러나 필자는 한국 교회의 위기가 신학 내용의 문제로부터 발생한다고 본다. 그래서 한국 교회가 어떻게 처음 사랑을 회복할 수 있을 것인가에 대하여 치열하게 고민하고 논의해야 한다고(계 2:4) 생각한다.

여러 가지 방안들이 있겠지만 필자는 우선적으로 신학의 해방에 대해 말하고자 한다. 많은 목회자와 교회의 그릇된 행위 뒤에는 우리가 지금까지 불변의 진리라고 믿어왔던 신학이(생각과 사상은 우리의 행위를 결정짓는 중요한 요소이다) 잘못되어 있었기에 그런 열매를 맺은 것은 아닐까? 그런 의미에서 소위 정통으로 믿어왔던 교리와 신학을 뒤집어 보는 작업이 우리에게 필요하다. 그리고 이 작업은 바른 신학방법, 상황으로부터 상황으로 그리고 상황 안에서 보고 생각하고 행동하는 해방신학적 방법론으로부터 가능하다고 믿는다. 해방신학적 방법론이 우리의 신학을 해방시킴으로써 신학을 처음부터 다시 하게 함으로써 삶과 연관된 신학의 내용을 갖도록 하는 것이 중요하지 않을까. 오늘 우리에게 진정으로 필요한 것은 "신학 다시 하기"이다.

스페인 신학자 호세 마리아 마르도네스(Jose Maria Mardones)는 몇 년 전 『우리 안의 하나님 죽이기』라는 자신의 저서를 통해 하나님에 대한 우리의 개념을 뒤집는 시도를 했다. 신학을 다시 해야 한다. 성서를 다시 읽어야 한다. 무엇보다도 해방신학이 주장하고 있는 가난한 자의 시각으로 성서를 다시 읽고 신학을 다시 해야 한다. 가난한 이들의 삶의 현장으로부터 새롭게 시작하는 신학방법론으로 우리는 신학을 다시 하게 될 것이고 우리의 선교 현장도 변화를 겪게 될 것이다. 그리고 마침내 열매를 맺게 될 것이다.

해방신학을 좌파 신학이라고 비난하는 사람들에게 나는 열매를 보고 판단해야 한다고 말한다. 해방신학에 투신한 사람들 중 누가 그리스도인의 사명을 잊고 부유하게 살던가? 호화로운 삶을 영위하던가? 그렇지 않다. 민중과

호세 마리아 마르도네스의 『우리 안의 하나님 죽이기』

함께 호흡하고 고생하는 그들의 삶이 곧 해방신학의 정당성이다. 내가 자주 듣는 이야기 중의 하나가 "목사님은 사람은 참 좋은데 어쩌다가 해방신학을 공부하게 되셨어요?"라는 말이다. 그런데 신학의 보혁과 좌우를 따지기 전에 진정성의 문제를 먼저 고려해야 하지 않을까?

2. 현장 안으로 들어가기

이제 현장(상황)에 대해 보다 자세히 말해보자. 여기서 현장은 가난의 현장이다. 가난의 현장을 우리는 어떻게 파악하고 이해할 수 있을까? 이를 위해 해방신학은 세 가지 종류의 도구를 제시하고 있다. 첫째는 사회 분석적 도구이며 두 번째는 성서해석학적 도구 그리고 마지막으로 실천적 도구이다. 이러한 세 도구를 통해 신학적 성찰이 이루어진다.

해방신학은 이 세 가지 도구의 역동적인 연계 속에서 가난의 현실을

이해하고자 한다. 사회 분석적 도구를 통해 가난한 사람들 그리고 억압받는 사람들의 세계를 사회적인 측면에서 왜 그들이 가난한가를 이해하고자 한다. 그리고 성서해석학의 측면에서 가난한 사람들에 대한 하나님의 계획이 무엇인가를 파악하고자 한다. 마지막으로 실천적 도구를 통해 행위의 측면에서 하나님의 섭리와 계획에 따라서 가난과 억압의 현실을 타개하고 극복하는 구체적인 행위가 무엇인가를 발견하고자 한다.

먼저 사회 분석적 방법이다. 가난의 현실은 단순하게 개인적인 문제로 취급되어서는 안 된다. 그것은 무엇보다도 사회구조적인 모습이다. 우리는 언제나 게으르면 가난하게 살게 된다는 교육을 받으면서 살았다. 라틴아메리카에 살면서도 한인들로부터 항상 듣는 이야기가 이곳 사람들은 일하기 싫어하고 놀기 좋아하는 게으른 사람들이기 때문에 좋은 자연환경에도 불구하고 가난하게 산다는 것이다.

그런데 과연 이렇게 가난의 문제를 개인의 게으름 혹은 무능력만으로 돌릴 수 있을까? 그렇지 않다는 것을 나는 라틴아메리카에서 수십 년을 살아가면서 체험할 수 있었다. 라틴아메리카 사람들은 정말 게으른가? 전혀 그렇지 않다. 얼마나 열심히 살아가는지 모른다. 새벽 일찍부터 한 시간을 걸어서 버스를 타고 전철을 타고 일터로 나아간다. 늦은 밤이 되어서야 이들은 귀가한다. 그리고 그다음 날 새벽에 다시 일터로 향한다. 과연 누가 이들에게 게으르다는 이야기를 할 수 있을까?

가난에 대해 말하려면 우리는 무엇보다도 먼저 가난의 현실이 어떻게 나타나고 있으며 그 이유는 무엇인가에 대해서 질문해야 한다. 왜 사람들은 가난한가? 그리고 왜 가난의 현실은 계속되는가? 최근 한국 사회에서 회자되고 있는 가난의 세습, 헬 조선 그리고 수저론 등의 배후에도 이러한 가난의 현실에 대한 사회학적 질문이 자리 잡고 있다.

우리는 어떻게 가난을 이해할 수 있을까? 우리에게 보이고 있는 가난의 현실은 다양하다. 푸에블라 문서는 가난의 다양한 형태를 어린이, 청년, 토착민, 농부, 노동자, 비정규직 노동자, 실업자, 여인들, 소외된 사람들 그리고 노인들의 얼굴에서 발견하고 있다.(32~39항) 무엇보다도 가난은 사회적으로 세습되고 있음을 발견한다. 이렇게 우리는 가난이 개인의 문제를 넘어서는 사회구조적인 문제임을 발견한다.

가난의 이해는 다양하게 이루어질 수 있다. 가난을 개인 능력의 문제로 이해하는 경험적 설명, 두 번째는 가난을 선진과 후진이라는 발전의 단계적 문제로 이해하는 기능적 설명 그리고 마지막으로 가난을 억압으로 설명하는 변증법적 이해가 있다.

가난이 경험적인 측면에서 개인적 무능의 문제라고 한다면 이것에 대한 해결은 자선과 지원, 후원 등의 방법으로 이루어져야 할 것이다. 두 번째 그것을 기능적으로 이해한다면 가난의 해결은 선진국들의 성장 모델을 모방함으로써 이루어진다. 이러한 발전모델은 가난한 사람은 더욱 가난하고 부자는 더욱 더 부자가 되어가는 극심한 빈부의 차이를 만들어서 결국 후진국의 가난을 구조적으로 더욱 심화시켜 나갈 것이다. 마지막으로 변증적인 이해에서 가난은 개인을 넘어서서 사회구조의 문제로 설명된다. 여기서 가난의 해결은 혁명적인 방법 다시 말하면 사회의 기본적인 구조의 변화를 통해 이루어진다는 것이다. 가난의 해결은 새로운 대안적 사회의 건설을 통해 이루어진다. 비로소 이 단계에서 가난한 사람들은 '경멸 혹은 자선'의 "대상"에서 새로운 역사의 "주체"로 등장한다. 바로 이 지점에서, 해방신학은 '마르크스주의'와 만남을 경험한다.

그리고 해방신학은 공산주의 신학이라는 비판(필자는 이 비판을 해방신학과 '마르크스주의'의 만남에 대하여 제대로 알지 못하기 때문에 발생하는 것이라고 생각한다. 그러나 또 다른 한편으로 이에 대해 해방신학자들이 적극적으로 설명하지 못한 데서도 그 이유를 찾을 수 있다고 본다.)과 비난에 직면하게 된다.

사실상 해방신학에서 마르크스주의는 한 번도 그 자체로 다루어지지 않았다. 다만 마르크스주의는 가난한 사람들과 억압받는 사람들의 삶의 자리에서 발생하는 질문에 답변하기 위해 활용되었다는 사실에 주목해야 한다. 이것은 해방신학이 마르크스주의를 순전히 도구적인 측면에서 활용하고 있다는 것을 의미한다. 해방신학은 마르크스주의를 절대적인 가치를 가진 이데올로기로 결코 간주하지 않는다. 그뿐만 아니라 마르크스주의를 신학에 적용함에 있어서 강제적 혹은 절대적인 것이라고 생각하지 않으며 어느 누구에게도 그것의 적용을 강요하지 않는다. 해방신학은 마르크스주의가 제시하고 있는 몇 가지 사회학적 방법론을 가난하고 억눌린 사람들의 편에서 가난과 억압의 상황에 대한 이해를 돕기 위해서 임의대로 그리고 자유롭게 사용하고 있음을 알 수 있다.

그중에서 해방신학이 마르크스주의로부터 도움을 받고 있는 내용은 ① 사회 분석에 있어서 경제적 요소가 갖고 있는 중요성, ② 사회이해에 있어서의 계급투쟁론, ③ 종교를 포함한 이데올로기의 신비적 권력 이론 등이다. 마르크스주의를 그 자체로 사용하지 않기에 해방신학은 마르크스주의에 대한 비판도 서슴지 않는다.

카를 마르크스

마르크스주의는 다른 이론과 마찬가지로

해방의 길에서 해방신학의 중요한 도구는 될 수 있으나 그 어떤 경우에도 유일하고 절대적인 안내자는 될 수 없음을 분명히 하고 있다.(푸에블라 문서 554항) 왜냐하면 그리스도인들에게 유일한 안내자는 오직 그리스도 한 분뿐이기 때문이다.(마 23:10)

그러므로 해방신학자에게 있어서 유물론과 마르크스주의적 무신론은 유혹 자체가 될 수 없다.(레오나르도 보프) 그럼에도 마르크스주의를 활용한 가난과 억압의 현실에 대한 사회학적 접근은 해방신학으로부터 우리의 현실에서 구체적이고 실제적인 구원이 무엇인가에 대한 실천적인 이해를 갖도록 해 준다.

3. 추상적 언어에서 실제적 언어로

오늘 교회는 신앙의 언어를 추상적으로 만들어 버렸다. 과연 신앙의 언어들이 우리의 구체적인 삶의 현장에서 어떤 적극적인 의미를 갖고 있는 것일까? 마커스 보그(Marcus Borg)가 그의 저서 *Speaking Christians*에서 언급했듯이 우리의 신앙 언어는 오늘의 삶의 언어와는 상관없는 사후의 언어(post-mortem)가 되고 말았다.

해방신학은 사회학적인 분석의 도구를 통해 우리의 신앙 언어를 구체적이고 실제적인 언어로 만든다. 해방과 구원은 사후에 발생하는 추상적이고 개념적인 것이라 아니라 오늘의 삶 속에서 발생하는 구체적이고 실제적으로 발생하는 사건으로 이해된다. 그리고 그 경험은 우리에게 진정한 기쁨과 평화, 구원을 맛보게 한다. 그러기에 가난한 사람의 해방에 헌신하는 것은 구원을 경험하는 것이다. 결국 가난한 사람이 우리를 구원한다.

19

해방신학하기 4 – 성서와 가난한 사람들

1. 가난한 사람들 – 파괴된 하나님의 형상

성서적 관점에서 가난한 사람들에 대한 이야기는 최초의 이야기이며 마지막 귀결점이라고도 해도 과언이 아니다. 일찍이 서인석 교수는 성서가 가난한 사람들에 대해 관심을 갖는 것을 주목한 바 있다.

그는 그의 저서 『성서의 가난한 사람들』(1979, 분도출판사)에서 율법과 예언서 그리고 현자와 시인들의 성문서 문학을 통해 "가난한 자들의 권리", "가난한 자들의 외침," 그리고 "가난한 자들의 기쁨"을 본다. 성서는 이처럼 가난한 이들과 억눌린 사람들을 향한 하나님의 한없는 사랑을 이야기하고 있다. 따라서 가난과 억압의 현장 안에서 성서에 대한 깊은 성찰과 참여로부터 출발하는 해방신학에 있어서 가난한 사람들이 그 주제설정에 있어서 중심적인 위치를 차지하게 되는 것은 당연한 일일 것이다.

해방신학에서 우선적으로 가난한 사람들은 하나님의 자녀로 이해된다. 그러나 그들 안에서 고귀한 하나님의 형상이 파괴되고 억압되는 것을 발견한다. 그런 의미에서 가난한 사람들에 대한 이해는 그들이 처해 있는 가난과 억압의 구체적 현실에 대한 이해를 소홀히 하지 않은 채 보다 넓은 개념으로 확장되어 간다.

가난과 노동에 지친 라틴아메리카 사람들

해방신학에서 가난한 사람들은 단순히 구원과 해방의 대상 혹은 역사의 주체자 됨을 넘어서서 복음의 선포자 그리고 영원한 생명을 향한 부름 받은 사람으로 이해되기도 한다.(푸에블라 문서 1147) 그러므로 가난에 대한 이해는 정치·경제·사회적 분석과 더불어 성서의 관점을 기반하게 된다. 성서의 시각에서 바라보는 가난한 이들에 대한 이해는 해방신학이 가난을 신앙의 문제로 받아들이도록 만든다.

이러한 이해 속에서 해방신학자들에게는 다음과 같은 질문이 대두된다. 그렇다면 성서는 가난한 사람들에 대해 무엇이라고 말하고 있는가? 사회정치적 분석의 뒤를 이은 이 같은 질문은 해방신학에서 가난 이해의 중요한 두 번째 단계가 된다. 이 단계에서 해방신학은 비로소 억압/해방의 과정을 '믿음의 빛'으로 바라보기 시작한다.

이것은 무엇을 의미할까? 바로 가난과 해방의 주제를 성서의 빛에 비추어서 해석하고자 하는 노력과 시도다. 이 단계에서 해방신학자는 그가 파악하고 있는 모든 가난과 억압의 현실에서 발생하는 수많은 문제들과 희망의 주제들을 가지고 성서 안으로 들어간다.

그리고 성서 앞에서 하나님의 메시지를 기대한다. 이 단계에서 해방신학은 성서를 다시 읽고자 한다. 가난한 이들과 그들의 현실로부터 출발하여 성서를 다시 읽고자 시도한다. 해방의 해석학을 통하여서 말이다. 어쩌면 성서 다시 읽기와 해방의 해석학은 어느 것이 먼저라고 말할 수 있는 것이 아니다. 그것은 동시에 발생하는 것이다.

2. 가난한 사람들의 성서 읽기

가난한 사람들의 삶의 현실로부터 성서를 다시 읽고자 하는 해방신학의 시도는 절대적이고 유일한 가치를 지닌 성서읽기는 아닐지라도 현재의 암울하고 참혹한 가난의 현실에서 하루하루의 힘겨운 삶을 영위해 나가는 가난한 이들에게 매우 중요한 의미가 있다.

우리는 성서 다시 읽기를 통해 성서의 하나님은 생명의 하나님이시며 가난하고 억눌린 사람들의 변호자, 노예 됨으로부터 우리를 벗어나게 하시는 해방자, 그리고 새로운 세계를 제시해 주는 예언자이심을 다시금 발견한다. 물론 해방신학의 해석학이 이러한 주제들을 중요하게 강조하고 있기는 하지만 그것만이 성서의 주제라고 주장하지는 않는다.

필자는 많은 사람들이 해방신학에 대하여 오해하고 있는 점이 바로 이 지점이 아닌가 생각한다. 해방신학은 성서를 편파적으로 이해함으로써 해석의 왜곡을 가져와 오직 성서가 가난한 사람들의 해방만을 말하고 있다고 주장한다는 비판이다. 결코 그렇지 않다. 해방신학은 성서의 주제를 특정하게 한정하여 그것만이 성서의 주제라고 주장하지 않는다. 어쩌면 해방신학이 강조하는 가난의 해방과 관련된 주제들이 어떤 사람들에게는 그리 중요한 신학적 주제가 되지 않을 수도 있다. 그러나 적어도 우리가 살아가고 있는 이 땅의 삶에서 대다수를 차지하고 있는 가난하고 억눌린 사람들에게는 가장 필요하고 적절하며 정당성 지니는 주제라는 사실에 주목해야 한다. 가난한 이들은 단순히 경제적인 가난 속에서 고통 받는 존재를 넘어서서 '진정한 풍요의 삶'(요 10:10)에 대한 권리를 지닌 존재들임을 기억해야 한다.

세계의 대다수 민중이 가난과 억압의 상황에 놓인 현실에서 신학의 가장 정당하고 시급하고 적절한 주제가 '가난의 해방'이다. 그런 의미에서 해방신학이 주창하고 있는 신학적 주제는 지금도 유효하며 시의적절하다. 신자유주의 경제 정책 아래 점차 심화되고 있는 빈부의 격차와 정착되어가는 가난과 부의 세습구조로 인해 고통 받고 있는 우리 현실에서 해방신학의 성서 다시 읽기는 지극히 유효하다.

이러한 관점에서 해방신

조르주 루오의 〈미제레레〉 중에서 '가난한 방랑자'

학은 가난의 문제를 현실의 상황과 더불어 신앙적인 주제, 즉 회개, 은혜, 부활과 같은 초월적 측면에서 다루고 있는 것이다. 해방신학의 해석학은 이데올로기적인 측면을 넘어서서 가난에 대한 신적 차원의 답변을 추구하고 있다. 그러므로 해방신학이 성서적 혹은 신앙적 차원을 고려하지 않고 순전히 사회, 정치, 경제적 측면으로만 구원의 문제를 다루고 있다는 비판은 정당하지 않다. 해방신학은 온전히 성서적이며 교회적 차원에서 구원의 문제를 다루고 있으며, 따라서 가난으로부터의 해방은 현실적이며 동시에 초월적인 것임을 분명히 하고 있다.

해방신학은 하나의 신학으로서 질문에 대한 답변을 신앙 안에서, 찾고자 한다. 하나님의 늘 새롭고 놀라운 계시를 향하여 개방적 태도를 갖는 것이다. 그런 의미에서 하나님의 계시는 어떤 경우에는 신학이 갖고 있는 질문 자체에 대해 도전하기도 하며 질문자에 대해서도 회개를 향한 부름을 그치지 않는다. 이렇게 함으로써 가난의 해방에 대한 과제는 늘 계시 앞에서 자신을 돌아보게 되는 해석학적 고리를 형성하게 된다. 즉 가난의 주제와 하나님의 계시는 서로에게 성찰을 요구하는 구조를 이루게 된다. "만일 복음 선교에서 인간의 구체적 생활과의 관계, 즉 복음과 개인적 사회적 생활 사이에 지속되는 상호관계를 고려하지 않는다면 이는 완전한 복음 선교라고 할 수 없다."(EVANGELLI NUNTIANDI, 29) 물론 이러한 해방과 계시로서의 하나님의 말씀 사이에 존재하는 변증론적 관계에서 우선시되는 것은 말씀이다.

3. 해방적 성서 읽기의 특징들

가난한 사람들로부터 출발하여 해방적으로 이루어지는 성서 읽기는 다음과 같은 특징을 가지고 있다.

첫째, 설명보다는 실행의 순간을 우선시한다. 해방적 해석학의 성서 읽기는 성서를 흥미로운 역사책이 아니라 생명의 책으로 간주한다. 따라서 성서의 의미를 오늘의 상황에서 회복하려고 노력한다. 이런 점에서 해방신학은 성서에 대한 단순한 해석 작업을 넘어서서 살아있는 말씀으로서 오늘의 생명의 관점에서 그 의미를 파악하고자 한다. 즉 과거의 의미를 오늘의 실제적 삶에서 어떻게 적용하고 그것을 생명으로 살아갈수 있을까에 초점을 맞추고 있는 것이다. 이러한 태도는 자연스럽게 성서 읽기에 있어서의 두 번째 특성으로 연결된다.

둘째, 성서 텍스트 자체가 갖고 있는 변혁적 에너지를 발견하고 회복하려고 한다. 그것은 결론적으로 한 개인의 변화(회개)와 한 사회의 변혁(혁명)을 가져오도록 함에 성서 읽기의 목적이 있다는 것을 의미한다. 물론 이러한 읽기는 반드시 이데올로기적 전제를 요구하지 않음을 기억해야 한다.

셋째, 성서적 메시지의 사회적 상황을 강조한다. 각각의 성서 본문 읽기를 본문의 사회적 상황으로부터 출발시킴으로써 문자를 넘어서는 오늘 우리의 사회적 상황에서 살아있는 읽기를 하고자 한다. 예를 들면 해방의 해석학은 (절대화를 피하면서) 예수가 경험했던 억압의 사회적 상황과 그가 십자가의 죽음에서 보인 정치적 상황을 강조한다. 이렇게 성서를 읽기 시작할때 우리는 예수가 겪었던 당시의 정치, 경제, 사회적 상황이 오늘의 라틴아메리카의 상황과 무관하지 않다는 사실을 깨닫게 된다. 따라서 성서의 메시지는 우리에게 새로운 의미로 다가온다. 그런 의미에서 해방신학이 모든 성서의 책을 하

성서와 오늘의 현실이 무관하지 않음을 깨달을 때 성서의 메시지는 우리에게 새로운 의미로 다가온다.

나님의 계시로 받아들이고 중요시함에도 해방의 해석학을 전개하기 위해 선호하는 성서의 책들과 본문이 있음을 부정할 수는 없다. 해방신학이 선호하는 성서의 책들은 다음과 같다.

① 출애굽기 ② 예언서 ③ 복음서 ④ 사도행전 ⑤ 요한계시록

앞서 말했던 것처럼 해방신학은 사회 분석적 도구, 성서해석학적 도구 그리고 실천적 도구라는 세 가지 도구의 역동적인 연계 속에서 가난의 현실을 이해하고자 한다. 이제 우리에게 남은 것은 실천적 도구를 통하여 해방신학이 어떻게 가난의 문제를 접하고 있는가다.

20
해방신학하기 5 – 실천적 접근

1. 신학의 창조적 작업에 대하여

해방신학은 무엇보다도 자신이 처해 있는 지역의 현실에 대한 매우 철저하고 과학적이며 객관적인 인식과 성찰을 바탕으로 가난한 사람들이 처해 있는 상황에 대해 성서의 빛에 비추어 바라보기 시작한다. 그리고 실제적으로 그 상황에서 어떤 일을 할 수 있는가를 생각해 본다. 이 과정에서 무엇보다도 실천 가능하고 행동에 옮길 만한 여러 가지 대안들을 모색해 본다. 그리고 자신이 처해 있는 사회의 근본적인 변화를 위해 가장 적절한 것이 무엇인가를 채택하기에 이른다. 그리고 그 일에 헌신한다. 이러한 과정에서 무엇보다도 중요한 것은 해방신학을 사역의 현장에 적용하기 위한 창조적 작업이다.

해방신학은 스스로 수집한 모든 상황, 성서 그리고 신학 자료들을 통해 새로운 신앙의 모습을 형성해 나가기 시작한다. 해방신학의 이러한 작업은 오늘의 사회가 주는 많은 도전들에 대한 신앙적, 신학적 응답에 있어서 매우 중요한 의미를 지닌다. 해방신학자는 단순한 자료 수집가 혹은 자료 분석가를 넘어서서 하나의 설계자로서의 임무를 수행한다. 그래서 그에게 요구되는 것은 신학적 창조성이다. 억압된 라틴아메리카의 현실, 지금까지 역사에서 그 사례가 없을 정도의 참혹한 억압의 현실 앞에서 그는 그의 신학적 창조성을 통해 신학적, 신앙적 응답과 대안들을 창조해 나간다. 그는 창조적으로 역사의 그리스도교 신앙을 재구성하면서 새로운 억압의 현실 속에서 혁명적 신앙의 모습을 창출해 내고자 한다. 그것은 해방적 신앙의 모습과 행위의 창출이다. 이렇게 함으로써 해방신학은 교회가 역사 안에서 해방적 복음의 사역을 충실히 감당할 수 있도록 돕는다. 그런 의미에서 해방신학은 매우 신학적인 창조성을 강하게 요구하는 신학이다.

무엇보다도 해방신학의 방법론은 기본적으로 매우 성서적이며 신앙적이다. 해방신학은 무엇보다도 완성된 신학이 아니다. 해방신학은 행동에서 출발해 실천으로 나아가는 신학이지만 이 과정에서 자신에게 신앙에서 비롯되는 질문을 지속한다. 억압된 현실에 대한 분석은 반드시 하나님의 말씀인 성서의 빛에 비추어지며 거기로부터 실천적이고 구체적인 행위가 나온다. "행위에서 출발해 성서를 거쳐 행위로 돌아감"은 해방신학의 가장 핵심적이고 중심적인 특징이다.

이런 의미에서 해방신학은 이론적인 방법론으로 그치는 것이 아니라 억압의 현실에서 상황의 변화를 위해 투쟁하는 실천적인 행위로 귀결된다. 해방신학은 민중의 삶의 한복판으로 나아가는 신학이다. 이에 따라 매우 정치적인 성격을 띠는 신학이다. 왜냐하면 억압의 현실에 대항하여 신앙적, 신학적 행위를 하는 것은 무엇보다도 정치적 행위를 배제할

해방신학은 억압의 현실에서 상황의 변화를 위해 투쟁하는 실천적 행위로 귀결된다.

수 없기 때문이다.

그럼에도 신앙이 행위에 그칠 수만은 없다. 그것이 해방적 행위라고 할지라도 말이다. 해방신학은 행위의 신학이면서도 그 중심에 심오한 영성적 행위와 깊은 은혜의 세계를 향한 접속과 경험을 전제로 하고 있다. 그런 의미에서 해방신학은 매우 영성적인 신학이다. 필자는 라틴아메리카에서 구띠에레스 신부를 비롯한 여러 해방신학자들을 직접 만나고 대화하면서 그들 모두가 얼마나 깊은 영성의 소유자들인지, 그들을 만나면 그들이 하나님과 얼마나 깊은 영적 관계를 갖고 있는지 피부로 느끼게 된다. 구띠에레스는 『우리의 우물에서 생수를 마시련다』에서 해방신학의 깊은 영성적 측면을 보여준다. 그는 이 책을 쓰게 된 동기를 '해방신학은 신학이라는 탈을 쓴 정치 이데올로기에 불과한 것이 아니냐?'는 비판에 대한 응답이라고 말했다.

또 다른 측면으로 해방신학은 교회를 향하고 있다. 해방신학에 대한 비판 중의 하나가 교회에 대한 소홀함이 아닐까? 해방신학이 교회를 파괴한다는 비판은 그 정당성을 찾기 힘들다. 해방적 선교를 감당하고 있는 사역자들은 교회를 중심으로 교회로부터 출발하여 민중이 살고 있는 삶의 현실로 나아간다. 해방신학은 교회의 의미를 성직체계 혹은 건물의 좁은 개념에서 탈피하여 민중의 삶의 현장으로 확대해 나간다. "민중이 교회이다." 해방적 사역자들은 교회를 통해 경험하는 신앙의 신비적인 요소들과 또 하나님과의 깊은 만남을 통해 형성된 신적 영성으로 민중의 삶의 자리로 내려간다. 그리고 변혁을 향한 역동적이고 실천적인 신앙의 행위를 수행하고 있다.

2. 해방신학의 실천적 접근방법

해방신학의 실천적 방법론은 한 사람의 신학적 수준(전문가, 사목자 혹은 민중운동가)에 따라 다양한 형태로 진행될 수 있다. 신학-전문가는 행동을 위한 보다 넓은 시각의 지평선을 보여준다. 신학-목회자는 자신의 선교현장에서 보다 구체적인 행동 지침을 마련한다. 신학-민중 운동가는 보다 세밀하고 섬세한 의미의 실질적인 행동을 수행한다. 특별히 목회자와 민중운동가의 차원에서는 개인적인 행위를 넘어서서 행동을 수행하는 모든 참여자들이 함께 하는 공동체적인 행위가 기본이 된다.

해방신학의 행동의 원리는 간단하지 않다. 그것은 다양한 단계를 포함하고 있다. 예를 들면 상황에 대한 매우 이성적이고 합리적인 성찰과 분석의 단계가 있다. 또 다른 한편으로 행동의 결과에 대한 예측과 대비를 성찰하는 단계도 있다. 이런 모든 다양한 과정을 전제하면서 우리는 해방신학의 실천적 행동에는 다음과 같은 요소들이 고려되어야 함을 말하고자 한다.

첫째, 철저한 상황분석으로 역사적으로 실현 가능한 대안을 결정하는 단계다. 이 단계에서 중요한 것은 교회와 사회에서 오직 자신들의 권력을 위해 현상유지를 강력히 원하는 사람들로부터 비롯되는 저항과 반대를 고려하고 소홀히 해서는 안 된다는 것이다. 그뿐만 아니다. 소위 "경건한 의도"라고 하는 단순하고 순진한 유토피아에 매몰되지 않도록 주의하는 것이다.

둘째, 행동을 수행하고 실행하기 위한 구체적이고 실현 가능한 전술과 전략을 정의하는 단계다. 전술과 전략은 우선적으로 비폭력적이어야 하는데 대화, 설득, 도덕적 압박, 평화적 저항과 복음적 혁명 등을 의미한다. 그리고 비폭력 전술은 복음적 정당성을 지녀야 하는데 행진, 파업, 시위 등을 포함한다. 그렇다고 절대적으로 힘의 사용을 배제하는 것은 아니다. 실제적으로 해방적 실천에서 무력이 사용된 적도 있었다. 콜롬비아의 까밀로 또레스(Camilo Torres)의 경우나 니카라과의 에르네스토 까르데날(Ernesto Cardenal) 신부의 경우가 그렇다. 그러나 이러한 무력 사용의 경우에도 그의 역사적 배경과 그 상황을 충분히 고려하고 이에 대한 신중한 평가를 내려야 할 것이다.

셋째, 미시-단기 행동(Micro-action)과 거시-장기 행동(Macro-action) 사이에 연관성이 유지되도록 유의하는 단계다. 이 행동 사이의 연관성은 해방적 사목과 행위가 전체적 그리고 지속적으로 비판적이며 변혁적인 방향을 유지할 수 있도록 도와준다. 이것은 다른 의미에서 하나님의 백성들의 행위를 그들이 살고 있는 사회 안에 존재하고 있는 또 다른 역사의 변혁을 위한 해방운동과 협력하고 연관될 수 있도록 해 줄 것이다. 하나님 나라의 해방의 역사는 공동체적으로 이루어지고 있기 때문이다. 그러므로 해방신학의 실천적 방법론에서 중요시되는 것은 연대다.

넷째, 민중을 설득하여 직접적인 투쟁과 실천적 투쟁에 나서게 하는 단계다. 이 단계는 결단을 행동으로 옮기게 하는 실제적인 단계다. 이 단계에서 가장 중요한 것은 이론보다 실행이다. 성찰을 넘어서서 이제는 삶으로 행동을 보여주는 단계다. 이 과정에서 보다 중요한 영향력을 발휘하는 것은 분석적인 이성의 힘이 아니다. 오히려 민중 속에서 나타나는 민중의 지혜와 경험이다. 해방신학은 이 같은 실천의 단계에서 민중이 가난의 현실 속에서 경험해야 했던 삶의 지혜를 준거의 틀로 삼는다.

니카라과의 교회 내부에 그려진 아기 예수의 탄생화. 라틴아메리카 사람들은 성서 속 사건들을 자신들의 삶의 언어와 양식으로 표현하고 있다.
해방신학의 실천은 민중이 가난의 현실 속에서 경험했던 삶의 지혜를 준거의 틀로 삼는다.

3. 해방신학 방법론의 실제적인 적용의 예

지금까지 해방신학 방법론의 3단계에 대하여 설명해 왔다. 이제 이 방법론을 적용하는 실제적인 예를 들음으로써 해방신학의 방법론에 대한 이야기를 마치려고 한다. 이 예는 라틴아메리카에서 가장 중요한 문제 중의 하나였던 토지와 관련되어 있다.(레오나르도 보프의 저서 『해방신학의 방법론』에 기술되어 있는 것을 요약한 것이다.)

전 단계 : 참여
해방적 사역자는 지역 농민들의 기초공동체에 참여한다. 농민조합 원들과 함께 토지 개혁을 위한 투쟁에 직접 참여한다.

첫 단계 : 사회 분석적 접근(보기)
① 국가 전체적인 토지 문제를 비롯하여 거주하는 지역의 토지 관련 문제를 분석한다.
② 지역 농민들의 투쟁을 독려한다.
③ 지역 농민들이 토지문제를 어떻게 파악하고 이해하고 있으며 그리고 이 문제를 해결하기 위한 투쟁을 어떤 방식으로 수행하고 있는지 살펴본다.

둘째 단계 : 판단하기
① 지역 농민들이 토지문제를 비롯한 자신들의 삶의 문제를 그들의 종교와 신앙의 측면에서 어떻게 생각하고 있는가를 살펴본다.

② 성서는 토지를 어떻게 이해하고 있는가를 나눈다. 성서는 토지를 하나님의 은혜와 선물, 하나님의 새 땅에 대한 약속, 하나님 나라의 상징 등으로 보고 있음을 살펴본다.

③ 신학적 전통, 특히 교부들의 전통에서 출발하여 토지의 문제를 살펴본다. 예를 들자면 교부들은 토지의 공동의 선을 위한 이용 목적을 옹호하였고 토지의 상업적 이용에 대한 거부를 표했다는 사실 등을 살펴본다.

셋째 단계 : 행동

① 농민운동의 연합과 조직의 가치를 존중하면서 토지무소유 농민들을 조직한다. 초창기 모임, 협동조합 형성 등을 시작으로 조직을 강화하기 시작한다.

② 농민들이 주체가 되는 토지개혁 운동의 필요성을 강조한다.

③ 구체적인 투쟁의 행동지침과 내용을 마련하고 관련 단체들과 연대 투쟁을 한다. 토지개혁 투쟁을 하기에 앞서 토지 분배, 또 그로 인해 발생할 수 있는 여러 문제 및 부작용 등에 대한 대책도 마련한다.

21
가난한 사람의 눈으로 성서 읽기

　가난한 사람은 하나님과 성서가 관심을 쏟는 가장 중요한 이들이다. 가난한 이들의 해방과 구원은 하나님의 가장 중요한 역사이기도 하다. 그런 의미에서 하나님의 말씀인 성서를 가난한 사람들의 눈으로 읽는 것은 해방신학에서 핵심적인 일이다. 여기서는 민중성서 읽기가 그리스도인의 사역 현장에서 어떻게 활용될 수 있는지 살펴보고자 한다. 우선 '가난한 사람의 눈으로 읽는 성서'의 형성에 대한 역사를 살펴보자.

1. 성서의 민중적 해석

　오래전 브라질의 한 기초공동체에서 발생한 일이다. 기초공동체 내에서 농민들과 함께 성서공부가 시작되었다. 공부를 시작한 지 며칠 후에 교실의 한 벽에 "하나님은 사랑이다."라는 글귀가 붙어 있는 것을 인도자가 발견했다. 인도자가 누가 이 글을 썼는지를 묻자 한 여자가 자신이 썼노라고 답변했다.

인도자 : 이 글을 왜 쓰셨나요?

여　자 : 교실 벽이 너무 초라해 보여서 무엇인가로 채워넣고 싶었어요.

인도자 : 그런데 왜 이 글귀를 쓰셨나요?

여　자 : 아, 그거요. 멋지잖아요. 하나님이 사랑이라는 것이요.

　그러자 인도자는 성서공부에 참여하고 있는 사람들에게 성서를 펼치고 요한일서 4장 8절의 말씀을 함께 읽자고 제안했다. 그리고 여자에게 그 구절을 소리내어 읽으라고 했다. 여자는 지금까지 한 번도 성서를 읽어본 적이 없는 사람이었다. "사랑하지 않는 사람은 하나님을 알지 못합니다. 하나님은 사랑이시기 때문입니다."

　성서를 읽은 여자의 반응은 놀라운 것이었다. "아니 이럴 수가!" 자신이 벽에 쓴 글과 똑같은 내용이 성서에 있는 것을 보게 된 여자는 놀라운 표정을 감추지 못했다. 하나님의 말씀이 이미 여자의 삶 속에 기록되어 있었던 것이다.

해방신학의 성서 읽기는 하나님의 말씀이 예수를 믿는 신자들의 삶 속에 이미 기록되고 경험되어 있다는 것을 발견하는 사건이다.

여자는 그날 밤 잠을 이루지 못했다. 그녀는 온 밤을 새워 성서를 읽었다. 그리고 성서에 적혀 있는 여러 내용 중에서 이미 자신의 삶에서 체험하고 있던 말씀들에 밑줄을 그어 나갔다. 그리고 그녀는 이미 많은 성서구절들을 자신의 삶 속에서 체험하고 있는 것을 발견할 수 있었다.

이름 없는 이 여자의 경험은 민중성서 읽기 즉, 가난한 사람의 눈으로 성서 읽기의 방향을 결정짓는 중요한 사건이었다. 하나님의 말씀이 성서에만 기록되어 있는 것이 아니라 예수를 믿는 신자들의 삶 속에 이미 기록되고 경험되어 있다는 것을 발견한 사건이었다. 이러한 성서 읽기는 하나님이 가난한 사람들의 삶의 과정과 투쟁 속에 현존하고 계시다는 사실을 확인시켜 주고 있다.

이처럼 '가난한 사람의 눈으로 읽는 성서'는 무엇보다도 가난한 이들이 자신의 가난한 삶의 현장에서 발견하고 경험하는 하나님의 말씀과 현존으로부터 출발하는 성서 읽기이다.

2. 가난한 사람의 눈으로 성서 읽기의 간략한 역사

1) 성서 읽기에 대한 관심

다음의 몇 가지 중요한 신학적 발전이 성서 읽기를 촉진시킨 것은 분명한 사실이다.

첫째, 유럽에서 시작된 새로운 성서주석 방법론은 성서공부에 대한 관심을 크게 불러일으켰다.

둘째, 가톨릭 교회의 제2차 바티칸 공의회와 그 이후를 통해 발표한 교종의 공식 문서들은 가톨릭 성서학자들로 하여금 보다 자유스러운 성서주석과 해석이 가능하도록 자극했다.

셋째, 제2차 바티칸 공의회 이후 라틴어를 넘어서 각 민족의 언어로 진행된 미사는 민중이 스스로 성서에 다가서도록 이끌었다. 브라질을 비롯한 라틴아메리카의 경우 이러한 발전은 중산층을 중심으로 성서를 직접 읽도록 만들었다.

그뿐만 아니라 이 지역 개신교의 성서 읽기와 보급에 대한 열정은 가난한 이들이 성서를 소유하고 또 읽도록 하는 데 큰 역할을 감당했다. 어떤 의미에서 성서 읽기는 이 지역에서의 가톨릭과 개신교의 갈등을 해소하는 데 많은 도움을 주기도 했다. 그보다 더 중요한 사실은 성서 읽기를 통해 계시에 대한 새로운 개념이 만들어졌다는 사실이다. 이는 하나님은 단지 과거에만 말씀하신 것이 아니라 오늘도 계속해서 말씀하시고 계신다는 사실의 경험이었다.

2) 새로운 공동체 형성

성서 읽기는 무엇보다도 농촌 지역 내에서 성서 읽기 공동체의 형성으로 그 결실을 맺기 시작했다.

농민들은 주기적으로 성서 읽기를 위하여 모임을 갖기 시작했고, 각국의 언어로 번역되고 보급되기 시작한 성서는 이러한 주기적 모임을 확산시켰다. 또 각자의 언어로 진행되는 미사 또한 성서 읽기와 해석에 대한 관심을 불러일으켰다. 브라질 농민들은 성서 읽기를 통해 사제와 주교들의 전통적 권위에 도전하는 용기를 얻기 시작하였을 뿐만 아니라 기성 교회조직과는 다른 보다 더 역동적인 신자들의 모임을 형성하기에 이른다.

이렇게 형성된 공동체 성서 읽기는 성서 해석 작업이 전문적인 성서학자들의 독점적 대상이 아

해방신학의 성서 읽기는 모든 사람들이 성서 해석에 참여하여 새로운 관점과 이해에 공헌할 수 있다는 가능성을 보여주었다.

니라 오히려 성서학자를 포함하여 성서 읽기에 참여하는 모든 사람들의 공동체적 작업임을 발견하게 했다. 모든 사람들이 성서 해석에 참여하며 새로운 관점과 이해에 공헌할 수 있다는 가능성을 보여주었다.

3) 민중 섬기기

민중성서 읽기에서 1968년은 여러 가지로 의미 있는 한 해다. 프랑스의 68운동(프랑스 5월 혁명이라고도 함. 샤를 드 골 정부의 실정과 사회의 모순으로 인한 저항운동과 총파업 투쟁을 뜻함)과 해방신학의 출현이 그것이다. 이러한 여러 역사적 사건들은 민중성서 읽기에서 기억할 만한 사건들이었다.

사람들은 성서 읽기를 통해 성서에 대한 믿음에는 성서의 지식과 지역 공동체의 이익을 넘어선 민중 전체에 대한 관심이 요구되고 있음을 발견했다.

다음과 같은 몇 가지 중요한 사건들이 성서 읽기를 통해 사람들이

지역적 이해관계를 넘어서 민중 전체를 향한 관심을 갖도록 만들었다. 이것은 성서 읽기의 질적인 변화를 의미했다.

① 가난한 사람들을 완벽하게 소외시키고 있는 현 정치·경제·사회 구조.
② 1968년 브라질에서 발생한 군사 쿠데타와 군사 독재정권의 기초공동체를 통해 정의를 요구하는 가난한 사람들에 대한 탄압.
③ 군사정권에 대해 비판적인 브라질 가톨릭 교회의 입장은 기초공동체를 비롯한 민중 운동에 중요한 지원세력이 되었고, 이를 통해 민중 운동은 활력을 찾기 시작했다.
④ 보고 – 성찰하고 – 행동한다는 '가톨릭 행동'(Cathoic Action)의 전형적인 신학 방법론은 '민중성서 읽기'가 견지하고 있던 성서 읽기의 방법론과 상당한 유사성을 갖고 있었으며 '하나님은 오늘도 말씀하신다.'는 명제를 확고하게 만들었다.
⑤ 메델린(Medellin)에서 개최된 제2차 라틴아메리카 주교회의는 제2차 바티칸 공의회에 대해 현장의 사회경제에 대한 비판적 분석으로 출발하는 라틴아메리카적 반응이었다.
⑥ 가톨릭 교회의 암묵적 방관하에서 지금까지 자행되었던 토착민과 흑인들에 대한 살해와 토착문화의 말살에 대한 각성.
⑦ 에큐메니칼 차원에서의 가난한 사람들과 노동자 농민들의 권리 옹호를 위한 "토착민 선교협의회(CIMI)", 토지개혁을 위한(브라질 가톨릭 토지위원회) "CPT", 노동자 권리보호를 위한 "CPO" 등과 같은 민중 권익을 위한 단체들의 출현.

위와 같은 여러 상황과 변화들은 가난한 사람의 성서 읽기와 그 발전 과정에 많은 영향을 미쳤다. 이러한 요소들은 성서 읽기를 통해 민중 스스로가 정의를 위한 투쟁에 참여하도록 만들었다. 또 어떤 사람들은 정의 투쟁의 과정을 통해 성서를 새롭게 읽게 되기도 했다. 이처럼 성서 읽기와 투쟁의 현장은 상호 유기적으로 연결되어 갔다.

가난한 이들은 성서에 대한 서적을 구입하거나 읽을 만한 경제적 여유가 없는 사람들이었다. 성서 읽기와 해석에서 그들이 가질 수 있는 유일한 자료는 성서 자체와 자기 자신의 억압받는 민중 경험 그리고 공동체 내에서 이루어지는 살아있는 신앙체험이었다. 이러한 과정을 통해 가난한 이들은 그들이 지금까지 보지 못했던 성서의 이야기들을 발견했다.

① 자신들의 삶의 이야기와 유사한 억압과 탄압의 이야기
② 정의와 연대 그리고 인간적인 삶을 위한 투쟁과 해방의 이야기

이 시점에서 가난한 이들에게 성서의 이야기는 자신들이 직접 살아내고 있는 삶의 상징으로 간주되었다.

"과거 가난한 이들과 함께 하셨던 하나님이 오늘도 우리의 해방과 구원의 사역을 위해 우리와 함께 하신다. 그는 우리의 외침을 들으시는 하나님이시다. 성서는 해방의식의 원천이다."

이런 의미에서 성서와 가난한 사람들의 삶의 일치는 민중성서 읽기가 우리에게 준 가장 소중한 유산일 것이다.

가난한 이들은 성서의 도움을 통해 그들의 삶을 새롭게 살고자 한다.

이러한 가난한 사람들의 해방을 위한 성서 읽기를 통해 해방신학은 성서에 대한 새로운 관점을 갖게 되었다. 그것은 성서가 더 이상 가난한 이들에게 낯선 책이 아니라 가난한 이들을 위한 책이라는 의식이다. 가난한 이들은 비로소 외친다.

"성서는 우리를 위해 기록되었다."(고전 10:11) 이제 성서는 단순하게 해석을 위한 책이 아니다. 이제 가난한 이들은 성서의 도움으로 그들의 삶을 살려고 한다.

결국 "민중성서 읽기 : 가난한 사람들의 눈으로 읽는 성서"는 전에는 멀게만 느껴졌던 성서를 우리의 삶에 가까이 있는 책으로 만들었다. 전에는 가난한 사람들이 다가갈 엄두도 못 냈던 책에서 이제는 가난한 이들이 가까이 할 수 있는 책이 되도록 만들었다. 하나님 자신이 가난한 사람들에게 가까이 오셨다는 사실을 발견하고 그것을 삶으로 살아가게 만든 것이 "가난한 사람의 눈으로 성서 읽기"의 가장 중요한 공헌이라고 볼 수 있다.

3. 가난한 사람의 눈으로 성서 읽기의 실제

가난한 사람의 눈으로 읽는 성서는 우리를 성서의 새로운 세계로 인도한다. 지금까지 기득권과 현상 유지의 측면에서 성서를 바라보고 읽었을 때와는 전혀 다른 성서의 이해를 갖게 만들 것이며 그것은 성서가 살아있는 하나님의 말씀이고 오늘 우리의 삶 속에서 생동하는 말씀이라는 것을 실감하게 만든다. 그러면 성서를 읽게 될 때 우리에게 어떤 일들이 생기는 것일까?

가난한 사람의 눈으로 성서를 읽을 때 먼저 생기는 일은 참여하는 모든 사람에게 공동체 의식이 일어난다는 것이다. 성서는 한 개인의 경험을 넘어서서 유대인들의 공동체적인 경험을 반영하고 있다. 성서 읽기에서 공동체 의식의 형성으로의 발전은 매우 자연스러운 단계다. 두 번째, 공동체 의식의 회복은 민중을 위한 섬김과 헌신으로 발전한다. 성서 읽기가 단순한 읽기 혹은 의식의 변화만을 이루는 것이 아니라 민중을 위한 실천과 행동 그리고 헌신으로 이어진다는 것을 뜻한다.

그러나 여기서 끝나는 것이 아니다. 민중의 삶과 함께 하는 참여와 실천은 결과적으로 성서 이해의 깊이를 더해 가는 데 큰 도움을 주게 된다. 다시 말하자면 가난한 사람의 눈으로 읽는 성서는 '가난한 사람의 눈으로 성서 이해하기' – '공동체 의식의 회복' – '참여와 실천으로서 민중 섬기기'의 세 가지 단계를 거치게 된다. 이것은 해석의 고리가 형성되는 것이라고 말할 수 있다.

그러나 이 세 가지 단계가 반드시 순서대로 발생하는 것은 아니다. 세 가지 요소가 가난한 사람들이 처해 있는 삶의 자리에서 바라보는 상황, 역사 그리고 그들의 문화에 따라서 우선순위가 정해진다. 그럼에도 위의 세 가지 요소는 어느 하나도 배제되지 않는 요소들이다. 그 세 가지 요소들에 대해 간략히 살펴보자.

1) 성서 이해하기

성서 읽기는 단순한 성서공부에 그치지 않는다. 공동체적인 의식 속에서 성서 읽기에 참여하는 가난한 사람들은 성령의 움직임을 경험한다. 그러한 성령의 경험은 그들 스스로가 자신의 눈을 가리고 있던 수건이 벗겨지는 경험을 한다.(고후 3:12~17) 그리고 그들은 성서 텍스트와 자신의 삶의 경험이 어떻게 연관되어 있는가를 실감하게 된다.

2) 공동체 의식 회복과 형성

공동체 의식의 회복은 성서 읽기를 통해 마치 샘물이 터지듯이 생성된다. 이렇게 형성된 공동체 의식은 읽기 참여자들이 언제나 성서의 말씀을 향하도록 한다. 성서 텍스트는 그들의 공동체를 존재케 하는 기본적 전제로 자리매김한다. 성서의 텍스트에 대한 신실성은 공동체가 가난한 사람들의 삶을 이해하게 하고 그들의 상황의 변화를 위해 헌신하게 한다.

가난한 사람의 눈으로 성서 읽기는 해방신학을 존재케 하는 가장 중요한 요소다. 해방신학의 가난한 사람들의 해방을 위한 헌신은 이 같은 성서의 말씀을 향한 신실함으로부터 비롯되고 있다.

3) 민중에 대한 헌신

삶의 변화를 향한 민중의 헌신은 기초공동체가 민중운동에 가담하고 참여하도록 독려한다. 정치적 행위를 목표로 한 것은 아니라고 할지라도 가난한 사람들의 삶의 상황 변화를 위한 정치적 행위를 마다하지는 않는다. 민중에 대한 헌신에서 비롯된 정치적 행위는 행위로 끝나지 않고 또다시 성서의 텍스트로 향하면서 깊은 해방의 영성적 공동체의 삶을 살아가게 된다.

가난한 사람의 눈으로 성서 읽기는 해방신학을 존재케 하는 근본이다.

그럼에도 공동체 안에서 각각의 구성원들은 자신이 처해 있는 상황에 따라 성서 읽기의 세 가지 요소 중 특정 요소 하나를 지나치게 강조하는 경우도 생기며 이것은 그들 안에서 긴장을 유발하기도 한다. 그러나 이러한 경우에도 구성원들은 대화를 통해 긴장을 완화시키며 균형을 잡기 위한 노력을 아끼지 않는다.

이러한 시도를 통해 성서의 해석은 다양하고 풍요로워질 뿐만 아니라 독단적 해석의 가능성이 줄기도 한다. 위의 세 가지 요소는 매우 역동적인 일치를 이루어야 한다. 각각의 요소는 다른 요소에서 비롯된다. 각각의 요소는 다른 요소를 전제하고 있으며 또 다른 요소를 형성하도록 하면서 상호 간 매우 역동적인 관계를 이룬다.

그렇지만 이 세 가지 요소 간에 다른 요소를 배제하려는 위험성이 항상 존재하고 있음도 부인할 수 없다. 그러므로 가난한 사람의 눈으로 성서 읽기에서 이 세 요소 간에 이루어지는 균형은 필연적이다.

4. 성서 읽기의 위험성에 대하여

교회 안에서 모든 사람은 성서를 인용한다. 근본주의자를 비롯한 대부분의 사람이 그러하다. 믿는 이들은 누구라고 할 것 없이 모두들 성서를 읽고 성서의 말씀대로 산다고 주장한다.

성서의 이름으로 근본주의자들은 세상을 향해 교회의 문을 열기를 거부하고 현실에 대해 눈을 감는다. 이처럼 어떤 경우에는 성서 읽기를 통해 더욱 더 보수적이고 근본적인 신앙이 형성되기도 한다.

성서를 보급하고 읽는 것만으로는 충분하지 않다. 우리의 삶의 현장 특히 공동체의 상황과 민중을 향한 헌신을 고려하지 않는 성서 읽기는 매우 이중적인 결과를 낳기도 한다. 어떤 경우에는 폭력적이고 억압적인 불의한 세력에게 정당성을 부여하는 오류를 범하기도 한다. 라틴아메리카에서 발생한 토착민 학살과 아프리카 흑인의 노예 매매, 남아프리카 공화국의 인종차별 정책 등은 이러한 성서 읽기 오류의 가장 분명한 실례가 될 것이다.

또 다른 의미의 위험이 도사리고 있기도 하다. 어떤 경우 지나친 정치적 읽기로 우리는

왜곡된 성서 읽기는 폭력과 억압, 불의와 반인륜을 정당화하는 데 사용되기도 했다.

성서 공부와 기도가 아무런 의미가 없다는 생각을 하기도 한다. 그런 의미에서 성서 읽기의 세 가지 요소의 균형 잡힌 적용은 성서의 풍요로운 의미에 도달하기 위한 필수 과정이 된다.

결국 성서 읽기에서 중요한 것은 민중의 삶의 현장과 성서 텍스트 간에 이루어지는 끊임없는 대화와 연관성이다. 성서 텍스트가 삶의 현장과 연관되어 있고 삶의 현장으로부터 성서를 읽어 가게 될 때 성서 읽기 오류의 가능성은 상당 부분 줄어들 것이다. 성서와 삶의 현장의 지속적인 대화는 성서 읽기의 이중성을 해소하는 데 필수적인 요소다.

5. 성서 텍스트와 삶의 현장

브라질의 한 기초공동체에서 발생한 일이다. 이 기초공동체는 극빈자들의 공동체였다. 성서 읽기에서 레위기 11장 7~8절을 읽었다. 이 구절에는 돼지고기는 부정한 음식이므로 먹지 말라는 명령이 기록되어 있었다. 그런데 돼지고기는 이 지역의 가난한 공동체 사람들에게는 매우 유용한 음식이었고 그리 비싸지 않은 관계로 이들이 매우 즐겨 먹는 음식이었다. 즉 돼지고기는 그들에게 가장 중요한 단백질 공급원이었다. 따라서 돼지고기를 먹지 말라는 하나님의 명령이 그들 안에 갈등을 유발시키고 있었다. 과연 그들은 어떤 결론에 이르렀을까? 그들은 다음과 같은 결론을 내렸다.

"하나님은 이스라엘 백성들에게 돼지고기를 먹지 말라고 명령하신다. 그러나 오늘 우리에게는 먹어도 된다고 말씀하신다. 사막은 물이 부족한 곳이다. 물이 부족한 관계로 위생적인 문제가 발생할 수 있고 이러한 상황에서 돼지고기는 이스라엘 백성들의 건강과 목숨을 위협할 수 있는 음식이기 때문에 금지시켰다.

그러나 오늘 우리의 상황은 당시 사막에서 살던 그들의 상황과는 다르다. 우리는 돼지고기를 어떻게 요리해야 위험하지 않다는 것을 잘 알고 있다. 더욱이 돼지고기는 우리 자녀들의 단백질 공급을 위해 가장 대중적이고 저렴한 음식이다. 그렇기에 하나님은 오늘 우리에게 돼지고기를 먹어도 좋다고 말씀하신다."

어쩌면 이들의 논리는 미숙하거나 부정확할 수 있다. 그럼에도 이들이 보여준 돼지고기를 먹어도 좋다는 결과의 도출은 정당하다. 이처럼 성서의 텍스트를 삶의 현장과 연관시키고 대화하는 것은 필수적이다. 그럼 텍스트와 삶의 현장 사이의 대화는 어떻게 이루어지는 것일까?

6. 성서 읽기의 방법론에 대하여

성서 읽기의 방법론은 성서 읽기에 대한 단순한 기술을 제공하고자 하는 것은 아니다. 여기서 중요한 것은 위에서 언급한 세 가지 성서 읽기의 요소들이 역동적으로 연결되고 이를 통해 성서가 오늘 우리의 삶이 현장을 향해 전하고자 하는 메시지가 무엇인지 발견하는 것이다.

① 현실로부터 출발하기

가난한 사람들은 성서를 자신들의 삶의 현실에서 출발해 읽고자 한다. 그들의 실제적인 문제에 대한 성서의 가르침을 찾고자 한다. 이러한 현실로부터 출발하는 성서 읽기는 그들 스스로 성서가 우리에게 친숙한 책임을 깨닫게 해준다.

② 공동체의 신앙으로부터 출발하기

가난한 사람들은 "예수는 우리들 사이에 살아 계신다."라는 공동체의 신앙으로부터 성서를 읽고자 한다. 성서 읽기는 그들이 공동체적 신앙을 형성하도록 만든다. 그들은 공동체의 삶을 통해 성서를 거룩한 책으로 읽기 시작하며 그로 인해 성서 읽기는 그들이 직접 하나님의 음성을 듣고 자유로움을 경험하도록 한다.

③ 성서 텍스트 존중하기

가난한 이들은 성서의 텍스트를 존중한다. 어떤 경우에는 근본주의적 태도를 보이기도 한다. 그들은 하나님의 말씀이 그들에게 말씀하시는 것을 그대로 순종하고 실천하려고 시도한다. 성서 텍스트에 대한 비판적 성찰의 부족을 그들의 행위로 만회한다. 그들은 하나님의 말씀을 듣는 것만으로 그치지 않고 행위로서 실천한다.

결국 이러한 성서 읽기의 궁극적인 목표는 오늘의 상황에서 하나님 말씀 듣기로 귀결된다. 이것이 '민중성서 읽기 : 가난한 사람의 눈으로 성서 읽기'의 최종목표라고 할 수 있다.

7. 가난한 사람의 눈으로 성서 읽기의 공헌

① 과거 사건의 의미를 찾고자 함이 아니라 오늘의 삶을 하나님의 말씀

의 빛으로 비추어서 그 의미를 발견하게 한다.

② 해석의 주체는 해석자 개인이 아니라 공동체다. 성서 해석에서 공동체의 모든 일원이 참여하게 만들어서 공동체 의식을 형성하게 한다. 공동체의 시각으로 성서를 읽도록 장려한다.

③ 가난하고 소외된 사람의 눈으로 성서를 읽게 함으로써 성서 읽기에서 수시로 발생하는 이데올로기적 선입견을 극복하도록 도와준다.

④ 성서와 삶의 현장을 연결함으로써 해방적 성서 읽기가 되도록 한다. 생명을 중심으로 하는 성서 읽기를 가능하게 한다. 라틴아메리카에서의 생명을 중심으로 하는 성서 읽기는 필연적으로 해방적이어야 한다.

이미 성서는 우리의 삶의 등불이며 영감의 원천이다. 성서는 그리스도인에게 유일한 삶의 척도다. 그러므로 성서 읽기는 그리스도인들의 삶에 있어서 가장 중요한 요소다. 그리스도인으로서 어떤 형태의 삶을 사는가는 어떻게 성서를 이해하고 있느냐에 달려 있을 것이다. 그런데 많은 경우 우리의 성서 읽기는 주로 다음과 같은 울타리 안에서 이루어지고 있었다.

첫째는 신앙과 삶을 분리하는 이원론적 울타리다. 많은 경우 허공을 맴돌다 땅에까지 이르지 못하는 하나님의 말씀이 되곤 한다. 둘째는 교리적 차원이다. 성서의 의미를 교리적으로 해석함으로써 하나님의 말씀을 교리 안에 가두기도 한다. 해석의 자유와 기술을 상실함으로써 그 의미의 풍성함을 잃기도 한다. 셋째는 이데올로기적 울타리다. 성서를 특정 체제의 기득권 수호와 현상 유지를 위해 사용하기도 했다.

이 같은 울타리들은 성서가 점차 우리의 삶과는 큰 관련이 없는 책이 되도록 만들어 버렸다. 이런 상황에서 '민중성서 읽기 : 가난한 사람의 눈으로 성서 읽기'는 성서를 둘러싼 울타리를 극복하고 우리의 삶 속에 살아있는 하나님의 음성으로 읽히도록 해주고 있다. 이처럼 성서는 해방신학에 있어서 가장 중요한 위치를 차지한다.

22
솔렌티나메의 성서 읽기

가난한 사람들의 눈으로 성서 읽기의 구체적 사례로서 에르네스또 까르데날(Ernesto Cardenal) 신부가 인도한 니카라과 솔렌티나메 지역에서 이루어진 성서 읽기가 주목된다. 우리는 이 지역에서 이루어진 성서 읽기를 통해 가난한 이들의 삶의 현장에서 성서가 어떻게 새롭게 이해되고, 그들의 삶을 변화시켜 나갔는지 알 수 있다.

솔렌티나메는 니카라과의 호수 끝에 있는 작은 섬의 이름이다. 이곳에서 1966년 에르네스또 까르데날 신부는 '솔렌티나메의 우리의 숙녀'라는 작은 공동체를 만들었다. 그는 이 조용한 마을에서 두 가지 사역을 시작했다. 첫째는 뒷날 세계적 명성을 얻은 미술학교를 세운 것이다. 그리고 두 번째로 그 지역의 농민과 어민 등 지역 주민과 함께 복음서를 읽기 시작한 것이다. 그들은 매주 교회나 작은 오두막에서 모임을 갖기 시작했다. 까르데날 신부는 이들과 함께 공동체로서 성서를 읽기 시작했다.

이 모임에 참여한 지역 주민 중에서 글을 읽을 수 있는 사람들에게는 복음서를 복사해서 나누어 주고 소리내어 읽도록 했다. 대개의 경우 젊은이들이 이 일을 수행했다. 이 일을 맡은 젊은이들은 구절 하나하나

니카라과 솔렌티나메 군도

를 명확한 발음으로 읽었고 이후 복음서를 들은 사람들이 저마다의 의견을 발표하는 형식이었다. 나이가 많은 농민들은 대개 문맹이었기에 젊은 이들이 읽어 주는 복음을 듣고 성서의 내용을 이해했다.

1. 전통적이고 권위주의적인 성서 해석을 넘어서

신부인 자신이 아니라 참여자들이 직접 복음서를 소리내어 읽게 한 까르데날 신부의 의도는 처음부터 복음서 해석에서 해석자로서 사제의 주도적 역할을 배제하고 해석 기능 수행에서 민중의 참여와 역할을 강조함으로써 해석의 분권을 시도했다. 그는 이 과정에서 성서 해석에 대한 사제 자신의 주장 혹은 교회의 가르침이 절대적이고 유일한 것이 아님을 보여주려고 하였다.

다른 한편 그는 교회(혹은 교리)라는 제도권을 넘어서서 종교 권력의 외부 혹은 주변부 민중을 성서의 주체적인 해석자로서 인정하고 강조하고자 했다. 그래서 그는 성서 읽기의 장소를 교회로 국한하지 않고 농민의 삶의 현장으로 택하곤 했다. 그리고 모든 참여자가 성서를 읽거나 들음으로써 그 내용을 파악할 수 있도록 했다.

이러한 모습은 당시 가톨릭 교회의 사제로서는 매우 파격적인 행위로 간주되었다. 성서를 민중의 손에 그리고 성서 읽기 해석의 기회를 참여자들에게 주는 것은 매우 놀라운 일이었다. 농민들은 복음서의 내용을 다양한 방법으로 숙지한 뒤 다시 읽기를 시도했고 이에 대한 자신들의 고유한 해석을 시도했다. 그리고 그것은 농민의 매우 능동적인 참여로 이루어졌다. 까르데날 신부는 이러한 성서 읽기를 통해 공동체의 모든 구성원이 자발적으로 참여하는 공동체적 성서 다시 읽기와 해석을 시도했다.

2. 민중의 참여

까르데날 신부는 성서 읽기가 끝난 뒤 농민들이 본문에 대해 이해한 것을 자연스럽게 이야기하도록 유도했다. 그 결과는 놀라웠다. 처음에 농민들은 말하기를 매우 꺼려하고 두려워하기까지 했다. 그러나 그들은 점차 두려움을 극복하고 자신의 생각을 거침없이 표현하기 시작했.

이러한 과정을 통해 까르데날 신부를 비롯한 참여자들은 "농민들은 무지해서 사고능력이 없으며, 따라서 혁명과정에서 어떤 주체성과 동력도 가질 수 없다."라는 통설을 넘어서기 시작했다. 성서읽기를 통해 그들이 깨달은 것은 농민들의 능력의 부재가 아니라 공포가 그들을 침묵하게 만들었다는 사실이다.

그리고 주목할 것은 대화에 참여한 이들이 남성만이 아니라는 사실이다. 여성도 활발하게 자신

에르네스또 까르데날 신부가 솔렌티나메 원주민들의 성서 읽기와 해석, 그들이 표현한 복음의 이미지들을 소개한 The Gospel in Solentiname와 한국어 판의 표지

의 의견을 표현하기 시작함으로써 공동체 내 잠재해 있던 남성우월의식과 가부장적 생각들을 극복하게 했다. 어떤 경우에는 어린 아이들도 성서 읽기 대화에 적극적으로 참여하기도 했다. 이러한 참여를 통해 이 지역의 농민들은 점차 자신들 스스로 삶의 주체성을 회복해 나가기 시작했다.

소브리노에 의하면 가난한 사람들은 단순히 신학의 현장으로서만 기능하는 것이 아니라 신학적 성찰에 있어서 주체로서의 기능을 회복했다. 성서 읽기를 통해 농민을 비롯한 가난한 이들은 교회의 중심이고 교회의 성육화로서 이해되었다. 곧 민중이 교회임을 재확인하는 결과를 낳았다. 그뿐 아니라 가난한 이들의 삶의 자리는 성령의 활동과 나타남에 있어서 중심적인 장소로 간주되었다.

3. 주체로서 성서 읽기

가난한 사람들은 성서 읽기를 통해 점차 자신들의 소극적 삶에서 벗어나 역사 변혁 신앙에서 주체적 위치를 찾게 되었다. 농민을 비롯한 가난한 이들의 성서 이해와 성찰은 성서 전문가들과 신학자들을 놀라게 했다.

대표적으로 문맹자이며 나이가 많았던 어부 토마스 페냐가 누가복음 5장 1~11절에 대해 보여준 해석과 성찰은 모두를 놀라게 했다.

> "주님은 베드로에게 그물을 거두어서 고기를 잡아 올리라고 명령하십니다. 그리고 기적이 발생합니다. 그러나 이 기적은 아주 소박한 기적입니다. 번영의 기적, 부자 됨의 기적이 아니라 소박한 기적입니다. 베드로는 고기를 잡아 올림으로써 부자가 된 것이 아닙니다. 그리고 그 기적은 어느 누구도 부자로 만들지 않습니다. 중요한 것은 베드로가 이 기적을 통해 예수님의 말씀을 믿기 시작했다는 것입니다. 그러니까 우리도 부자 되는 것이 기적이 아니라 우리로 하여금 소박하지만 예수님을 믿는 것이 기적이라고 생각해야 합니다. 기적은 소박함입니다."

어떤 지역 주민은 예수의 제자들이 안식일에 밀 이삭을 잘라먹은 사건과 예수가 안식일 법을 어긴 사건에 대해 다음과 같이 자신의 생각을 말했다. (마 12:1~13)

> "예수님이 하신 일은 전혀 죄가 아닙니다. 그것은 마치 휴일에 내가

아무런 일도 안 하고 쉬어야겠다고 생각했는데 갑자기 친구들이 집으로 몰려왔습니다. 그렇다면 내가 내 친구들에게 먹을 것을 주는 것은 당연한 일이 아니겠습니까? 나는 비록 쉰다고 했지만 친구들을 위하여 몇 마리 물고기를 잡기 위해 일하러 나가겠습니다. 그들은 내 형제들이니까요. 쉰다고 했지만 친구와 형제를 위해 일하러 가는 것이 무슨 죄가 되겠습니까?"

솔렌티나메 주민들의 성서 읽기는 이처럼 인도자 한 명의 주도적인 해석에 의존하지 않고 순전한 대화 형식으로 이루어졌으며 또 다른 한편으로 대화는 자신들이 처한 삶의 현장에서의 성찰로 이루어졌다. 솔렌티

솔렌티나메 주민들은 자기 삶의 현장에 대한 성찰을 통해 성서를 이해하고 표현했다. 그림은 성서 속 〈최후의 만찬〉을 솔렌티나메의 이미지와 풍경으로 재해석한 작품이다.

나메의 성서 읽기는 성서 해석을 교회의 전문가들로부터 가난한 이들의 삶의 자리로 확장시켰다. 이러한 성서 읽기는 일방통행식의 선포적 설교에서 삶의 현장과의 대화와 소통이 요구되는 쌍방의 선포가 되었다.

오늘 한국 교회가 귀담아 듣고 변화되어야 할 부분이 아니겠는가? 설교와 강론이 삶의 현장, 특히 가난한 이들의 삶의 자리와 분리되어 있다면 그것은 허공에 외치는 공허한 소리가 될 뿐이다. 오늘 한국 교회의 위기는 이처럼 강단이 민중의 삶의 자리와 분리되어 있다는 사실에서부터 기인하고 있음을 기억해야 할 것이다.

4. 솔렌티나메 복음의 실례들

솔렌티나메 지역 주민들은 이러한 성서 읽기를 통해 점차 그들의 삶이 변화하기 위해서는 정치적 투쟁이 함께 수행되어야 함을 깨닫기 시작했다. 그들은 점차 의식화되었고 사회주의적인 입장을 갖기 시작했다. 그리고 니카라과 정부는 이들을 불순분자들로 여기기 시작했고, 결국 공산주의자로 낙인찍기에 이른다.

뒷날 에르네스또 까르데날은 이러한 현상에 대하여 다음과 같이 평가했다.

"지역 주민들의 급진적 사회주의화는 마르크스주의로 인한 것이 아니었다. 그것은 성서 읽기를 통해 그리고 성서에 대한 지역 주민들 스스로의 해석을 통해 자연스럽게 발생한 현상이었다. 그들은 성서 읽기를 통해 성서의 메시지가 매우 진보적인 것을 깨닫게 되었다. 그것은 마치 마르크스의 사상처럼 급진적이었다. 그렇기에 그들의 성서 읽기가 그들 스스로 사회 변혁에 대해 자연스럽게 급진적 입장을 갖도록 만들었던 것이다.

그리고 그러한 현상은 지독한 억압과 가난의 삶의 자리에서 살아가고 있는 그들에게 피할 수 없는 필연적인 결과였다. 그리고 이러한 급진적 입장을 갖게 된 그들을 정부 권력은 공산주의자라고 규정했다. 그들을 공산주의자로 부른 것은 그들 자신이 아니라 불의한 정부의 권력자들이었다."

1) 누가복음 1장 46~55절 〈마리아의 찬가〉

가난한 이들은 자신들을 공산주의자로 규정하는 정부의 비판에 대해 성서 누가복음 1장 마리아의 찬가를 근거로 다음과 같이 말했다.

> 어민 베드로 : 만일 헤롯이 마리아가 부르는 노래를 들었다면 뭐라고 했을까? 높은 사람들을 그들의 자리에서 내리치고 낮은 사람들을 높이고, 가난한 사람들을 배불리 먹이고 부자들을 빈손으로 돌려보내는 하나님을 찬양하는 마리아의 노래를 들었다면 뭐라고 했을까?
> 나탈리아 : (웃으면서) 마리아가 미쳤다고 말했겠지.
> 로시타 : 아마 공산주의자로 의심된다고 했을 거야.
> 라우레아노 : 아냐, 의심된다고 말할 뿐만 아니라 틀림없이 공산주의자라고 확실하게 말했을 거야. 니카라과 정권이 우리 솔렌티나메 마을에서 하고 있는 일들에 대해서 듣는다면 뭐라고 말할까?

청년 1: 가난한 사람들이 배불리 먹을 수 있는 사회가 이루어질 수 있다는 이야기를 들으면 뭐라고 할까?

청년 2 : 혁명이라고 하겠지!

2) 마태복음 10장 34절 〈검을 주러 왔다〉

안테노르 : 우리가 사는 세상은 늘 불의가 판치는 세상이지. 예수님이 오시는 것은 불의한 세상을 끝내기 위한 것이잖아. 그는 불의와 싸우러 오는 것이지. 그러기에 검을 가지고 오는 거야. 그리고 그는 혼자 싸우는 것이 아니라 우리 모두와 함께 싸우시지.

마르셀리노 : 예수님은 아주 날카로운 무기를 가지고 오셨어. 그것은 그분의 말씀이야. 그 말씀의 무기는 그가 우리를 위해 가져오신 거야. 그리고 우리는 그 무기를 오늘 이 시간 이 모임을 통해서 공급받고 있다고 생각해.

익명의 어민 1 : 예수님은 현상 유지의 생각을 반대하시는 분이야. 그래서 화평을 주러 온 것이 아니라고 말씀하시고 있는 거야.

익명의 어민 2 : 어떤 사람들은 문제를 일으키지 않고 그냥 조용히만 살려고 하기도 하지.

아르만도 청년 : 나는 두 가지 종류의 평화가 있다고 생각해요. 하나는 그냥 불의를 용납하고 그리고 착취가 있다고 하더라도 아무 말 없이 지내면서 분란을 일으키지 않는 평화고, 또 하나는 모든 불의한 일들이 잘 해결되고 정의가 이루어질 때 우리가 누리게 되는 평화라고 생각해요.

라우레아노 : 나는 여기서 예수님이 자기 혼자서 모든 일들을 바꾸겠다고 말하고 있는 것 같지는 않아. 아마 우리에게 우리 스스로 평화를 이룩하기 위해 싸우라고 하시는 것 같은 느낌을 받아.

아르만도 : 그런데 평화를 이루기 위해서 꼭 투쟁이 필요한가요?

라우레아노 : 나는 그렇다고 생각해. 모든 세계에 정의가 이루어지기 위해서는 우리 모두가 투쟁하지 않으면 안 된다고.

익명의 어민 1 : 예수님은 세상의 변혁을 위해 이 땅에 오셨다고 믿어. 다시 말하자면 혁명이지. 그러니까 그분은 이 땅에 화평이 아니라 전쟁을 주려고 오신 거라고 생각해.

솔렌티나메 주민들이 예수의 십자가 사건을 표현한 작품이다. 그들에게 성서의 사건과 현실은 별개의 것이 아니었다.

22. 솔렌티나메의 성서 읽기 305

얼마 후 솔란티나메에서의 성서 읽기는 니카라과 정부의 탄압을 받았고 에르네스또 까르데날 신부는 코스타리카로 망명을 떠나야 했다. 후일 그는 니카라과의 소모사 독재 정권을 전복시키기 위해 산디니스타 혁명군에 가담하여 마침내 1979년 소모사 정권을 몰아내는 혁명에 성공한다.

솔란티나메의 성서 읽기는 성서가 더 이상 신학 전문가, 교회 권력 그리고 교리 안에 갇혀 있는 하나님의 말씀이 아니라 우리의 삶, 특히 가난한 사람의 삶의 자리에서 살아있는 생명의 말씀임을 증명해 주고 있다. 성서를 통해 들리는 하나님의 말씀은 그 어느 것에 의해서도 제한될 수 없는 진리이기 때문이다.

닫는 글
지금도 해방신학은 유효하고 정당한가?

1. 해방신학은 아직도 유효한가?

 2008년 9월 19일 우디 알렌(Woody Allen) 감독은 그의 영화 〈Vicky, Cristina, Barcelona〉가 개봉되는 날 인터뷰에서 이렇게 말한다. "신은 죽었다. 마르크스(Marx)도 죽었다. 니체(Nietzsche)도 죽었고 해방신학도 죽었다." 과연 우디 알렌(Woody Allen)의 말처럼 정말 해방신학은 이제 더이상 생명력을 발휘할 수 없는 신학일까?
 오늘 우리의 시대에 해방신학의 유효성과 정당성에 대해 많은 의견이 있다. 특히 1989년 동유럽의 몰락과 더불어 현실적 사회주의가 실패한 상황에서 해방신학의 유효성에 대한 논쟁은 신학자뿐만 아니라 사회의 변혁에 관심을 갖고 있는 모든 이들에게 뜨거운 주제로 등장했다. 과연 해방신학은 죽은 신학일까?
 해방신학자들 가운데는 이 같은 논쟁 배후에 해방신학에 대한 거부감이 자리 잡고 있으며 따라서 해방신학을 반대하는 사람들의 소박한 소망에 불과하다면서 해방신학의 죽음에 대한 논쟁을 일축한다. 그럼에도 해방신학의 유효성과 정당성에 대한 논쟁은 계속되고 있다. 특히 미국과 유럽을 비롯한 제1세계로부터 들려오는 해방신학의 죽음에 대한 이야기는 날이 갈수록 그 강도를 더해가고 있다.

그러나 이러한 이야기는 단지 1세계뿐만 아니라 제3세계로부터도 심심치 않게 들려오고 있다. 해방신학의 죽음과 관련된 질문은 그 나름대로 정당성을 가지고 있는 것처럼 보이는데 그것은 무엇보다도 해방이라는 주제와 이름이 70~80년대와는 달리 많은 저서의 제목에서 사라져버렸기 때문이다. 특히 요즘과 같은 신자유주의의 지구촌화 현상 앞에서 해방신학은 아무런 저항도 하지 못하고 마치 유일한 대안처럼 여겨지는 신자유주의 경제체제에 굴복한 채 사라져 버리고 만 것 같은 느낌을 주기도 한다.

정말 해방신학은 죽은 것일까? 이제 우리는 해방신학에 대한 추억을 간직한 채 그를 위한 진혼곡을 울리는 일 외에는 더 이상 할 일이 없는 것일까?

2. 오늘의 상황 : 억압과 해방

무엇보다도 해방신학은 억압의 상황에서 태어났다. 억압의 상황에 대한 인식과 억압으로부터의 해방을 주창하면서 탄생했다. 그러므로 해방신학의 미래는 억압이라는 단어와 매우 밀접한 관계가 있음을 알 수 있다. 그럼 과연 오늘의 세계에서는 억압이 사라졌다고 할 수 있을까?

요즘 우리는 개념의 평범화와 왜곡화 현상에 직면해 있다. 오늘의 사회에서 근본적이고 본질적인 의미를 담고 있는 단어들의 사라짐과 부재를 경험하고 있는 것이다. 그 의미가 완전히 사라지지는 않았을지라도 그 의미를 축소하거나 평범화(trivialization)하는 현실을 마주하고 있다. 이제 우리에게 정의 혹은 억압, 해방이라는 단어는 큰 의미를 갖지 않으며 그러한 단어들은 다른 단어들로 대체되기도 한다.

이런 의미에서 우리는 '언어를 절도당하고' 있다고 볼 수 있다. 신자유주의가 지구촌화 현상을 보이고 있는 오늘의 세계는 우리로부터 우리가 현실을 직시하고 그 원인을 파악하게 하는 핵심적 단어들을 빼앗아가고 있다는 것이다. 그런 의미에서 오늘 우리에게 "오늘의 세계에서 억압은 존재하고 있는가?" 혹은 "오늘의 세계에서 억압받는 민중이 있는가?"라는 질문은 매우 중요하다. 이 질문에 대한 답변은 오늘의 세계에서 해방신학의 존재 정당성에 대하여 말해 줄 수 있기 때문이다.

많은 경우 억압이라는 '강력한 단어'는 "소외"(exclusion)라는 말로 대체되고 있다. 소외라는 말은 억압 혹은 노예화라는 단어만큼은 강력하게 들리지 않기 때문일 것이다. 그럼에도 소외 현상에 대해 조금만 더 깊이 생각해 본다면 어쩌면 소외가 더 비인간적인 상황을 표현하는 것으로 받아들여질 수도 있을 것이다. 소외는 억압과 노예화를 넘어서서 가난한 사람들의 인간됨 자체를 부정하고 그들을 마치 투명인간처럼 보이지 않는 존재로 간주하는 사회적 현상을 대변하고 있다.

소외라는 단어를 쓰든 혹은 억압, 참혹함, 노예화라는 단어를 쓰든 오늘의 세계에서 수많은 사람들은 여전히 억압의 상태에서 살아가고 있다. 그들은 삶의 기회를 박탈당한 채(가난한 사람), 자신의 삶의 모습을 결정할 수 있는 자유를 잃은 채(노예화), 인간의 존엄성을 부정당하면서(차별) 존재 자체를 거부당하고(소외) 있다.

그러기에 오늘의 현실 앞에서 해방을 말하는 것은 당연한 일이고 마땅히 해야 할 일이다. 다시 우리의 언어와 사고와 신학적 성찰에 '해방'이라는 단어를 도입해야 한다. 노예화와 억압의 현실, 차별적인 체제와 소외의 사회 속에 여전히 '피해자'가 존재하는 한 우리는 다시금 해방을 말하지 않을 수 없다.

3. 라틴아메리카 해방신학의 현실

라틴아메리카의 해방신학은 이제 1세대와 2세대를 거쳐 3세대를 말하고 있다. 이들은 해방신학의 선구자들의 신학적-윤리적-예언자적 원리를 존중하면서도 그러나 단순히 그것을 반복하고 외치는 자리에 있지 않다. 새로운 사회적 현실이 주는 도전들 앞에서 그들은 비판적이며 창조적인 신학방법론으로 해방신학을 이어나가고 있다.

해방신학은 삶의 현장에서 해방의 실천행위로부터 발생, 생동하는 믿음에 대한 조직적이고 비판적인 성찰이다. 그러므로 현장에 대한 이해와 실천(praxis)은 해방신학의 핵심적 주제다. 달리 말하면 현장의 변화는 해방신학이 추구하는 내용과 방향에 대한 변화를 의미하기도 한다. 1990년대를 중심으로 급변하기 시작한 라틴아메리카의 현장(가난함의 개념의 변화와 종속개념의 변화)은 신진 학자들이 해방의 개념에 대해 다시 생각하도록 만들었으며 또 이것은 최근의 해방신학을 향한 새로운 신학적 도전이 되고 있다.

해방의 실천은 우리를 단순한 현실 이해와 인식을 넘어서서 현실의 변혁을 도모하도록 한다. 해방의 실천은 우리가 지배 이데올로기와 소외현상에 대한 비판을 극복하고 그러한 현실을 초래하는 역사적 모순 자체를 극복하도록 촉구하고 있다. 해방의 실천은 우리가 당면하고 있는 역사의 현실 – 역사적 모순의 피해자로서의 가난한 사람들, 억압받고 소외당하는 사람들의 현실 – 의 변혁에 참여하도록 촉구하고 있다. 해방의 실천은 가난한 사람들과 억압받고 소외받는 사람들이 없고 모든 사람들이 존중받고 삶의 풍요를 누릴 수 있는 새로운 세상의 건설을 위하여 헌신하도록 요구한다.

지금의 격변하는 라틴아메리카에서의 해방의 실천은 매우 다양한 모습으로 전개될 수 있다. 여기서 우리는 현재 라틴아메리카 사회가 경험하고 있는 두 가지 측면의 변화로부터 해방신학의 역할을 기술하고자 한다. 여기서 기술되는 두 가지 측면에서의 라틴아메리카 사회의 변화는 해방신학에 대한 새로운 도전을 주고 있다. 그것은 정치사회에서 시민사회로의 변화와 정치·군사적 대립에서 문화·윤리·종교적 대립으로의 변화를 의미한다.

1) 정치사회에서 시민사회로의 변화

우리는 무엇보다도 먼저 라틴아메리카에서 정치사회에서 시민사회로의 변화가 정치사회의 포기를 의미하는 것이 아니라는 점을 지적해야 할 것이다. 정부와 권력은 여전히 중요한 의미를 가지게 될 것이다. 정부는 경제기획과 환경보호 등을 포함한 공적인 영역에서 시민사회 발전의 과정에서 결정적인 역할을 계속해서 감당해야 할 것이다. 신자유주의는 정부 권력의 최소화와 무력화를 통해 시장의 절대 권력을 유지하고자 할 것이다.

그럼에도 정부의 통제력이 현저히 약화되었을지라도 소외된 가난한 사람들과 공공의 이익을 위해 긍정적인 역할을 감당할 수 있을 것이라고 기대하고 있다. 그러나 이러한 사회 변화 속에서 해방의 실천도 정치적 차원에서 점차 시민사회와 민중운동의 차원으로 이동하고 있음을 우리는 감지해야 한다. 그런 의미에서 해방의 실천은 점차 정치적 차원을 벗어나서 시민사회와 민중운동의 자리에서부터 정부와 정치권력의 문제들을 장기적인 차원에서 견제하고 비판하는 역할로 변화되고 있다.

민중운동은 그러한 해방의 실천을 바닥에서부터 라틴아메리카 사회의 변화를 기획하고 있고 대안을 제시하는 데 노력하고 있다. 현재 라틴아메리카의 민중운동은 새로운 전기를 맞고 있다. 이들은 노동 현장, 건강, 교육, 주택 문제, 기술, 생산, 그리고 시장의 문제점들을 밝혀내고 지배적인 자본주의 체제를 향해 대안을 제시하는 매우 다양한 운동체로 발전해 가고 있다. 1990년대 이후 라틴아메리카에서 가장 성장하고 영향력을 발휘하는 해방의 실천운동은 인디오(indio)라고 불리는 토착민(original people) 사이에서 조직되고 활발하게 움직이고 있는 해방운동이다.

그 외에 여성 해방운동, 어린이 해방운동, 라틴아메리카 흑인 해방운동과 토착문화운동 등이 다양하게 등장함으로써 정치·경제적 측면에 국한되기 쉬웠던 라틴아메리카의 해방운동을 다차원적으로 발전시켜 나가고 있다. 더욱이 정치적 사회에서 시민사회로의 발전은 해방실천운동의 지역별 연대를 가능케 하고 있다.

해방신학운동은 이제 몇몇 신학자들 혹은 지역 운동가의 차원을 벗어나 지역 연대의 차원으로 급속하게 발전하고 있다. 이러한 확산은 정치사회에서 시민사회로의 변화를 보이고 있는 라틴아메리카의 상황에서 해방신학의 새로운 변신을 보여주는 좋은 예라고 할 수 있다. 토착민과 여성 해방신학 운동의 경우를 보면 이미 전 대륙적 연대가 형성되어 있고 이 연대는 북미와도 연대를 이루어 나갈 계획을 추진하고 있다. 이처럼 대륙에서의 시민사회의 형성은 정치·경제적 해방을 추구했던 해방신학에게 또 다른 패러다임 전환의 계기를 마련하고 있다.

2) 정치·군사적 대립에서 문화·윤리·영적 대립으로

20세기 말 소련의 붕괴와 동유럽 사회주의의 몰락은 유일한 제국만을 세계에게 남겨놓았다. 그 뒤 두 번에 걸친 미국이 벌인 이라크전쟁은 인류의 유일한 제국을 군사적으로는 이길 수 없음을 분명하게 보여주었다. 군사적으로 월등한 제국을 군사적으로 이길 수 있는 길은 존재하지 않음을 알게 된 것이다. 그러나 라틴아메리카의 해방신학과 운동은 군사적인 면이 아니라 문화-윤리 그리고 영적인 면에서 제국을 극복할 수 있는 길이 있음을 발견하게 된다. 제3세계는 자본, 기술 그리고 군사적인 면에서 가난하다. 그러나 인간에 대한 존중, 문화 그리고 윤리와 종교성에 있어서 풍부함을 소유하고 있다.

라틴아메리카의 해방신학은 이러한 면에서 군사적 힘을 자랑하는 제국들을 향하여 진정한 힘이란 문화와 윤리, 영성에 있음을 보여주려고 하고 있다. 진정한 힘은 우리가 진정한 생명의 풍요를 누리게 할 것이다. 문화적인 측면에서 제3세계는 제국의 군사문화, 폭력의 문화, 소비문화,

개인적 이기주의 문화, 물질문화에 저항하여 평화의 문화, 생명의 문화, 자연과의 조화와 상생을 위한 환경문화와 공동체의 문화로 맞서야 한다. 윤리적인 측면에서도 제국은 우리에게 사유재산의 절대적 윤리, 율법적 계약(contract)의 윤리, 그리고 가난한 자와 억눌린 자들의 생명을 위협하는 윤리를 강요하고 있다.

이러한 제국의 윤리를 향하여 제3세계는 인간의 생명이 존중되고 절대시되는 윤리, 진리의 윤리로 맞서야 한다. 정치적 대립에서 문화와 윤리, 영적 대립으로 변화해 가는 라틴아메리카 사회에서 해방신학은 생명존중과 풍요로운 영성의 측면에서 새로운 도전을 맞고 있다. 문화적인 측면에서도 해방신학이 안고 있는 새로운 신학적 도전은 토착민들의 문화와 지금까지 해방신학으로부터 소외되고 소홀히 취급받거나 혹은 반해방적이라고 여겨지기까지 했던 라틴아메리카 민중 종교성에 대한 새로운 이해와 해석에 대한 성찰이다.

4. 라틴아메리카에서 해방신학의 미래와 새로운 도전

해방신학의 미래에 대한 논의는 그의 발전과정에서 나타난 몇 가지 중요한 단계를 중심으로 이루어져야 한다. 나는 해방신학의 전개와 발전과정을 하나의 나무에 비유하면서 설명하고자 한다. 한 나무로서 해방신학은 세 개의 중요한 부분을 가지고 있다. 뿌리와 줄기, 가지가 그것이다. 해방신학의 뿌리는 가난한 민중 그리고 민중운동의 문화, 종교, 영성이다.

그 줄기는 기초공동체와 그와 유사한 민중공동체들이라고 말할 수 있을 것이다. 가지는 해방신학자, 교수, 전문인, 신학논문, 신학센터 등이라고 볼 수 있다. 나무의 세 부분인 뿌리, 줄기 그리고 가지는 서로 연결되어 있으며 상호작용의 관계에 있다. 이제 나무의 세 부분에서 해방신학이 맞이하고 있는 도전과 과제는 무엇인가를 살펴보자.

5. 문화, 윤리 그리고 영성 측면에서의 도전과 과제

모든 새로운 사회운동이나 종교운동은 그 전개과정에서 그 내부에서부터 고유의 윤리, 문화, 신비성 그리고 영성이 형성되고 발전하게 된다. 해방신학도 그의 전개과정에서 그러하였음은 당연하다. 예를 들자면, 해방신학은 민중의 삶과 깊이 연계되는 그의 전개과정에서 민중 교육론, 민중치유방법, 대안적 농업 등의 문화와 윤리를 형성하게 된다. 이러한 해방신학의 많은 운동들은 무엇보다도 기초공동체로부터 시작된다. 많은 민중이 기초공동체에 참여하게 되었고 그리고 그들은 공동체 안에서 사회운동을 하면서 영적으로 깊어져 가는 자신들을 발견하게 된다.

최근 문화, 윤리 그리고 영성과 관련하여 특별히 브라질과 카리브 지역에서 발전하고 있는 흑인해방을 위한 민중운동과 연관하여 전개되고 있는 흑인 해방신학운동은 그 영역을 확대해 가고 있다. 또한 청년과 여성민중운동과 연관하여 나타나고 있는 청년해방신학운동은 새로운 도전과 과제를 주고 있다. 또한 주목할 만한 현상은 해방신학이 중산층에게 영향을 미치고 있다는 사실이다. 중산층을 향한 해방신학의 확산은 민중운동을 위해 중요한 의미를 가지고 있다. 문화, 윤리, 영성적인 측면에서 해방신학의 도전과 과제를 요약해 보면 다음과 같다.

① 토착민 신학과 해방신학의 관계 정립에 관한 과제
② 토착민과 아프리카 이주민의 문화가 혼합되어 나타나고 있는 민중 종교성을 바탕으로 하는 민중종교와 해방신학의 관계 정립의 과제
③ 신은사운동 등 오순절 교회와의 관계 정립의 과제
④ 새로운 윤리적 패러다임의 정립에 있어서 해방신학의 역할에 대한 논의

이에 대하여 후안 호세 따마요(Juan Jose Tamayo)는 해방신학은 다음과 같은 윤리적 패러다임의 전이를 창출해 내야 한다고 주장한다.

① 개인적 윤리에서 공동체적 윤리로
② 부의 축적을 위한 시민사회에서 절약과 검소의 덕의 사회로
③ 단순한 인권 존중의 설파에서 가난한 자의 인권 보장과 보호로
④ '교회 밖에는 구원이 없다.'에서 '가난한 자 밖에는 구원이 없다.'로
⑤ 기술과 기계적인 이성의 세계에서 동정의 이성의 세계로(instrumental reason to compassive reason)
⑥ 도피적 영성에서 해방적 영성으로
⑦ 독점적 기독교 문화에서 다문화적 기독교로

6. 기초공동체 측면에서의 도전과 과제

많은 정치적 박해와 탄압과 기독교 자체의 위기 그리고 보수 단체의 성장이라는 악조건에도 불구하고 라틴아메리카에서 기초공동체는 꾸준

히 발전해 오고 있다. 비록 수적인 성장은 1980년대까지의 폭발적인 증가와는 비교할 수 없지만 질적인 면과 또한 그 내용 면에서는 꾸준하게 성장해 오고 있다. 기초공동체는 지금도 해방신학에 있어서 신학적 성찰을 하는 가장 중요한 장소로 존속되고 있다. 기초공동체는 꾸준하게 창조적인 신학 작업을 하고 있으며 특히 민중종교와 영성의 차원에서 매우 중요한 신학 작업을 해오고 있다. 기초공동체의 측면에서 해방신학의 도전과 과제는 무엇일까?

1) 민중성서 읽기

아마도 민중성서 읽기는 기초공동체에서 행한 신학 작업 중에서 가장 핵심적인 사역일 것이다. 민중성서 읽기를 통해 기초공동체는 점차 예언자적 공동체로 변모하게 된다. 이처럼 기초공동체 내에서 민중성서 읽기의 최종 목표는 성서에 대한 지식이나 해석이 아니다. 그것은 결국 예언적 공동체의 형성이다. 민중성서 읽기는 읽기의 주체가 기초공동체 구성원이기는 하지만 그러나 그것이 교회의 전통과 해석을 무시하거나 고려하지 않는 것을 의미하지 않는다. 민중성서 읽기는 성서 전문가의 지도하에서 이루어진다.

그럼에도 교회 혹은 기존 사회의 권력 유지나 기득권층의 위상을 합리화하거나 정당화하는 그 어떤 읽기와 해석으로부터 자유롭다. 그러기에 기초공동체의 성서 읽기는 늘 교회의 기존 권력에 위협이 되어 왔다. 그러나 1990년대를 거치면서 민중성서 읽기는 상당 부분 위축되어 왔다. 민중기초공동체의 민중성서 읽기의 위축은 필연적으로 해방신학의 줄기를 약화시켜가고 있다.

이런 면에서 해방신학운동에 있어서 기초공동체의 민중성서 읽기의 회복은 시급한 과제다. 라틴아메리카 신학교들은 교수들로 하여금 민중의 현장과 연계하여 민중성서 읽기에 참여하도록 독려하기도 한다. 이러한 면에서 신학교육의 저변 확대와 교육방법의 변화도 감지되고 있다. 열린 교육이라는 이름으로 이루어지는 민중을 위한 신학교육은 기존의 신학교육을 넘어서서 민중 속으로 들어가는 교육을 이루어냄으로써 많은 호응을 얻고 있다.

2) 일상생활 속의 복음화 신학

기초공동체는 그들이 행하고 있는 많은 사역을 항상 복음의 빛에 비추어 성찰하고 있다. 토지문제, 건강, 가족, 성, 자녀 교육, 노동과 직업, 문화, 축제 등등 일상생활에서 발생하는 여러 사건들에 대해 복음적 성찰을 지속하고 있다. 이러한 일상생활에서의 신학적 성찰 외에 중요한 의제로 떠오르는 것은 그들이 처해 있는 가난의 현실 속에서 발견되는 희망과 위로의 신학이다.

특히 극심한 가난과 억압 그리고 소외의 현장에서 살아가고 있는 그들에게 이 같은 주제는 그들의 삶과 직결되는 문제이기도 하다. 신자유주의에 의해 확산되고 있는 소비를 중심으로 하는 사회윤리의 확산은 그들로 하여금 더욱 더 절망에 빠지게 만들고 스스로 투쟁에 대한 의욕을 상실하고 포기하게끔 만들기도 한다.

이러한 점에서 해방신학은 기초공동체에게 무엇을 줄 수 있는가를 심각하게 고민하지 않을 수 없다. 소비주의적 현실과 하나님 나라의 가치관 사이에서 발생하는 충돌과 괴리에서 느낄 수 있는 좌절감과 무기력을 극복하는 길이 무엇인지 심각하게 고민하고 있다. 그런 점에서 해방신학은 목회적 차원이 회복되고 새로운 모델을 제시하고자 하는 노력은 중요한 과제이다. 이 같은 노력은 해방신학의 본질로 돌아가자는 운동이기도 하다. 우리는 해방신학이 목회 활동을 통한 민중 삶의 현장과의 접촉으로부터 시작된 신학운동이었음을 잊지 말아야 한다. 그런 의미에서 최근 라틴아메리카에서 해방신학의 목회적, 영성적 차원의 활성화는 큰 의미를 가지고 있다.

7. 신학적 측면에서의 도전과 과제

해방신학의 미래를 위해 신학자와 신학대학이 할 수 있는 일들은 무엇일까? 지배적인 신자유주의 체제는 우리의 삶을 송두리째 변화시켜 가고 있다. 더욱 벌어지고 있는 빈부의 격차, 금융자본주의의 끝없는 욕망과 탐욕으로 인한 복지사회체제의 붕괴, 직업의 불안정화 등은 우리 모두를 위협하고 있다.

부의 세습이 심화되고 가난을 대물림해야 하는 불공정하고 불의한 이 사회에서 해방신학자들의 임무와 기능은 무엇일까? 무엇보다도 이 같은 상황은 해방신학자들의 현실에 대한 보다 더 철저한 이해와 분석을 요구하고 있다. 이 같은 신학적 작업을 통해 우리 사회에서 발생하고 있는 현상에 대한 새로운 신학적 해석과 개념을 도출해 내는 이론적 작업이 요구된다. 또 변화하는 시대 상황에서 그리스도교 신앙의 경험이 무엇인가를 신학적으로 규명해 내는 심오한 작업이 요구되고 있다.

지금까지 해방신학은 신학의 가장 기본적인 분야 즉 그리스도론, 신론, 교회론, 종말론, 그리스도교윤리 분야 등에서 그 신학을 발전시켜 왔다. 그 외에도 해방신학자들은 사회윤리, 땅의 신학, 노동의 신학, 여성해방의 신학, 에큐메니칼 신학 등을 전개해 왔다. 해방신학자들은 사회학과 철학을 비롯한 인문학과의 꾸준한 대화와 만남을 통해 신학을 발전시켜 왔다.

이러한 해방신학자들의 신학적 공헌과 업적은 놀랄 만한 것이었으며 앞으로도 이 분야에서의 학문적 발전은 계속될 것이다. 급변하는 사회는 해방신학자들이 새로운 분야에서의 신학적 작업을 계속하도록 촉구하고 있다. 1990년대 이후 해방신학자들이 맞고 있는 신학적 작업의 과제는 크게 세 가지라고 볼 수 있다. 경제, 환경 그리고 문화인류학이 그것이다.

경제신학적인 면에서 두드러진 인물은 코스타리카 DEI(Departamiento Ecumênico de Informaciones)연구소의 후랜쯔 힝겔라멧(Franz Hinkelammert)과 브라질의 한국계 해방신학자 성정모를 들 수 있다. 우고 아스만도 경제와 신학의 관계를 꾸준하게 연구해 오며 신자유주의를 신학적으로 비판-성찰해 오고 있는 학자다. 라틴아메리카의 외채 문제를 집중적으로 연구하는 학자로 엔리께 듀셀(Enrique Dussel)과 훌리오 데 산타안나(Julio de Santa Ana), 라울 비달레스(Raul Vidales) 등을 꼽을 수 있다.

환경과 신학에 있어서는 훼르난도 미레스(Fernando Mires)의 저서『자연의 연설』(*El discurso de la naturaleza*)과『환경과 라틴아메리카의 정치』(*Ecologia y politica en America Latina*), 레오나르도 보프(Leonardo Boff)의 저서『땅의 존중

성 : 환경, 세계화 그리고 영성』(*La dignidad de la Tierra. Ecologia, mundializacion, espiritualidad*)과 『지구의 선택 : 지구를 위한 해결방법은 하늘에서 떨어지지 않는다』(*La opcion-Tierra; la solucion para la tierra no cae del cielo*) 등이 두드러지고 있다.

문화인류학과 신학의 분야에서는 특별히 토착민의 신학으로부터 전개되고 있다. 문화인류학적인 해방신학의 경우에는 신학자들의 끊임없는 토착 민중과의 접촉과 그들을 향한 목회적 사역으로부터 신학적 성찰이 표출되고 있음에 주목해야 한다. 대표적인 학자로서 『하나님은 인디오의 얼굴을 가지고 있다』(*Rostros Indios de Dios*)의 마누엘 마르살(Manuel Marzal)과 『미주인디오 기독교인』(*Los amerindios cristianos*)의 저자 리까르도 로블레스(Ricardo Robles)와 그 외 에우헤니오 마이레르(Eugenio Mayrer), 샤비에르 알보(Xavier Albo)와 바르똘레메오 멜리아(Bartolomeu Melia)가 있다.

이들은 토착민들과의 꾸준한 접촉과 함께 하는 생활을 통해 이들의 권리와 특별히 땅에 대한 권리 보호와 획득에 신학적으로 그리고 해방실천행위를 통하여 공헌을 남기고 있다. 이렇듯 라틴아메리카의 해방신학자들은 전통적인 신학의 분야로부터 자신의 세계를 넓혀가면서 민중들의 삶 속에서 신학적으로 그리고 지속적으로 해방신학을 실천적으로 전개해 가고 있다.

8. 해방신학, 진혼곡을 연주해야 할까?

많은 사람들은 해방신학은 죽었다고 주장한다. 아니 그 주장은 주장이라고 하기보다는 그들의 소원을 표현하는 것이리라. 오랫동안 지배자로서의 권력과 특혜를 누리고 살아온 사람들, 그리고 그것을 영원히 놓치지 않으려고 시도하는 사람들에게 해방신학은 하나의 위협이 될 수밖에 없기에 그토록 체제 위협의 요소는 사라지기를 바라고 있는 것이다. 그래서 그들에게는 해방신학의 죽음이 반갑고 그래서 하루속히 해방신학을 위한 진혼곡이 연주되기를 기다린다. 과연 해방신학을 위한 진혼곡은 연주되어야 하는 것일까?

해방신학은 억압의 현장으로부터 출발하여 그것으로부터의 해방을 신학적 핵심주제로 삼고 있다. 해방신학은 억압과 해방이라는 신학적 주제의 측면에서 하나님, 인간을 이해하고 그에 대한 질문을 던지고 있다. 그런 의미에서 해방신학은 현실과 불가분의 관계를 맺고 있다. 오늘의 현실에서 해방신학의 존재는 정당성을 가질 수 있을까?

혼 소브리노(Jon Sobrino)는 그의 논문 「오늘의 해방신학」(*La teologia de Liberacion Hoy*)에서 현실과 해방신학의 관계에 대하여 세 가지 관점을 소개하고 있다.

첫째는 현실을 파악하고 이해하는 일이다. 이것은 우리로 하여금 현실에 대해 동정(compassion)하게 되고 현실 변혁을 위한 유토피아적 상상력을 갖게 만든다. 가난한 현실을 직시하고 그의 변혁을 꿈꾸게 한다. 해방을 향한 유토피아적 상상을 하게 하며 해방은 '십자가에 달려 있는 사람들을 십자가에서 끌어내리는 일'이라는 것을 의식하게 만든다.

두 번째는 현실을 감당하는 것이다. 그것은 헌신과 어떤 경우에는 순교(martyr)를 의미하기도 한다. 현실을 어깨에 메고 감당하는 것은 탄압과 박해를 각오하는 일이다. 순교, 탄압과 박해가 현실을 감당하는 유일한 것은 아님에도 불구하고 그것은 자주 발생하며 따라서 순교를 각오하지 않으면 안 된다. 현실의 변혁을 위한 일에 적극 그리고 주도적으로 참여하는 것이다.

　세 번째는 현실 안에서 살아가는 것이다. 이 단계는 현실이 우리로 하여금 일을 하게 하는 것이다. 그것은 이제 우리 안에 자연스럽게 주어지는 해방실천의 행위이다. 현실 속에 자연스럽게 안기게 될 때 우리는 하나님 안에서 희망과 기쁨(joy)과 행복을 발견하게 된다.

9. Show Must Go On!

　해방신학은 가난의 현실이 존재하는 한 존재할 수밖에 없는 신학이다. 오늘 우리의 현실은 어떠한가? 나는 우리가 처한 현실에 대해 자세하고 세밀한 언급을 하지는 않았다. 오늘의 현실의 참혹함을 언급함으로써 해방신학의 살아있음에 대한 정당성을 주장하지 않았다. 단지 해방신학의 태생과 전개과정을 소개함으로써 오늘의 상황에서 해방신학이 죽을 수 없다는 사실을 말하고자 했다.

　브라질의 해방신학자 까를로스 리바니오(Carlos Libanio)는 "만일 우리가 해방신학을 태동케 했던 가난의 현실이 다행스럽게도 극복된 사회를 맞이하게 된다면, 비로소 해방신학은 위기를 맞게 될 것이다. 가난이 극복된 그 현실 속에서 해방신학은 자신의 신학적 전제와 방법론에 대하여 심각하고도 진지하게 재성찰해야 할 것이다. 그럼에도 해방신학이 주장하는 해방의 개념은 단순한 사회적 가난의 극복에 국한되는 것이 아님을 기억해야 한다."라고 말한다.

　현실이 우리의 행동을 결정케 할 것이다. 오늘의 현실에 대한 우리의 인식과 이해가 깊어지면 깊어질수록 우리는 해방신학의 현재적 그리고 미래적 정당성을 발견하고 확신하게 될 것이다. 또 그러한 과정을 통해 해방신학이 죽지 않았을 뿐만 아니라 오히려 죽어서는 안 된다는 것을 알게 될 것이다. 해방신학은 죽지 않았다. 오히려 급변하는 오늘의 현실은 해방신학으로 하여금 이 시기를 새로운 하나님의 '카이로스'(기회를 뜻하는 그리스어)로 이해하게끔 한다. 새로운 시작이 해방신학을 기다리고 있다.

구띠에레스 신부가 페루 리마 근교의 한 빈민촌을 방문하고 있었다. 그는 가난한 사람들을 위로하기 위하여 고통과 고난의 한복판에서도 살아있음을 기뻐하라고 말하였다. 그러자 사람들이 이렇게 답변한다. "신부님, 당신은 우리를 이해하지 못하는군요. 신부님은 우리에게 기뻐하라고 말하고 계십니다. 그런데 우리에게 기쁨을 갖지 못하도록 하는 것은 우리가 경험하고 있는 고통이 아닙니다. 슬픔입니다. 우리는 많은 고통을 경험하고 있지만 슬퍼하지는 않습니다."

오늘 우리에게서 기쁨을 빼앗아 가는 것은 고통스러운 현실이 아니다. 그 현실에 굴복하고 좌절하여 슬픔에 빠지는 것이 우리에게서 기쁨을 빼앗아 가는 것이다. 해방신학은 지금도 오늘의 현실을 이해하고 현실에 참여함으로써 박해와 탄압을 극복하고 현실 속에서도 슬퍼하지 않고 해방을 위한 실천으로 우리를 이끌고 있다.

의심의 여지없이 오늘도 해방신학은 전통적 신앙과 신학적 전제에 대해 도전하고 있다. 그리고 오늘의 상황에서 신앙적이고 신학적인 응답이 어떠해야 하는가를 묻고 있다. 신앙과 신학이 오늘의 삶의 현실에서 아무런 영향을 미치지 못하고 하나님 나라의 가치관을 통해 불의한 시대를 변혁시키지 못한다면 그것은 허공을 치는 허무한 소리로 남을 것이다.

가난한 사람들과 무죄한 사람들의 죽음과 고통의 소리가 더해져 가는 오늘의 현실에서 그리고 신자유주의 경제 체제 아래 더욱 심각해지는 부의 편중과 가난의 심화 그리고 전 지구적 환경 파괴의 현실은 오늘 우리 신앙인들을 향해 신앙적, 신학적 응답을 요구하고 있다. 우리는 하나님의 아들딸들의 나타남을 고대하는 피조세계를 향하여 분명한 응답을 해야 할 책임이 있다.

　아르헨티나 사람으로서 라틴아메리카 민중의 해방을 위한 혁명가의 삶을 살아온 체 게바라는(Che Guevara) 이렇게 말한다. "승리의 그날까지 언제나!"(Hasta la victoria siempre!). 그렇다. 해방신학을 위한 진혼곡의 연주는 연기되어야 한다. 승리의 그날까지. 해방신학은 오늘도 행진하고 있다. 승리의 그날까지!

추천의 글 1

사람들의 삶에 맛을 더하는 신앙행위

성정모
(브라질 상파울루 감리교대학교 교수)

영적인 삶으로의 전환은 생애의 어느 순간 경험하는 하나님과의 만남을 통하여 이루어집니다. 이러한 영적 경험을 통하여 우리는 마음으로 하나님의 현존을 느낍니다. 하나님과의 만남을 통하여 우리는 존재의 변화를 경험하기도 합니다.

이러한 경험은 우리 생애의 어느 특정한 순간에만 발생하는 것은 아닙니다. 어떤 경우에는 서서히 그리고 점차적으로 발생하기도 하며 그 순간 우리는 우리 자신이 전과는 달라져 있음을 느낍니다. 우리는 이 경험을 회심(conversion)이라고 부릅니다. 회심은 우리의 마음이 바뀌는 것을 넘어서 한 인간으로서 삶의 가치관과 관점이 바뀜을 의미합니다.

이 바뀜은 우리 삶의 어떤 특정한 부분에만 해당하는 것은 아닙니다. 그것은 우리 내면의 삶을 전적으로 바꿉니다. 그러나 모든 기독교인들이 이같이 깊은 회심을 경험하는 것은 아닙니다.

여러 다양한 동기로 사람들은 기독교인이 되고 하나님을 믿습니다.

그럼에도 대다수의 기독교인들은 이전과 크게 다르지 않은 삶을 지속합니다. 물론 달라지는 것이 있습니다. 조금 더 하나님에 대한 지식이 늘어나기도 하고 어떤 경우에는 조금 더 선한 행동을 하기도 합니다. 그러나 많은 경우 존재의 깊은 변화까지는 이르지 못합니다.

이러한 사람들은 종교인으로 살아가려고 하고 또 종교적인 일, 다시 말하면 주일에 교회에 출석하는 일과 죽음 이후에 천국 가는 일 등에 대하여 관심을 갖고 살아갑니다. 그러나 주중에는 사회와 일터에서 다른 사람들과 크게 다르지 않은 가치관과 세계관을 갖고 살아갑니다.

그런데 회심의 깊은 영적 경험을 가진 사람들은 영원한 구원의 삶을 위한다는 명목하에 결코 교회에서의 삶과 사회에서의 삶을 구분하지 않습니다. 새로운 존재로서의 가치관과 삶의 형태는 모든 장소와 삶의 분야에서 동일하게 적용됩니다. 그는 자신이 살고 있는 세계와 삶을 신앙의 눈으로 바라봅니다.

신앙의 사람들은 다른 사람이 겪고 있는 고통에 대하여 항상 의문을 제기합니다. 특히 이웃들이 불의에 억눌리면서 외치는 울부짖음에 민감합니다. 그리고 하나님이 그들의 고통에 응답하고 계시다는 사실을 발견하고 그들을 위하여 무언가 하라시는 하나님의 부르심을 듣습니다. 하나님의 사랑에 감복하고 이웃들의 고통에 민감한 사람들은 무언가 하고자 시도하고 노력한다는 사실을 우리는 기독교사와 인류사를 통해 확인할 수 있습니다.

본 저서는 이러한 종류의 경험 특히 라틴아메리카에서 1970년대와 90년대 사이에 발생하여 큰 반향을 일으켰던 기독교의 공동체적 경험에 대하여 언급하고 있습니다. 이 시기에 기독교 대륙으로 알려진 이 지역에서 많은 사회적 변화가 발생합니다. 급속하게 진행된 산업은 농민들의 대도시 이주를 강제하였으며 이에 따라 이루어진 급격한 도시화는 대도시 주변에 거대한 빈민촌을 형성하게 만들었습니다.

대도시 주변부에서 발생한 가난의 현실과 고통을 보면서 많은 기독교인들, 신부, 수녀, 목회자들과 교회 지도자들은 이 상황에 대하여 어떤 응답을 해야 한다는 하나님의 부르심을 듣습니다.

각각의 사람들과 집단들은 자신이 처해 있는 삶의 자리로부터 자신들의 가능성 안에서 그리고 그들 모두에게 중요하다고 여겨지는 여러 질문들을 가지고 자신들이 당면한 여러 도전과 과제, 가난의 상황에 대하여 반응하고, 응답하고자 합니다. 이런 상황에서 그들이 가졌던 첫 번째 질문은, "하나님과 이 세계의 수많은 사람들의 가난과 고통은 어떤 관계에 있는 것일까?"였습니다. 이 질문에 대하여 교회가 주는 추상적인 답변은 그들을 만족시키지 못했습니다.

"어떻게 사랑이신 하나님이 심각한 가난과 고통의 상황에 동의하거나 무관심하실 수 있을까?" 하는 질문이 강력하게 대두되었습니다. 바로 이 점이 몇몇 가톨릭과 개신교 신학자들로 하여금 목회 현장에서 듣게 되는 가난한 사람들의 외침으로부터 출발하여 자신들의 신학을 재성찰하도록 이끌어 주었습니다.

이러한 질문을 갖고 있었던 이들에게 성서는 매우 중요한 사실을 가르쳐 주었습니다. 성서의 하나님은 언제나 라틴아메리카의 가난한 사람들을 비롯한 모든 인간의 생명과 존엄성을 위한 투쟁과 연관되어 있음을 재발견하게 된 것입니다. 이렇게 민중은 추상적인 개념이 아닌 구체적 삶의 현장에서 체험되는 '생명의 하나님'에 대해 언급하기 시작했습니다. 우리에게 하나님은 생명을 주신 분이며 따라서 그 생명, 특히 고통당하고 죽어가는 사람들의 생명을 구체적인 형태로 지탱하고 보호하시는 분인 것입니다.

두 번째로 중요하게 등장한 질문은 "국가는 날로 부유해지고 있는데 왜 가난한 사람들이 많은가?"입니다. 이 질문에 대한 답변은 성서연구만으로는 충분하게 얻어지지 않았습니다. 그래서 신학자들과 교회 지도자들은 사회학과 대화를 하기 시작했고 사회학 이론을 도입하게 됩니다. 해결책을 찾기 위해 대다수 사람들이 겪고 있는 가난의 원인을 알아야만 했기 때문입니다.

가난의 현장에서 실천적으로 수행되었던 목회사역으로부터 시작된 이 운동은 후일 신학화되었고 이것이 바로 라틴아메리카 해방신학으로 전 세계에 알려지기 시작했습니다. 해방신학은 당시 세계 신학의 주류로 인정되고 있었던 미국과 유럽의 영향력을 넘어서서 발생한 최초의 신학이라고 볼 수 있습니다.

해방신학의 출현은 많은 거부와 반대에 부딪혀야만 했습니다. 이러한 거부와 반대에는 해방신학의 영성적 원천에 대한 몰이해, 성서와 신학 그리고 사회학과의 대화와 만남을 통한 신학적 재성찰과 재구성에 대한 이해 부족이 그 원인이 되었습니다.

그러나 많은 반대와 거부에도 불구하고 해방신학은 발전과 확산을 거듭하여 마침내 오늘의 세계에서 가장 중요한 신학의 하나가 되었습니다. 한국을 비롯한 많은 국가와 지역에서 빈부의 차이는 더욱 극심해지고 가난한 이들의 고통이 날로 더해지고 있는 현실은 오늘도 사랑과 생명의 하나님을 믿는 많은 이들의 마음을 자극하고 있기 때문입니다.

이러한 사회 현실 앞에서 영적인 삶에서 가장 중요한 것은 고통당하는 이웃을 향한 사랑과 동정 그리고 연민의 마음입니다. 그 사랑과 동정이 더 좋은 열매를 맺게 하기 위하여 오늘 우리에게 필요한 신학은 불의와 가난으로 점철되어 있는 사회적 현실 안에서 하나님에 대한 우리의 믿음을 보다 유용하고 실천적인 것으로 살아갈 수 있도록 우리를 도와줄 수 있는 신학입니다. 그런 의미에서 오늘 홍인식 목사의 저서는 우리로 하여금 오늘의 한국 사회에서 올바른 그리스도인으로 살아가는 데 매우 유용할 것임을 확신합니다.

예수는 우리를 세상의 소금과 빛이 되라고 부르십니다. 우리에게 필요한 것은 사람들의 삶에 맛을 더해 주고 그 맛을 좋게 해주는 신앙의 행위입니다. 오늘 우리가 필요로 하는 것은 오늘을 살아가는 사람들과 우리 사회의 삶의 길을 밝혀주고 이끌어줄 수 있는 신학입니다.

추천의 글 2

공감하며 섬기는 신학여정

이근복
(크리스찬아카데미 원장)

말과 삶이 일치해야 한다는 점에서 홍인식 목사의 책『해방신학 이야기』를 기쁜 마음으로 추천합니다. 해방신학자 홍 목사는 신학적으로 탁월할 뿐더러 해방신학적 삶을 살자고 애쓰는 까닭입니다. 해방신학으로 박사학위를 받고 편하게 교수로 살 수도 있었고, 아르헨티나에서 큰 교회를 섬기기도 했는데, 해방신학을 실제로 실천하겠다고 가난하고 불편하기 짝이 없는 쿠바에 가서 3년이 넘도록 신학교에서 가르쳤습니다. 서울 강남에 있는 교회에서 목회할 때도 정의와 통일, 빈곤과 생태계 문제를 안고 씨름하였고, 대우도 시원찮은 멕시코 장로교신학대학에서 신학생들을 지도하였습니다. 지금은 순천중앙교회에서 창의적인 목회를 시작하고 있습니다.

"해방신학에 대한 비판이 많이 존재하는 오늘의 현실에서 해방신학을 변호하는 일은 결코 쉬운 일이 아닐 것이다. 더욱이 해방신학에 대

한 편견이 분명하게 존재하고 있는 한국의 현실에서는 더욱 더 그러하다." (본 책에서)

저자의 말대로 해방신학에 대한 편견과 오해는 자연스럽게 의도적인 공격을 야기했습니다. 1980년대 노동자들의 인간다운 삶을 위해 애쓰던 산업선교를 공격하는 논거는 '해방신학'이었습니다. 군사독재정권의 사주를 받은 매스컴과 교회 일각에서는 해방신학에 대해 "성경을 마르크스주의로 해석하여 폭력적인 방법으로 자본주의 체제를 타도하고 사회주의 혁명을 이룩하기 위하여 기독교를 수단으로 이용하고 있는데, 도시산업선교회는 이 해방신학을 바탕으로 하고 있다."고 매도했습니다.

요즘도 가난하고 소외당하는 이들과 연대하고 사회정의를 주장하거나 평화통일운동에 힘쓰면 "종북", "빨갱이"로 몰아가는 일이 비일비재한 현실에서, 왜곡선전의 뿌리인 해방신학을 올바르게 이해하는 것은 참 중요합니다.

가난한 이들의 시각에서 교회의 본질을 회복하기 위해 힘쓴 남미의 해방신학은, 위기에 처한 오늘의 한국 교회가 자신을 성찰하는 유익한 거울이라고 생각합니다. 특히 한국 교회가 사회적 신뢰를 회복하는 길을 모색하는 데 이 책은 선한 도구가 될 수 있습니다. 기독교적 회심을 "가난한 사람들을 향한 돌이킴"이라고 보는 해방신학의 관점은 성공주의 신앙관이 팽배한 한국 교회에 반성적인 가르침이고 공공성을 회복하는 길을 보여주고 있는 까닭입니다.

그리고 이 책은 척박한 환경에서 교회의 돌파구를 만들고자 애쓰는 목회자들에게 설교와 선교에서 대안을 제공해 줄 수 있습니다. 더 나아가 한국 신학을 발전시켜야 하는 우리나라 신학계에 해방신학은 창의적인 신학방법론을 제공할 것입니다. 저자의 분석에 따르면 해방신학이 사회학과 철학을 비롯한 인문학과의 꾸준한 만남과 대화를 통하여 발전하였다는 점에서, 한국 신학도 인문학적 통섭을 소중히 여기고 해방신학과 교류한다면 새롭게 나아갈 수 있다고 봅니다.

『해방신학 이야기』에서 해방신학이 그 어느 신학보다도 성서를 중요시 여기고 모든 신학적 성찰의 출발점으로 삼고 있다는 것을 가르쳐 줍니다. 그래서 밑에서 가난하고 억압받는 이들의 관점에서 읽는 성서 읽기와 신학방법론의 독창성을 배웁니다. 이 책에서 저자가 구체적으로 기술한 해방적 성서 읽기의 특징들과 방법론은 성서에 대한 새로운 이해를 제공하고, 목회자들이 고심하는 설교가 현장성이 풍부한 창의적인 증언으로 발전할 수 있도록 도울 것입니다.

지금도 전세계적으로 영향력을 끼치고 있는 해방신학에 대한 균형 잡힌 이해를 하는 데 이 책은 훌륭한 가이드입니다. 그러면 오늘날 세계적으로 영향력이 대단한 프란치스코 교종의 파격적인 말과 행동도 해방신학을 통하면 제대로 이해될 수 있습니다. 또 이 책에서 해방신학을 폭넓게 이해하면, 한국 교회가 개인적 영성과 사회적 책임에서 균형감을 회복하고, 우리 사회와 소통하면서 사회 발전에 기여하게 될 것입니다.

저자가 이 책에서 소개한 해방신학의 선구자들인 구띠에레스, 알베스, 보프, 보니노, 까르데날, 까마라 주교 등의 삶과 신학에서 배울 점이 많고, 가난한 이들을 향한 사랑의 실천과 삶의 현장에 뿌리를 둔 해방신학의 치열한 형성과정을 생생하게 봅니다. 또한 저자가 해방신학과 서구신학의 해석학과 신학방법론을 비교한 서술은 서구신학을 더 잘 이해할 수 있는 길입니다. 『해방신학 이야기』에서 뜻밖에 군부독재 시절에 몰래 읽던 『페다고지』의 저자 파울로 프레이리를 만났습니다. 그의 『의식화 교육』은 해방신학의 형성에 막대한 영향을 끼쳤다고 소개하고 있습니다. 또 우리나라에서 가톨릭과의 대화는 매우 중요한데, 저자가 민중 종교의 관점에서 소개하는 라틴아메리카의 마리아 숭배를 제대로 이해하면 협력하는 데 유익할 것입니다.

『해방신학 이야기』는 그동안 해방신학이 받아온 오해에 대한 진지한 해명을 들을 수 있는 동시에 교회와 신학의 새로운 길을 모색할 수 있는 까닭에 더욱 고맙고 기대가 큽니다. 한국 교회가 공공성을 상실하여 사회적 신뢰가 계속 추락하는 오늘의 현실에서, 고통받는 이들에게 따뜻하게 응답하는 책임적인 방안을 『해방신학 이야기』에서 발견할 수 있는 까닭입니다.

바른 길을 찾기에 힘쓰는 한국 교회와 한국 신학이 이 책을 안내서로 삼고 현장의 아픔에 공감하며, 나눔과 섬김의 길에 성큼 들어서길 간절히 소망합니다.

추천의 글 3

해방신학의 정신은 도도히 흐른다

안하원
(부산 새날교회 목사)

30년 전(1987년) 신학교를 졸업하고 목회현장에 본격적으로 나아갈 무렵 고민이 많았습니다. 목회 방향을 어떻게 정하고 어떤 길을 갈 것인가에 대한 고민이었습니다. 흔히 목회 지망생들은 신학교 졸업과 동시에 기성교회에 들어가서 전도사, 부목사 등으로 전전하다 담임목회자 청빙하는 교회를 찾아가는 것이 한국 목회자들의 일반적인 진로였습니다. 물론 일부는 개척교회를 하기도 했습니다.

저의 젊은 시절은 오랫동안 군사독재가 유지되던 기간이었고 저는 시대의 흐름 속에서 반독재 투쟁에 참여하며 신학교를 다녔습니다. 소위 운동권으로 활동했던 것이지요. 그러다 막상 목회현장으로 나가야 하는 시점에 목회방향을 선택하는 것은 참으로 심각한 고민거리가 아닐 수 없었습니다. 당시의 제 신앙고백으로는 기성교회에 들어가 목회자로 살아간다는 것이 스스로 용납되지 않았습니다. 세상을 바꿔야 한다는 신념을 지녔던 저에게 오로지 성장주의만을 추구하는 교회들은 그 자체가 사회

문제로 인식되었기 때문입니다. 마침 '산업선교훈련 과정'이 생겨서 저는 그 훈련에 참여했습니다. 당시 신학교 졸업생 중 5명이 그 훈련에 참여했는데 당시 대부분의 신학교 졸업생들이 교회로 향한 반면 우리는 공장으로 갔습니다. 훈련이라야 공장에 취업해서 직접 노동(일)하는 것이 가장 중요한 과정이었습니다. 노동하면서 맞이했던 '6월 항쟁'과 '노동자대투쟁'의 경험은 지금도 잊을 수 없는 기억으로 남아 있습니다. 아무튼 훈련과정을 통해서 가난한 사람들(노동자, 빈민)과 함께하는 민중목회를 구상했고 그 목회의 현장으로 민중교회를 시작했습니다. 민중교회는 앞서 먼저 시작한 선배들이 있었지만 한국 사회와 한국 교회에서는 참으로 낯선 영역이었습니다. 지금에야 민중교회(민중목회)를 참신한 도전으로 봐 주지만 당시만 해도 사회적으로나 이념적으로 오해받기 십상이었습니다. 요즘 말로 '종북좌빨'처럼 인식되었던 것이지요. 저의 목회와 교회는 항상 경찰로부터 감시의 대상이 되었습니다.

제가 민중목회를 시작하게 된 것은 무엇보다 당시의 역사적 상황이 크게 영향을 미쳤습니다. 그 당시에는 가난한 사람들이나 고난 받는 사람들과 함께 하는 목회가 옳은 길이었고 민중목회의 길이라 생각했습니다. 그 길을 걸어온 지 어느덧 30년의 세월이 되었습니다.

교회와 목회에는 신학적 토대가 중요한데 민중교회를 시작할 무렵 각종의 해방신학과 민중신학에 대한 논란이 많았습니다. 사람들은 민중교회라 하니까 당연히 민중신학이나 해방신학의 토대 위에 세워진 교회라고 생각하지만 정작 나 자신은 그러한 신학에 크게 심취해 본 적이 없었습니다. 왜냐하면 그 신학들은 한마디로 너무 어려웠습니다. 저도 이해하기 어려웠고 민중은 더더욱 어려웠을 것입니다. 민중의 삶의 현장과 괴리되고 어려운 언어들이 나열된 현학적이고 관념적인 학문으로만 느껴졌습니다. 저는 그런 신학에 몰두하기보단 역사적 예수 연구와 사회과학 서적을 더 열심히 읽었던 것으로 기억이 됩니다. 제가 민중신학이나 해방신학 등에 대한 관심이 멀어진 것은 그러한 이유 때문이 아닌가 합니다. 그나마 민중신학은 우리 자신들에 대한 신학적 성찰과 이야기들이어서 공감대가 느껴졌지만 해방신학은 거의 외국신학의 소개이거나 외국 학자들의 논문을 번역한 것이어서 한국 교회 현장에 적용하기에 한계가 많을 것이라는 생각이 들었습니다. 그럼에도 불구하고 한국의 민중교회나 기독교사회운동은 해방신학의 영향을 받지 않을 수 없었고 그 영향하에서 시작되었다고 봅니다. 아쉬운 것은 어디에서도 해방신학을 심도 있게 배워 본 적이 없었다는 것이었습니다. 해방신학이나 민중신학이 한국 교회에 든든히 뿌리를 내렸다면 오늘의 한국 교회가 사회로부터 이토록 외면당하지는 않았으리라 생각됩니다.

이러한 시기에 아주 적절한 때에 홍인식 목사님이 해방신학 관련 책을 발간하신다는 단비같은 소식이 전해져 왔습니다. 저는 이제야 비로소 우리에게도 제대로 된 해방신학 안내서가 나오는구나 생각했습니다. 『홍인식 목사가 쉽게 쓴 해방신학 이야기』. 이 책은 번역서가 아닙니다. 홍인식 목사가 공부한 것을 나름대로 정리하여 발간한 학술서적이 아닙니다. 이 책은 홍인식 목사의 삶의 이야기이며 목회 이야기입니다. 진짜 해방신학 이야기입니다. 홍인식 목사는 중남미에 이민을 가서 청소년 시절을 보내며 공부했습니다. 그는 중남미에서 목회를 했으며, 멕시코와 쿠바에서 학생들을 가르치기도 했습니다. 해방신학의 관점에서 중남미에서 목회를 하며 가르치고 직접 살면서 몸으로 터득한 해방신학 이야기입니다. 무엇보다 한국의 그리스도인들이 이해하기 쉽게 쓴 해방신학 이야기입니다. 이 책은 지금 우리 시대에 중요한 메시지를 던져 주고 있습니다. 이 책이 널리 읽히면 좋겠습니다. 특히 목회자들이 많이 읽고 영감을 받았으면 합니다. 이 책이 21세기 새로운 목회를 고민하는 목회자들이 목회의 바른 방향과 중심을 찾는 교과서가 되었으면 합니다.

요즘 한국 기독교에서 해방신학에 대한 이야기는 거의 들리지 않습니다. 그러나 해방신학의 정신은 도도히 흐르고 있습니다. 쓰러져 가는 한국 교회를 살릴 수 있는 그루터기 신학이 될 수 있을 것으로 확신합니다. 30년 동안 민중교회라 하면서 작은 교회 목회만 해 오던 저에게 홍 목사님께서 추천의 글을 부탁해 오셨습니다. 생전 처음 추천사를 써 보지만 30년 전에 이러한 책이 나왔으면 우리 같은 사람들에게 얼마나 좋았을까? 하는 아쉬움이 진하게 남습니다. 그래도 위기의 때에 이 책이 출판되어 매우 다행스런 일입니다. 이 책이 한국 교회의 길잡이가 되었으면 합니다.

참고문헌

본 책을 저술하기 위하여 참고한 문헌과 서적은 다음과 같다. 방대한 양이기에 일부분만 소개한다.

1. Las Casas Bartolome de, *Historia de las Indias*. (인디오 역사), en Obras Completas, 5. Historia de las Indias, III, Madrid 1994,
2. Luis Rivera Pagán, "A violent evangelism: the political and religious conquest of the Americas", Westminster John Knox Press, 1992.
3. Antonio Bentué, "Panorama de la teología en América Latina desde el Vaticano II a Santo Domingo" (제 2차 바티칸 공의회에서 산토도밍고까지의 라틴아메리카 신학의 파노라마), Teología y Vida 36, 1995, 159~191.
4. Enrique Dussel, *Teología da Libertação. Um panorama de seu desenvolvimento*. (해방신학의 전개 파노라마) Petrópolis, Vozes, 1999; original castellano: México, Potrerillos Editores, 1996.
5. Luis Del Valle, "Algunos momentos importantes en el desarrollo de la teología de la liberación", (해방신학의 발전단계의 중요한 순간들) Christus 55, 1990, Nº635~636, mayo-junio, 22~25.
6. João Batista Libanio, "Panorama da teologia da América Latina nos últimos 20 anos", (최근 20년의 해방신학의 파노라마) Perspectiva Teológica 24, 1992, 147~192, Nº63, maio-agosto.
7. Marcos McGrath, csc. "Vaticano II, Iglesia de los pobres y Teología de la Liberación", (가난한 자들의 교회와 해방신학) Medellín 21, 1995, 371~407, Nº84.
8. Martin McKeever, "Thirty years of liberation theology", Theology Digest 51, 2004, 237~242.
9. Jose Ramos Regidor, "Libertacao e alteridade. 25 anos de historia da Teologia da Libertacao", (해방신학 25년사: 해방과 소외) Revista Eclesiastica Brasileira 57, 1997, 118~138, Nº225, março.

10. Pablo Richard, "La Iglesia y la Teologia de la Liberacion en America Latina y el Caribe: 1962~2002", (라틴아메리카-카리브 지역의 해방신학과 교회, 1962~2002) Pasos 103, setiembre-octubre 2002, 29~39.
11. Enrique Dussel... [et al.], *Liberacion y cautiverio*. (해방과 포로) Debates en torno al método de la teologia en America Latina. Encuentro Latinoamericano de Teologia. Mexico, D.F. El Encuentro 1975, 658.
12. Leonardo Boff, *Teología del cautiverio y de la liberación*. (해방과 포로의 신학) Madrid, Paulinas, 21980.
13. Jon Sobrino, "*La teología y el 'principio liberacion*'", (신학과 해방의 원리) Revista Latinoamericana de Teología 12, 1995, 115~140 (Nº35).
14. Gustavo Gutierrez, 『우리의 우물에서 생수를 마시련다』, 김문호 역 (서울: 한국신학연구소, 1987), 53~54.
15. Leonardo y Clodovis Boff, "*Como hacer teologia de la liberacion*", (해방신학하기) Madrid, Ediciones Paulinas, 1986.
16. Antonio Perez Garcia, "*Sobre la teologia de la liberacion*", (해방신학에 대하여), Razon y Fe 226, 1992.
17. Gustavo Gutiérrez. "*Teologia de la liberacion. Perspectivas*", (해방신학: 그 전망에 대하여) Lima, CEP, 1971.
18. Sergio Silva, *La Teologia de la Liberacion*, (해방신학) teologia y Vida, vol. L. num. 1~2, 2009, 93~116, Pontificia Universidad Catolica de Chile, Santiago, Chile.
19. Leonardo Boff, *Hablemos de la otra vida*. (다른 삶에 대하여 말하기), Sal Terrae, 1994.

찾아보기

ㄱ

가브리엘 가르시아 마르께스 52~53
가축화 107
가톨릭 14, 19, 24, 33, 38, 47~48, 50, 54, 57, 60, 63, 66, 71, 78, 85, 87, 89, 97, 104, 136, 174, 198, 206, 213, 225, 227~230, 233, 236~237, 243, 281~282, 284, 293
갈릴레오 갈릴레이 63
감리교 71, 85
개신교 19, 21, 24, 62, 71, 85, 174, 196, 198, 213, 226, 233, 243, 282
거룩성 207
게르하르트 로핑크 208
계급투쟁 102, 262
고흐 187
곤잘레스 180
골꼰다 94~97
공동체 16, 71, 73, 86, 95, 98, 111, 119, 128, 131, 181~182, 196, 201~202, 205~206, 235, 254, 274, 276, 282~283, 285, 287~291, 293~294, 296, 298~299, 314~317
공동체 의식 287~288, 294
공산주의 77~79, 81~82, 92, 243, 262, 302~303
공산혁명 79
과달루페 240
교회론 70, 75, 89, 176, 202~205, 320
구스따보 구띠에레스 21, 25, 56, 58, 67, 200
그리스도교윤리 75, 320
그리스도론 70, 75, 153~160, 162~164, 176, 195~196, 219, 238, 320
기초공동체 66, 85, 88~89, 110, 130, 201, 206, 247, 277, 279, 284, 288, 291, 314~318
까르타헤나 데 인디아스 94~95
까를로스 리바니오 323
까를로스 메스테르 46, 74
까밀로 또르레스 46~47
까아꾸뻬 225~226
꽁꼬르디아 62

ㄴ

나치 29~30
노동자 40, 95, 261, 284
노동조합 102
노예 27, 32, 37, 143, 222, 266, 290, 309~310
노자 191
니체 307
니카라과 72~73, 93, 275, 296, 302~303, 306

ㄷ

데이튼 로버츠 19
도미니카공화국 26, 31, 95
도미니크 수도회 25~27, 66
도밍고 데 빌랴마조르 26
도밍고 라인 95~96
독일 29~30, 69, 226
돔 헬더 까마라 35~36, 41, 66, 74, 247

ㄹ

라울 비달레스 75, 154, 320
레네 그라시아 94~95
레오나르도 보프 62, 74, 76, 109, 179, 195, 202, 209, 216, 238, 245, 263, 277, 320
레일리 95
로날도 무뇨스 195
로메로 69, 80, 84, 200
로바이나 65
로베르또 베세라 95
로베르또 올리베로스 마께오 74
루르데스 화티마 240
루벵 알베스 61
루오 267
루이스 게라 201
루이스 꼰차 47
루이스 페레스 아기르레 198
루터교 85
룩소르 134
레네 빠딜랴 19
리까르도 로블레스 76, 321
리우데자네이루 24, 54, 63, 65, 234

ㅁ

마누엘 마르살 76, 321
마누엘 알사테 95
마누엘 페레스 95~96, 98
마르코스 아귀니스 53
마르크스(마르크스주의) 49, 78~79, 87, 89~92, 261~263, 302~303, 307
마리아 179, 225~240, 303
마리아 클라라 루케티 179
마리아 호세 카람 179
마리오 바르가스 요사 52

마커스 보그 263
말라기 149
메델린 25, 39, 52, 54~59, 74, 104, 176, 234, 284
멕시코 39, 50, 176, 234, 240, 256
모세 35, 124
몬테비데오 67
몰록 152
무력 투쟁 97
무신론 77, 82, 152, 263
문맹퇴치 105
물신숭배 69
민중 경험 285
민중 종교성 227~229, 231, 233, 238~240, 314, 316
민중공동체 201~202, 314
민중지혜 201, 276

(ㅂ)
바르똘레메오 멜리아 76, 321
바르셀로나 69
바르톨로메 데 라스 카사스 27, 30
바스크 69
바알 152
바오로 6세 43, 48~51, 94, 176, 228, 235
바하 캘리포니아 240
베네딕트 16세 70
베드로 300, 303
베르골리오 227
베르나르도 데 산토도밍고 25
벨기에 46, 65
보드리야르 182
복음 26, 37, 39~40, 42~44, 64~65, 71, 73, 81, 100, 111, 120, 126, 193, 201~

202, 205~206, 215, 227, 235~236, 265, 268, 272, 275, 296~298, 302, 318
복지 319
볼리비아 101, 251
부르조아 82
부에노스아이레스 71, 88, 254
부족화 181~182
부활 83, 156, 164~165, 173, 182, 192, 213, 217, 268
브라질 15, 17, 24, 35, 50, 54, 61~62, 65~67, 74~75, 85, 89, 100~101, 104, 110~111, 124, 129, 245~247, 251~252, 279, 282, 284, 291, 315, 320, 323
비센테 메히아 94~95
비신화 162
비오 12세 66

(ㅅ)
사도성 207~208
사도신경 110
사회윤리 75, 318, 320
사회주의 50, 53, 102, 212, 302, 307, 313
사회학 46, 52, 60, 68, 75, 78, 86~87, 110, 126, 139, 210, 213, 261~263, 320
산 루이스 69
산디니스 혁명 73
산토도밍고 95
삼위일체 125, 175, 180, 195~197
상파울로 17, 85
상황화 126

샤갈 217, 220
샤를 드 골 283
샤비에르 알보 76, 321
서구신학 86, 136~137, 176, 257
선교 19, 21, 26, 41, 85, 126, 156, 180~181, 190, 194, 199~200, 211, 233, 236, 255, 259, 268, 274, 284
성령론 175, 179~181, 195
성령운동 174~175
성육신 142, 156, 202
성정모 75, 242, 320
세군도 갈릴레아 154, 227
세비야 27
소비주의 319
소외 20, 31, 40, 67, 139~140, 187, 196, 207~208, 216, 218, 223, 229, 239, 261, 284, 294, 309~312, 314, 318
솔렌티나메 73, 296, 301~303
수도원 87
순교 72, 80, 83, 85, 201, 247, 322
스페인 15, 21, 25, 27~28, 30~33, 70, 73, 95, 230, 258
시뮬레이션 183
신론 75, 144, 195~196, 320
신성 70, 97, 155, 182, 227
신성화 182
신은사운동 183, 316
신학방법론 61, 70, 128, 244, 256~257, 259, 310
심판 217

ㅇ

아르헨티나 15, 21~22, 50~51, 53, 57, 70~71, 85, 88, 111, 137, 226, 251, 325
아모스 149
아일랜드 85, 252
아투에이 31~34
아파레시다 233
아프리카 49, 101, 180, 290, 316
안토니오 몬테시노 25, 27, 31
야곱 112~113, 115, 143, 189, 195
억압 21, 25, 41, 48, 57, 60, 69, 100, 103, 107~110, 124~127, 136, 144, 156, 159, 164, 175, 177, 179, 184, 187, 194, 196, 202, 204, 207, 210~215, 223, 230, 233, 237~238, 240, 251, 255, 260~267, 269, 272, 285, 290, 303, 308~311, 318, 322
에두아르도 갈레아노 29
에두아르도 후르나에르트 74
에르네스또 까르데날 72, 93, 275, 296, 302, 306
에바리스투 아룽스 85
에우헤니오 마이레르 76, 321
에쿠아돌 끼또 73
에큐메니즘 71
에큐메니칼 75, 85, 284, 320
엔리께 듀셀 57~58, 75, 320
엘라꾸리야 93
엘살바도르 68, 70, 73~74, 80, 83, 93
여성 75, 180, 231~232, 235~237, 245, 255, 299, 312~313, 315, 320
역사적 예수 70, 110, 154~160, 162~164, 219
영적 전쟁 182~183
예수회 67, 69~70, 74, 87, 198
예언자적인 상상력 193
오순절 17, 85, 181, 316
오스까를 마두로 74
오스트리아 73
올란도 코스타 29
요한 23세 43
요한 바오로 2세 73
우고 아스만 57~58, 68~69, 75, 320
우디 알렌 307
우루과이 29, 67, 198
우상숭배 82
우주성 161, 207
유대인 29~30, 136, 287
유물론 77~78, 263
유토피아 42, 192, 213~214, 217, 220~221, 275, 322
68운동 283
은사운동 174~175, 183
의식화 교육 100, 105, 107
이그나시오 엘라꾸리아 70, 73, 154
이스라엘 124, 143~145, 177, 291~292
이주민 316
이집트 37, 123~124, 134, 142~144, 179
이탈리아 70
인디오 26~28, 30, 64, 76, 229, 312, 321
일리치 67
일치성 207

ㅈ

자르징 안젤라 85
자본론 79
자본주의 82, 94, 212, 312, 319
자유 16, 63~64, 83, 107~108, 126~127, 180, 194~195, 205, 207, 214, 221, 223~224, 236, 239~240, 251, 262, 267, 282, 293~294, 308~ 309, 311
자유주의 신학 78
자이메 크로우 85
장로교 61~62, 85
장하준 140
정의 27, 55~56, 58, 62, 93, 97, 101, 142, 149~151, 177~178, 184, 194, 197, 204, 207, 212~214, 216, 222~223, 227~228, 239, 275, 284~285, 304~305, 309
정치학 78
제3세계 48~51, 308, 313~314
제1차 바티칸 공의회 43
제2차 바티칸 공의회 43~ 46, 48, 51, 54, 71, 104, 176, 281~282, 284
종말론 75, 205, 209~216, 218~223, 320
죽음 27, 30, 70, 83~84, 130, 135, 138~140, 152, 156, 178, 180, 199~200, 204, 213~214, 216, 269, 308, 322, 325
지옥 33, 218
진리 55, 58, 78, 117, 119,

찾아보기 343

120, 126, 165, 169~171, 181, 194, 228, 258, 306, 314

ㅊ
차코 254
창조세계 121~123
천국 23, 33~34, 218
체 게바라 53, 325
출애굽 35, 56, 111, 124, 144~145, 177, 222, 270
칠레 65~66, 101
침례교 85
침보테 57

ㅋ
카이로스 324
카파도키아 195
칼 라너 216
캄피나스 66
케네디 102
코스타리카 75, 306, 320
콜럼버스 27~28
콜롬비아 46~47, 50, 52~54, 58, 92~94, 97, 176, 234, 275
쿠바 31, 53, 64, 102~103, 180
쿠바 혁명 52, 102~103
클로도비스 보프 245

ㅌ
타이노 31
탈근대 182, 194
탈라르 성 요셉 226
태국 70
토마스 페냐 300
토착민 28, 30, 40, 76, 180, 229~230, 254, 261, 284, 290, 312~314, 316, 321

ㅍ
파라과이 21, 225
파울로 프레이리 100~104, 106~107
페드로 데 코르도바 25
페루 57, 252, 324
페르난도 미레스 76
페르난도 페소아 65
페르남부쿠 101
페트로폴리스 67
평화 27, 32, 55~56, 81, 93, 166, 184, 194, 197, 205, 223, 263, 275, 304~305, 314
포르투갈 28
푸에블라 39, 176, 200, 228, 234~235, 261, 263, 265
프락시스 104~105, 126, 139, 251~252, 255
프란치스코 14, 17~18, 73, 180, 199, 202, 227
프란치스코 수도회 62, 87
프레이 베토 66, 129
프레이 티토 66
프롤레타리아 79
피노체트 66

ㅎ
하나님 나라 18, 30, 37, 72, 127~128, 132, 162, 166, 170, 180, 186, 192, 194, 196, 198, 200, 205, 208~212, 219~220, 250, 278, 319, 324
하나님의 뜻(하느님의 뜻) 35, 40, 42, 81~82, 110, 150~151, 244
한국기독교교회협의회 85
해방 교육학 104
해방적 실천 103, 132, 159~161, 204~205, 275
헤라르도 발렌시아 95
헤시페 35, 66, 74, 247
혁명 46~54, 56, 68~69, 73, 78~79, 81, 92, 94~95, 98, 102~103, 111, 156, 196, 214, 230, 242, 251, 261, 269, 272, 275, 283, 298, 304~306, 325
오세 쏨블린 65, 179, 195
호세 마르티 64
호세 마리아 마르도네스 258
호세 마인수 74
호세 미게스 보니노 22, 70~72, 196, 252
호세 미란다 92
호세 시메온 까냐 69
호세 안토니오 히메네스 95~96
호세 파블로 리차드 74
혼 소브리노 69, 89, 137, 154, 157, 201, 219~220, 322
화벨라 24
환 까를로스 스카노네 201
환 루이스 세군도 67, 131, 195, 201
환 바우티스타 리바니오 74
후랜쯔 힝겔라멧 75, 320
후안 호세 따마요 316
훌리오 꼬르따사르 52~53
훌리오 데 산타안나 74~75, 320
훼르난도 미레스 320
흑인해방 315